20세기
미국소설 강의

이디스 워튼
Edith Wharton

윌라 캐더
Willa Cather

한국근대영미소설학회

20세기 미국소설 강의

피츠 제럴드
F. Scott Fitzgerald

플래너리 오코너
Flannery O'Connor

신아사

머리말

한국근대영미소설학회는 1992년 창립된 이래 지금까지 이 책을 포함 총 25권에 달하는 단행본을 꾸준히 발간해왔다. 이는 영미 소설 전공자들의 학문적 소통과 협업의 결과이자 부단히 일반 대중과 호흡을 함께 하려 한 우리 학회 노력의 소산이다. 그간 학회의 발간물들이 영문학계나 일반 대중으로부터 꾸준히 애독되고 있는 것도 지속적인 단행본 발간이라는 우리 학회의 전통을 굳건하게 계승하게 해준 힘이었다. 다시 한번 독자분들께 머리 숙여 감사드린다.

그간 우리 학회에서는 『18세기 영국소설 강의』, 『19세기 영국소설 강의』, 그리고 『19세기 미국소설 강의』를 출판한 바 있다. 이에 시대를 확대하여 '강의'라는 카테고리로 묶일 수 있는 책을 출간하기로 했다. 그 결과물이 『20세기 영국소설 강의』와 『20세기 미국소설 강의』이다. 이 책에서는 해당 작가의 여러 작품을 짧게 개관하기보다는 대표작 한 작품을 집중적으로 여러 각도에서 분석해서 독자가 다양하고 풍부하게 사유할 수 있는 장을 마련하고자 했다. 이것이 이전에 나온 '강의' 책들이나 다른 기존의 개관서와 구별되는 면모이다. 이 책의 또 하나의 차별성은 개별작품을 분석할 때 지금, 현재의 관심사를 반영하여 시의성을 확보하려 한 데 있다.

이 책은 '강의'에 맞춰져 있기에 너무 전문적인 이론을 배제하고 보편적으로 인정받는 핵심적인 내용을 담으려 했다. 이와 함께 일반 독자도 편하게 읽을 수 있는 문체로 기술하여 가벼운 마음으로 읽어나갈 수 있게 했다. 다른 한편으로는 작품을 깊이 있게 이해하는 가운데 삶에 대한 성찰로까지 이어지는 생각 거리를 제공해주고자 했다. 학문적인 전문성과 대중성 그리고 인문학적 사고의 고양이라는 세 가지 목표 사이에서 균형을 이루면서 독자에게 삶의 의미에 대한 뜻깊은 발견과 이로 인한 보람을 안겨주고자 한 것이다.

이 책에서는 먼저 작가의 생애와 작품 세계를 개략적으로 소개한 후 이어 한 편의 대표작을 심도 있게 분석한다. 대표작에서 가장 핵심이 되고 작가의 위상 정립에 공헌이 컸던 내용을 3, 4개 분야로 나누어 강의하듯이 일목요연하게 설명한다. 그리고 평가와 의의로 마무리한다. 이로써 독자가 시대별 개관을 통한 문학사적 안목을 확보함과 동시에 해당 작가와 작품을 충실하게 이해할 수 있도록 했다.

이 책을 통해 영미문학을 전공하는 대학생이나 대학원생뿐 아니라 영미 소설에 관심이 있는 일반 독자들 또한 20세기 미국소설을 심도 있게 이해하고 각 작품을 시대별로 일별해볼 수 있기를 기대한다. 이 책이 심화 된 소설 분석의 길잡이뿐 아니라 일반 독자들이 편하게 20세기 대표적 미국소설을 감상하는 가운데 인생이나 우리가 살아가는 작금의 여러 사회 문제에 대해 생각해보도록 이끄는 친근하고 유익한 디딤돌이 될 수 있다면 더 바랄 바가 없겠다.

이 책의 체제를 구상하고 필진을 섭외할 때 바쁘신 가운데서도 집필에 흔쾌히 참여해서 이 책을 빛내주신 여러 교수님께 먼저 깊은 감사를 드린다. 원고를 수집하고 상호 교정작업을 주관하는 등 편집에 관한 일을 맡아주신 제주대학교 진성은 교수님, 그리고 이 책을 최종 출판하기까지 마무리 작업을 해주신 신아사의 편집진께도 진심 어린 감사의 마음을 전하고 싶다. 또한 그간 우리 학회에서 준비한 여러 단행본을 언제나 흔쾌히 발간해주신 신아사의 정현걸 사장님께도 이 자리를 빌려 감사드린다.

2019년 12월
한국근대영미소설학회 제13대 회장
고영란

목차

20세기 미국소설 강의

20세기 '미국'소설을 보는 한 가지 시선

안지현

스티븐즈(Wallace Stevens)의 시 "찌르레기를 보는 열 세 가지 방법"(Thirteen Ways of Looking at a Blackbird)은 '본다'라는 행위에 질문을 던지는 시다. 20세기 미국소설사를 어떻게 파악하고 이해할 수 있을 것인가라는 질문에 대해서는 어떠한 답을 내놓아도 그것은 하나의 가설에 머무를 수밖에 없다. 이 글은 미국문학을 공부해 온 한 사람이 "찌르레기"와 같은 20세기 미국소설을 '보는' 하나의 관점을 제시하고자 한다.

미국소설의 흐름을 일목요연하게 서술하고 20세기의 대표적인 미국소설을 꼽는 일은 애당초 불완전한 작업이다. 문학사나 소설사란 늘 부분적이고 주관적인 하나의 이야기(네러티브)이기 때문이다. 리얼리즘에서 모더니즘 그리고 포스트모더니즘으로 이어지는 문학사조의 변화의 흐름에 맞추어 소설의 형식과 재현 양상의 변화를 논할 수 있겠으나 기실 20세기 미국소설들은 그러한 틀 안으로 깔끔하게 수렴되지 않는다. 그렇기에 리얼리즘에서 포스트모더니즘까지 쉽사리 정의되는 문학사조의 흐름을 따라 소설의 특징을 재단하는 것 자체가 개별 작품의 복잡다단한 면들을 왜곡할 우려가 있다. 오히려 여러 문학사조가 겹치고 다양한 문학적 실험들이 교차하는 가운데 새로운 형식과 소재를 사용하는 작품들이 지속적으로 생산되었다고 보는 것이 더 타당한 접근 방식일 것이다.

소설이라는 말 앞에 '미국'이라는 수식어가 따라올 때 우리는 미국이란 특정한 나라의 역사적 맥락에서 미국적 특성을 담보하는 형식이나 주제를 떠올리기도 한다. 예컨대 미국소설 연구자들이 가장 빈번하게 지적하는 주제인 '아메리칸 드림'은 '미국'이라는 나라에 국한된 어떤 고유한 주제적 특징을 일컫는 데 사용되어 왔다. 이는 문학사를 서술하는 비평가들이 전통적으로 민족주의적인 패러다임 안에서 그 나라의 문학적 특징을 거론하는 하나의 예가 될 수 있겠으나, 미국의 경우 '미국'문학의 고유한 특성을 발굴하는 작업은 미국 예외주의라는 이데올로기와 맞물리는 양상으로 이어지는 문제를 낳기도 하였다. 특히 20세기로 접어들며 강대국으로 부상한 미국은 국가적 정체성 확립이라는 뚜렷한 정치적 목표 하에 영국문학과 분리된 분과학문으로서의 미국문학을 규정하기 시작한다.

20세기에 '미국'문학의 독특함을 규명하면서 하나의 학문적 분야로서의 미국문학이란 존재 자체의 정당성을 입증하려는 비평적 노력이 주요 화두였다는 점을 고려한다면 —"미국의 아담"(American Adam)을 미국 문학을 관통하는 주요 모티프로 설정했던 루이스(R. W. B. Lewis)라든지 "정원의 기계"(Machine in the Garden)를 미국 문학 특유의 목가주의(pastoralism)가 끊임없이 순환하며 회귀하는 모티브로 본 막스(Leo Marx)의 예를 들 수 있겠다.—20세기 미국문학사가 국가주의 중심으로 서술되어 온 점은 부인하기 힘들다. 20세기 중반에 미국문학의 존립 자체를 정당화하고자 하는 일련의 비평적 작업을 통해 19세기 후반의 일군의 백인(남성)작가—호손(Nathaniel Hawthorne), 멜빌(Herman Melville), 에머슨(Ralph Waldo Emerson), 휘트만(Walt Whitman)—들이 활동한 시기가 미국 문학의 '르네상스'로 규정됨과 동시에 우리에게 익숙해진 20세기 초반의 모더니즘 (백인남성)작가들—포크너(William Faulkner), 헤밍웨이(Ernest Hemingway), 피츠제럴드(F. Scott Fitzgerald)-의 작품들이 일거에 고전의 반열에 들어선 것은 익히 알려진 사실이다. 우리가 알고 있는 미국의 '고전'의 탄생은 이러한 문학의 제도화 과정을 거치며 완성되었으며 루스(Henry Luce)가 천명한 '미국의 세기'(The American Century)는 미국문학과 미국학이 제도권 안에 깊숙이 자리 잡고 미국적 헤게모니가 공고히 되는 과정을 통해 탄생하였다.

버커비치(Sacvan Bercovitch)는 미국의 예외주의를 기반으로 한 미국 민족주의의 문제점을 날카롭게 지적하며 '미국'(America)이 일종의 '수사학적 전쟁터'라고 규명한 바 있다. 1980년대 이후 비평가들은 20세기 중반에 국가주의를 신봉하며 '미국적' 특성을 찬양했던 비평가들과 거리를 둔다. 대표적으로 솔러즈(Wernor Sollors), 스필러즈(Hortense Spillers), 가일즈(Paul Giles) 등의 비평가들은 '미국'이 일종의 이데올로기적인 구성물이라는 점에 동의한다. 이들은 미국문학과 문화의 혼종성, 다중성이야말로 미국문학의 요체라고 보며 미국문학사를 전 지구적 관점에서 재구성해야 한다고 주장해 왔으며 이러한 논쟁은 현재 진행형으로 이어지고 있다. 이와 같은 맥락에서 이전까지 별다른 이견 없이 하나의 지역적, 문화적 특성으로 묶여 논의되었던 <남부의 르네상스>라는 범주 역시 남부 대농장제도(플렌테이션)의 정치경제학을 서인도제도와 남아메리카까지 확장하여 분석해야 한다는 <신남부연구>(New Southern Studies)의 부상으로 해체되고 있다. 그런데 미국 예외주의 중심의 미국문학사 기술에 대해 1980년대 이후 꾸준히 지속되어 온 다양한 문제 제기에도 불구하고 국가주의 중심의 정전 위주 교육과 앤솔로지는 여전히 문학사를 지배하고 있다. 예컨대 넬슨(Dana Nelson)은 "우리는 결코 반예외주의자였던 적이 없었다"(We Have Never Been Anti-Exceptionalists)라는 최근의 글에서 '정전' 중심의 국가주의 문학사

서술은 여전히 미국 문학 내의 지배적인 패러다임으로 자리 잡고 있다는 자기성찰적 고백을 하고 있는데, 20세기 미국소설을 소개하고자 하는 이 서론 격의 글 역시 이러한 문제의식을 공유하며 정전 중심의 소설사의 틈새들을 독자들이 채워나가길 바란다는 사족을 덧붙이고 싶다.

***

이 글은 미국의 20세기를 크게 전반부와 후반부로 나누어 소설사를 서술한다. 20세기 전반부는 미국이 더는 세계의 변방이 아닌 문화예술 생산의 중심부로 이동하는 시기였고 이 당시 대서양을 두고 미국과 유럽 지식인들의 활발한 상호교류 속에서 모더니즘이라는 사조가 탄생한다. 후반부의 경우 냉전체제 속에서 미국이 강대국으로 부상하면서 내부적으로는 민권운동과 여성운동 등의 격한 사회적 갈등을 겪는 큰 변혁기를 미국소설사의 주요 기점으로 삼는다. 이 시기에는 문학적 재현에 대한 회의나 소설의 존립 자체에 근본적으로 문제를 제기하는 포스트모더니즘 경향의 소설이 등장하고 주변화 되었던 비백인 작가들의 비교적 전통적인 성장소설에 가까운 작품들도 다수 출판되는 등 다양한 문학적, 언어적 실험을 시도하는 소설들이 나오면서 이전까지의 미국소설의 지형을 바꾸어 놓았다.

***

19세기 말 노리스(Frank Norris), 런던(Jack London), 드라이저(Theodore Dreiser) 등의 자연주의 작가들은 진화론적인 세계관을 토대로 유전자와 환경의 불가항력적인 힘에 의해 파괴되는 현대인의 비극에 주목했다. 하지만 도시화 된 환경에서 인간과 사회의 관계나 거대한 자연의 힘에 파괴되는 고립된 인간의 문제에 집중한 이러한 자연주의와 사실주의적 글쓰기로만 19세기를 단정할 수 없다. 예컨대 동시대의 쇼팽(Kate Chopin)의 『각성』(*The Awakening*)은 이후 20세기 여성 작가들의 작품 속에서 다양하게 변주된 주제인 백인 남성 가부장제의 억압 속에서 여성의 섹슈얼리티와 정체성 문제를 대범하게 다루면서 독특한 남부문화를 탁월하게 구현해 낸 작품이다. 또한 19세기 후반에 페이지(Thomas Nelson Page)를 필두로 한 남부 작가들은 구 남부를 신화화하며 노예제로의 회귀를 욕망하는 '플랜테이션 소설'(plantation novel)들을 대거 출판하여 인기를 끌었으며 이에 반하여 그릭스(Sutton Griggs)와 같은 흑인소설가들은 재건시대(Reconstruction Era)의 종결 이후 19세기 말부터 합법화된 인종분리(segregation) 체제 하에서 흑인의 시민권 문제를 소설화하며 소설을 사회개혁의 도구로 적극 활용하기도 한다.

19세기 말 미국소설의 지형도가 복잡하게 얽혀 있듯이 20세기 초반의 미국 문학 역시 모더니즘이라는 한 가지 사조로 재단하긴 힘들지만, 1차 세계대전과 모더니즘이라는 예술운동을 시발점으로 미국소설의 관습에는 큰 변화가 일어났다. "새롭게 하라"(make it new)는 파운드(Ezra Pound)의 언명으로 대변되는 문학적 모더니즘은 주지하듯 전 세계적인 미학적 운동으로 미국에만 국한된 것은 아니었다. 뉴욕, 파리, 런던, 베를린 등 미국과 유럽의 대도시에서 동시다발적으로 일어난 모더니즘 운동은 실험적인 예술 형식으로 근대화에 반응했다.

미국의 모더니즘 소설의 특징은 1차 세계대전 이후 백인 지식인들의 정신적 방황을 지칭하는 스타인(Gertrude Stein)의 유명한 말 "잃어버린 세대"(Lost Generation)와 전후의 전례 없던 물질적인 풍요로움을 누리는 미국의 소비문화와 빅토리아 조 도덕성을 탈피한 성적 자유로움을 지칭하는 "재즈 시대"(Jazz Age)라는 말로 집약할 수 있다. 헤밍웨이의 『해는 또다시 뜬다』(*The Sun Also Rises*)와 피츠제럴드의 『위대한 개츠비』(*The Great Gatsby*)는 이러한 시대적 분위기를 가장 잘 반영하는 소설이다. 헤밍웨이는 성적으로 불구가 된 제이크 반즈와 자유로운 신여성(New Woman)인 레이디 에쉴리의 권태로운 삶과 정처 없는 방황을 간결하고도 단단한 문체로 형상화하였고 피츠제럴드는 수단과 방법을 가리지 않고 부를 축적하면서도 한 여인에 대한 순애보를 포기하지 않는 촌뜨기 개츠비의 변신과 비극적 종말을 닉(Nick Carraway)의 시각에서 서술하는 소설적 형식을 통해 부도덕한 미국 사회를 폭로한다.

1차 세계대전 참전과 가속화된 산업화로 인해 노동자들의 수요가 급속히 증가하자 유럽의 가난한 이민자들이 대거 유입되는 한편 남부 흑인들 역시 린칭(lynching)이 끊이지 않는 참혹한 남부의 땅을 떠나 더 나은 삶을 찾기 위해 대도시로 이동하여 20세기 초 미국의 도시 지형과 문화는 큰 변화를 겪게 된다. 북부의 백인들은 증가하는 이민자들이나 흑인들과 물리적으로 근거리에 생활하게 되자 이를 기득권에 대한 심각한 위협으로 느끼게 되고 토착주의(nativism)라는 이데올로기가 사회에 팽배한다. 또한 백인 우월주의가 만연하며 유색인들을 배제하는 1924년 이민법(Immigration Act of 1924)이 개정되기도 하는데, 『위대한 개츠비』에 등장하는 톰(Tom Buchanan)은 뿌리 깊은 백인 우월주의 사상을 잘 보여주는 예이다.

여기서 짚고 넘어가야 할 점은 모더니즘이 백인 작가들의 전유물은 아니었다는 점이다. 솔러즈의 『민족적 모더니즘』(*Ethnic Modernism*)이 기술하고 있듯, 당시에는 아크(Nathan Asch)나 앤틴(Mary Antin)과 같은 이민자들과 소수민족 작가들이 활발하게 활동하며 다양한 형태의 모더니즘 작품들을 선보이기도 했다. 또한 할렘 르네상스 운동(The Harlem Renaissance)은 그중에서도 가장 가시적인 소수민족 집단의 예술운동으로서 흑인 민족주의가 하나의 응집된 예술운동으로 개화한 경우이다. 노예해방 이후에 제정된 인권법이 1896년 대법원의 인종분리 합법 판결(*Plessy vs. Ferguson*)로 무화된 이후 미국의 남부는 미국 역사의 "최저점"(the nadir)으로 낙인찍힐 만큼 폭력이 난무하는 곳이었다. 민족의 대이동이 북부 도시로 집중되며 뉴욕 할렘과 시카고 등 대도시에서 흑인민족주의를 주창하는 사회운동과 더불어 문인들은 다양한 작품활동을 전개했다. 두보이스(W.E.B Du Bois)와 로크(Alain Locke)의 진두지휘 하에 투머(Jean Toomer), 라슨(Nella Larsen), 허스튼(Zora Neale Hurston)과 같은 걸출한 소설가들이 등장했다. 라슨의 『늪』(*Quicksand*)은 헬가(Helga Crane)라는 플라너즈(flaneuse)가 남부에서 시카고와 할렘, 코펜하겐에서 성적 자각을 통해 자신의 정체성을 찾아가는 이야기다. 헤밍웨이 소설에 등장하는 자유로운 도시의 한량(flaneur)이 자신의 의지에 따라 정처 없는 삶을 택한 것과는 달리 '흑인' 여성으로서의 플라너즈는 자신을 하나의 틀에 가두며 억압하는 사회의 폭압을 견디지 못하고 결국 남부 알라바마에서 출산의 덫에 걸려 비극적 죽음을 맞이한다.

미국의 모더니즘을 논할 때 빼놓을 수 없는 작가는 물론 포크너다. 포크너는 20세기 초반 미국 소설가 중 가장 파격적인 언어 실험을 통해 미국 역사의 치부인 노예제에 천착하여 구 남부의 망령이 어른거리는 작품들을 요크너퍼토퍼(Yoknapatawpha)라는 가상의 공간 속에서 구현하였다. 포크너는 넓게 보면 남부 플랜테이션 소설과 남부 르네상스를 이어주는 작가이기도 하고 미국 모더니즘을 대표하는 작가이기도 한데, 흥미로운 점은 그가 워튼(Edith Wharton)과 캐더(Willa Cather)처럼 20세기 초반 리얼리즘 작가로 분류되는 여성 작가들이 1인칭 화자를 통해 구현한 실험적 언어의 영향을 받기도 했다는 것이다. 포크너는 이처럼 여러 갈래의 소설의 상호교차점을 드러내는 글쓰기를 보여준다. 파편화된 인물의 다중적인 목소리들이 뒤죽박죽인 시공간 사이에 스며들며 과거와 현재가 교차하기도 하고 공존하기도 하며 여러 인물의 네러티브가 충돌하고 대화하는 독특한 서사구조를 완성한 포크너는 『소리와 분노』(*The Sound and the Fury*), 『압살롬, 압살롬!』(*Absalom, Absalom!*) 등과 같은 걸작에서 노예제와 인종주의가 남긴 역사의 폐허 안에 갇힌 채 미래로 나아가지 못하는 남부 백인들의 깊은 내면을 놀라운 언어로 드러낸 동시에 새로운 역사 쓰기를 시도하는 성과를 낳았다.

1차 세계대전 이후 급격한 산업화와 근대화에 반응하는 이러한 미국의 모더니즘 작품들은 이전의 리얼리즘 형식의 소설에 대한 대안을 제시하였지만 그렇다고 해서 리얼리즘 형식의 소설이 전면적으로 폐기된 것은 아니었다. 1929년 대공황 이후 1930, 40년대에 사회주의를 자본주의에 대한 대안으로 여겼던 작가들은 여전히 리얼리즘 소설 형식의 사회변혁 혹은 혁명적 가능성을 믿으며 모더니즘 형식을 배격하고 리얼리즘적 글쓰기를 고수했다. 가장 대표적인 작품은 대공황 시대 가난한 소작농들의 애환을 사실적으로 묘사한 스타인벡(John Steinbeck)의 『분노의 포도』(*The Grapes of Wrath*)를 꼽을 수 있겠다. 라이트(Richard Wright)의 『토박이』(*Native Son*) 역시 시카고 사우스 사이드(South Side)에 사는 비거(Bigger)라는 인물의 살인을 통해 당시 미국 사회의 인종주의와 경제적 불평등을 고발하는 리얼리즘 소설이다. 이처럼 20세기 전반을 풍미했던 모더니즘이 당대 작가들에게 지대한 영향을 끼친 것은 사실이지만 동시에 리얼리즘 형식에 기댄 소설들도 지속적으로 발표되었다.

1940년대 이후 미국소설사에서 빼놓을 수 없는 것은 남부 르네상스로 불리는 남부 작가들의 활발한 문예활동이다. 남부 르네상스는 20세기 문학연구 방법론의 초석을 쌓은 신비평(New Criticism)을 탄생시켰다는 점에서 문예 운동으로서뿐 아니라 학문적인 영향력 면에서도 주목할 만하다. 랜섬(John Crowe Ransom), 테이트(Allen Tate), 워렌(Robert Penn Warren), 브룩스(Cleanth Brooks) 등의 비평가들은 문학작품의 내적 언어 질서와 자율성을 강조한 신비평을 정착시켰다. 또한 오코너(Flannery O'Connor)를 위시한 남부 작가들이 활발한 작품 활동을 하였다. 신비평 비평가들이 작품의 자율성을 우위에 놓으며 역사적, 사회적 맥락을 배제함에 따라 자연스럽게 신비평은 매우 보수적인 정치적 색채를 띠게 되었다. 백인 작가들을 중심으로 전개된 남부 르네상스는 또 한편으로는 미국 남부의 인종분리 현상을 반영한다고 이후 워커(Alice Walker)에게 신랄한 비판을 받기도 했다. 기실 1930년대 후반부터 1950년대까지 활발했던 남부 문학의 르네상스기는 구 남부의 대농장(플렌테이션) 문화를 신화화하는 퇴행적, 수구적 시기이기도 했다.

****

2차 세계대전 이후 미국은 소련과 냉전체제를 구축하며 초강대국으로 자리를 굳히게 되는데 이 즈음해서 미국 사회 내부에서는 또 하나의 전환점을 맞는다. 1950년대 '미국의 세기'가 시작된 이후 미국은 대외적으로는 초강대국으로 부상했지만, 내부적으로는 해결되지 않은 채 지연된 인종적 정의에 대한 요구가 폭발하면서 민권운동이 미국 사회를 흔들어 놓는다. 베트남 반전운동과 맞물리며 반체제 운동은 거세게 이어지고 이에 여성운동의 제2의 물결도 이어지는 등 1960년대와 1970년대 미국의 사회운동으로 흑인 민권법 제정과 낙태법 제정 등 거대한 변화가 도래하는 시대였다.

우리가 알고 있는 '포스트모더니즘' 현상은 이 변화의 시기에 나타난다. 재현의 위기를 논하기 시작한 작가들과 비평가들은 과연 우리가 현실을 재현한다는 것이 가능한지에 대한 깊은 회의를 표명했는데 이러한 종류의 포스트모던 소설은 백인 남성 작가들 중심으로 나타났다는 점이 흥미롭다. 이러한 현상을 선명하게 잘 보여준 에세이는 단연 바스(John Barth)의 「고갈의 문학」("The Literature of Exhaustion")이다. 이 글에서 바스는 소설의 모든 가능성이 이제 소진되었고 소설가는 이제 소설이라는 것 자체에 대한 자기반영적 글쓰기와 패러디를 통해서만 진실에 접근할 수 있다고 암시한다. 우리가 상정하는 현실이란 언어의 매개물에 불과하다는 성찰과 더불어 진실과 허구의 경계가 무엇인지 불분명하다는 회의가 싹트며 '진실'이란 이름으로 강요되었던 공식적인 역사에 대한 깊은 불신이 제기되었다. 소설가는 더 이상 텍스트에서 자신의 흔적을 지우려 하지 않고 오히려 소설은 하나의 허구이며 소설가가 적극적으로 만들어 내는 가공의 세계라는 점을 독자들에게 의도적으로 전달하는 메타픽션이 하나의 주요한 소설적 형식으로 부상했다. 바스 외에 핀천(Thomas Pynchon)과 보니것(Kurt Vonnegut)이 가장 대표적인 포스트모던 작가로 분류되며 이후 드릴로(Don De Lillo)의 『하얀 소음』(*White Noise*)과 오스터(Paul Auster)의 『뉴욕 3부작』(*The New York Trilogy*)이 이러한 경향의 소설 쓰기를 이어가는 대표적인 작품으로 평가된다.

하지만 20세기 후반의 미국소설을 메타픽션과 재현에 대한 불신을 키워드로 삼는 '포스트모더니즘'이라는 범주로 모두 아우르는 것은 20세기 초기 모더니즘의 형식적 실험을 우위에 두는 문학사 서술 방식의 연장선상에 있고 기실 20세기 후반에 풍성한 작품 활동을 펼치며 미국 문학계에 새로운 활력소를 불어넣었던 일련의 소수민족 작가들의 작품들의 의의를 평가하는 데 한계를 갖는다. 바스의 「채움의 문학」("The Literature of Replenishment")이란 에세이가 보여주듯 '소설의 죽음'을 선언했던 작가들은 1980년대에 들어서 소설의 고갈을 성급하게 선전했던 입장에 대한 성찰을 하기도 했다. 이 점을 고려했을 때 재현의 위기를 쉽게 단정하고 소설 쓰기 자체에 대한 회의를 가졌던 작가들의 작품 활동은 20세기 후반에 나타났던 하나의 포스트모던 현상으로 보는 것이 이 시기의 소설에 대한 더 정확한 인식이 아닐까 한다. 다시 말하자면 실험적인 포스트모던 소설의 등장을 1960년대 이후의 미국소설 전체의 경향으로 규정할 수 없다는 것이다.

아프리카계, 아시아계, 원주민계, 멕시코계 미국 작가 등 민권운동을 통해 정치적으로 새롭게 권리를 쟁취했던 주변부의 소수민족 작가들이 전면에 등장하게 된 점은 1960년 이후부터 21세기까지 이르기까지 미국소설계의 가장 두드러진 현상으로 볼 수 있다. 킹스턴(Maxine Hong Kingston)의 『여인 무사』(*The Woman Warrior*), 시써네로즈 (Sandra Cisneros)의 『망고 가의 집』(*The House on Mango Street*), 이창래(Chang-rae Lee)의 『네이티브 스피커』(*Native Speaker*) 등은 미국의 이민자 소설의 계보를 잇는 문화적 정체성과 동화(assimilation)의 주제들을 다루고 있다. 원주민계 미국 작가 실코(Leslie Marmon Silko)와 얼드릭(Louise Erdrich) 등은 미국 사회에서 추방되고 지워진 존재로서의 원주민 공동체의 역사를 존속시키며 정치적 각성을 통한 주권회복의 가능성을 타진하는 정치적 함의를 갖는 작품들을 꾸준히 선보였다.

흑인 여성 작가들의 부상은 1970년대 이후 미국소설계에 신선한 바람을 불어 넣는다. 모리슨(Toni Morrison)과 워커(Alice Walker)와 같이 이제는 정전작가로 자리매김한 작가들을 필두로 밤바라(Toni Cade Bambara), 조운스(Gayl Jones), 네일러(Gloria Naylor)등 일군의 흑인 여성 작가들은 흑인 여성의 섹슈얼리티, 노예제의 기억, 공동체의 해체와 가정의 복원, 흑인사회 내부의 가부장제의 폭력 등 솔직하고 거침없는 소재들과 구전전통을 바탕으로 한 새로운 언어와 소설형식의 실험을 통해 소설사의 새로운 장을 연다. '미국'역사 다시 쓰기와 미국의 다양한 혼종적 주체를 재정립하는 작업을 시도하는 이 작가들의 실험은 예컨대 20세기 말에 문단에 데뷔한 도미니카 공화국(Dominican Republic) 출신 이민자 작가인 디아즈(Junot Diaz)와 킨케이드(Jamaica Kincaid)와 같은 안티구아(Antigua) 출신 이민자 작가들에게도 영향을 끼치며 '미국'소설의 범위와 폭을 넓혀가며 탈식민주의 소설들과 접점을 찾기도 한다. 20세기 초반 변방의 소설로 간주되었던 '미국'소설은 이제 전 지구적 신자유주의의 흐름 속에서 아프리카, 서인도제도, 유럽, 아시아 사이를 이동하는 혼종적 주체들의 네러티브가 주를 이루게 되고 미국에서 활동하는 나이지리아 출신 작가인 아디치에(Chimamanda Ngozi Adichie)의 『아메리카나』(*Americanah*)가 반증하듯 '미국'은 버커비치의 말처럼 의미가 경쟁하는 하나의 수사학적, 정치경제학적, 사회적 갈등의 장으로 소설화되기에 이르렀다. 그러한 점에서 '미국'소설은 미합중국(U.S.)이라는 국가주의 틀 안에서는 더 이상 이해할 수 없게 되어 버렸지만 '미국'이 '수사학적 전쟁터'인지 아니면 혼종적 주체들을 흡수한 제국주의의 또 하나의 이름인지에 대한 각성이 필요하게 되었다. 틀림없는 사실은 '미국' 소설가들이 변화하는 현재 속에서 끊임없이

유동적인 현실을 담아내는 역동성을 발휘하는 동시에 새로운 도전에 부응하며 소재와 형식의 실험을 거듭하고 있다는 점이다.

***

이 책에 수록된 9편의 글들은 지금까지 논의해 왔던 20세기 미국소설 지형도의 주요 지점들을 잘 드러내는 소설들을 소개하고 있다. 먼저, 리얼리즘 작가이자 여성 작가로서 각기 여성 문제와 이민자 문제를 다룬 소설로 워튼의『여름』(*Summer*) (1917)과 캐더의『마이 안토니아』(*My Ántonia*) (1918)를 최정선 교수와 손정희 교수가 각각 소개한다. 이어서 고영란 교수는 1920년대 미국 모더니즘의 대표작이자 미국소설 가운데 학생들에게 가장 사랑받는 소설 중 하나인 피츠제랄드의『위대한 개츠비』를 면밀하게 분석한다. 두 명의 남부 작가가 뒤를 잇는데 남부 르네상스 작가 중 가장 잘 알려진 오코너의『착한 사람은 찾기 어렵다』(*A Good Man is Hard to Find*)는 최인순 교수가, 시기적으로 조금 더 뒤에 출간되었으나 오코너와 더불어 남부 작가로 유명세를 탔던 하퍼 리(Harper Lee)의『앵무새 죽이기』(*To Kill a Mockingbird*)는 김대중 교수가 작품론을 제시한다. 1960년대 이후 작품으로는 미국 포스트모던 작가 중 가장 걸출한 업적을 남겼다고 평가를 받는 핀천과 보니것의 작품을 접할 수 있다. 이정희 교수와 유영종 교수의 친절한 작품론은 난해하다는 평을 듣는 소설『제5도살장』(*Slaughterhouse-Five*)과『제 49호 품목의 경매』(*The Crying of Lot 49*) 에 대한 우리의 이해도를 높일 것이다. 마지막으로 각각 1980년대와 1990년대의 미국 소설을 대표하며 20세기 후반 작가 중 미국대학 커리큘럼에서 가장 정전화가 많이 된 작가인 모리슨의『빌러비드』(*Beloved*)와 이창래의『제스처 라이프』(*Gesture Life*)와 『항복한 자』(*The Surrendered*)를 김미현 교수와 진주영 교수가 각기 역사적 맥락과 이론적 맥락에서 섬세하게 읽어낸다.

먼저 최정선 교수의 워튼론은 워튼의 대표작인 『환락의 집』(*The House of Mirth*)과 『이선 프롬』(*Ethan Frome*)중 후자와 소재 면에서 더 가까우면서 비교적 덜 알려진 『여름』을 소개한다. 화려한 뉴욕의 상류층을 배경으로 한 와튼의 소설들과 달리 『여름』은 뉴잉글랜드 시골을 배경으로 채리티 로열(Charity Royall)이라는 젊은 여성이 첫사랑에 빠져 성애에 눈을 뜨며 성장을 하는 일종의 성장소설이다. 최 교수는 채리티의 성장이 공간적 경험 속에서 이루어진다는 점에 착안하여 전통적으로 여성적 공간으로 읽혀왔던 집과 사회와의 갈등이 빚어지는 마을과 도시의 대조적인 구도 속에서 채리티의 성장을 추적한다. 20세기 초반에 작은 마을의 사회적 규범과 억압적인 가부장제 하에서 성적 자각을 통해 여성으로서의 정체성을 찾아가는 채리티 로열의 이야기는 당대 여성문제에 대한 통찰을 제시한다고 저자는 주장한다.

향토색 작가로 프런티어(frontier)의 삶을 생생하게 그려낸 점을 높이 평가받는 캐더의 『마이 안토니아』는 『여름』과 동시대 작품으로서 안토니아라는 이민자 여성의 개척자적 삶을 조명하는 소설이다. 손정희 교수는 이 소설의 구성적 특징을 파헤치며 이 작품이 안토니아가 '아메리칸 드림'을 성취하는 삶이라는 기존의 비평적 입장을 설득력 있게 반박한다. 작가가 짐 버든(Jim Burden)이라는 1인칭 화자를 도입하여 안토니아를 바라보는 '나'의 삶과의 대비를 통해 아메리칸 드림의 허구성을 드러내고 텍스트와 짐 사이의 거리는 전통적인 젠더 역할에 대한 작가의 비판적인 시각을 보여준다는 주장을 펼치는 손 교수는 이 소설을 가장 미국적인 주제인 아메리칸 드림을 변주하는 소설로 읽어내는 통찰력을 보여준다. 프런티어에 놓여 있는 이민자 여성의 삶과 도시를 대변하는 짐의 삶의 교차점을 섬세히 분석하며 향토색과 이민자의 동화의 문제와 1920년대 "잃어버린 세대"와 물질주의 문화 간의 긴밀한 상호연관성을 보여준다는 점이 이 글의 미덕이다.

안토니아의 삶이 짐의 시선에서 서술되듯이 『위대한 개츠비』 역시 닉의 회상을 통해 낭만적인 사랑을 꿈꾸는 개츠비의 삶을 평가하게 되는데, 고영란 교수는 특히 성장한 닉의 회상을 면밀하게 분석하며 닉이 매개가 되어 독자와 개츠비 사이의 거리를 유지하는 형식적 특징의 의미를 밝힌다. 재즈 시대의 물질주의 문화를 체화한 인물이지만 또 한편으로는 가장 순수한 사랑을 추구하는 개츠비의 삶의 모순이 아메리칸 드림의 관념성에서 기인한다고 지적하는 고 교수의 글은 개츠비의 꿈과 미국 건국의 역사의 시발점이 맞닿아 있음을 강조하며 이 소설의 매력을 개츠비 개인의 꿈과 미국의 국가적 정체성의 근간이 되는 청교도인들의 꿈의 근본적인 가치를 되묻게 하는 해석의 다양한 층위와 확장성에서 찾고 있다.

개츠비가 사랑했던 여인 데이지(Daisy)는 남부 켄터키 출신으로 데이지와 북부 시카고의 거부 톰과의 결합은 남북전쟁 이후로 계속해서 균열이 남아 있던 남과 북 간의 일종의 불완전한 타협의 상징으로도 해석할 수 있다. 20세기 초반 미국 사회는 더는 세계의 변방이 아니었으나 미국의 남부는 19세기의 남부문화가 정체된 채로 있는 변방이기도 했다. 그럼에도 불구하고 남부 르네상스로 지칭되는 활발한 작품활동을 통해 당시 구 남부의 흔적이 느껴지는 작품들이 발표되었고 심남부(Deep South) 주 중 하나인 조지아 주 출신 오코너는 선과 악과 죽음과 구원이라는 보편적인 주제를 남부 특유의 정서 속에서 꽃피운 작가로 잘 알려져 있다. 최인순 교수의 오코너론은 카톨릭 작가로 알려져 있는 오코너가 형상화하는 남부 인물들의 악마성을 생생하게 부각시킨다. 외판원 포인터(Manley Pointer), 미스핏(The Misfit), 크레이터 부인(Mrs. Crater), 호프웰 박사(Hulga Hopewell) 등 평범해 보이는 '선한 사람'들은 일상적이고도 평범한 삶을 영위하지만 삶의 어느 한순간에 뒤틀린 악의 본성을 드러낸다는 것이 최 교수의 오코너론의 핵심적인 주장이다.

추악한 개인의 악마성을 남부사회의 구조적인 인종문제과 연결지어 1960년대 미국 사회에 파장을 일으켰고 지금까지도 고등학교 필독서에 빠지지 않고 포함되는 소설『앵무새 죽이기』역시 조지아와 접해 있는 심남부 주 알라바마를 배경으로 한다. 김대중 교수의『앵무새 죽이기』론은 이 소설이 당시 폭력적인 인종주의가 일상적인 삶의 일부로 자리 잡고 있던 미국 사회에서 인종주의의 문제, 계급과 젠더의 문제, 윤리와 공감의 문제, 사회 정의의 문제를 예리하게 다루고 있으며 현대를 살아가는 독자들이 함양해야 할 윤리와 교육 문제의 방향성을 제시한다고 주장한다. 김 교수는 스카웃(Scout Finch), 에티커스(Atticus Finch), 부 래들리(Boo Radley), 톰 로빈슨(Tom Robinson) 사이의 복잡한 관계망 속에서 스카웃이 타자화 된 이웃과 공감하는 성장의 서사를 이 소설의 가장 중요한 대목으로 읽어내며 처참할 정도로 사회 정의가 붕괴된 사회에서도 공감적 교육을 통해 사회 정의를 이룰 수 있는 희망을 보여주는 것이 이 소설의 놀라운 성취라고 제시한다.

하퍼 리의 소설이 발표된 후 10년도 채 되지 않아 이와 매우 다른 파격적인 형식의 소설 두 편이 발표된다. 핀천의 소설『제 49호 품목의 경매』는 1966년, 보니것의 소설『제5도살장』은 1969년에 출간되며 20세기 후반을 장식했던 포스트모던 소설의 도래를 알린다. 이정희 교수의『제 49호 품목의 경매』론은 엔트로피로 은유되는 무질서와 혼란의 현대사회 속에서 공식적인 역사에 대한 불신을 드러낸다. 네러티브의 난해하기 짝이 없는 서술구조를 면밀하게 추적하며 파편화된 언어로 방대한 양의 정보를 나열하며 편집증적인 탐색 과정을 보여주는 추리소설 구조를 통해 이 소설이 과학과 기술의 발전, 미디어의 증폭으로 인해 현실과 가상현실의 구분이 어려워진 현대사회의 징후를 드러낸다고 밝힌다. 이 교수는 에디파 마스(Oedipa Maas)가 지하우편제도를 둘러싼 음모를 밝히거나 해결책을 제시하지는 않고 진리의 추구가 결국은 탈중심적인 개방성으로 끝난다는 점을 강조한다. 이 작품론은 수많은 기호가 부유하는 현대사회에 대한 경각심을 일깨우고 하나의 진리만을 강조하는 계몽주의와 근대화의 유산에 대한 신랄한 비판을 하고 있음을 여실히 보여준다.

핀천의 소설만큼이나 실험적인 소설형식을 선보인 보니것의 『제 5 도살장』은 2차 세계대전 당시 도살장이 포로수용소로 변신한 공간에 대피했던 작가의 개인적인 체험을 바탕으로 쓴 소설이다. 핀천의 소설과 마찬가지로 이 소설은 서사의 일관성을 배격하며 파편적인 사건의 나열로 일관된 서사를 제시한다. 바스가 선언했던 '소설의 죽음'과 공명하는 자기 반영적 서사를 이 소설이 잘 보여주고 있다고 평가되며 역시 핀천의 소설과 마찬가지로 현실과 허구의 경계, 역사적 진실의 모호성, 절대적 진리에 대한 불신 등이 주요 소재가 된다. 유 교수의 작품론은 이 소설이 자기 반영적 글쓰기를 통해 지배세력이 강요하는 공식적인 역사와 진실을 전면 해체하고 있다는 점을 밝히고 있다. 핀천의 소설과의 차이점을 들자면 보니것의 소설이 조금 더 적극적으로 정치적인 비판의 역할을 자임한 것이다. 유 교수는 인간에 대한 깊은 사유가 부재한 채 과학과 기술의 발전을 찬양하는 것의 위험과 종교의 변질, 현대 미국 사회의 무절제한 물질주의 찬양 등을 이 소설이 적극적으로 비판하고 있다고 지적하며 탈중심적인 포스트모던 소설이 절대적인 진리를 해체하며 상대주의의 위험에 빠질 수도 있겠으나 그보다는 이러한 해체적 소설쓰기가 기득권의 권력을 재생산하는 타락한 미국 사회를 비판하기 위한 것임을 강조한다.

『빌러비드』는 20세기 후반에 가장 빠르게 정전화가 이루어진 작품이다. 모리슨의 작품에서는 포크너와 울프(Virginia Woolf)의 영향이 느껴지지만 모리슨의 독특한 '서정적' 문체는 '모리슨적인 문체'로 고유명사화 될 만큼 독창적이라고 평가된다. 김미현 교수는 『빌러비드』를 "역사에 기록되지 않은 희생자들에 대한 애도의 글"로 보며 이 작품의 성취를 크게 두 가지로 설명하는데 하나는 무의식의 고통까지 보듬으며 노예제를 겪은 인물의 깊은 내면의 상처를 언어화 한 것과 빌러비드라는 인물 속에서 집단적인 노예제 경험을 형상화하며 역사적 상처의 치유를 시도하였다는 것이다. 『마이 안토니아』와 『위대한 개츠비』가 형상화하는 미국의 꿈이라는 모순된 이상의 이면에 『앵무새 죽이기』에서 응시하였던 인종주의 문제가 미국의 뿌리 깊은 상처로 그림자를 드리웠다면, 『빌러비드』는 참혹한 중간 항로(Middle Passage)와 노예제 속에서 절단된 검은 사지들을 품으며 공식적인 역사에서 억압된 역사의 실체를 핀천과 보니것과는 전혀 다른 방식으로 언어화한다. 『빌러비드』론은 모리슨이 인종주의에 물들지 않은 새로운 언어를 모색하며 "말할 수 없는 것들이 침묵 되었던"(unspeakable things unspoken) 역사적 억압을 뚫고 새로운 소설형식의 실험을 통해 역사적 진실을 보여주는 성취를 거두었다고 강조한다.

마지막으로 진주영 교수는 가장 대표적인 아시아계 미국 문학 작가 중 한 명인 이창래의 소설 두 편 『제스처 라이프』와 『항복한 자』를 최근의 비평 이론에 비추어 윤리적 읽기를 시도한다. 이창래의 두 소설 속에 등장하는 여성 인물들을 아감벤(Giorgio Agamben)의 "호모 사케르"(Homo Sacre)로 규정하며 각 소설의 남자 주인공인 하타(Franklin Hatta)와 헥터(Hector Brennan)의 윤리적 욕구가 미국 예외주의의 이데올로기를 강요하는 미국이라는 국가 안에서 실은 "배제에 의한 포함"으로 체제 안에서 떠도는 껍데기일 뿐이며 여성 인물들의 죽음이 그러한 체제의 허위성을 고발하는 전복적 존재임을 밝힌다. 기존의 이민자 소설에서 흔히 포착되는 동화라는 주제가 사실 하나만의 선택을 강요하는 국가의 폭력을 드러내는 것임을 암시하는 이 글은 이창래 소설에서 형상화되는 아시아계 미국인이 동화도 배제도 아닌 양가적인 선택의 기로에 놓여 있고 더 나아가 진정한 윤리적 선택은 바디우(Alain Badiou)의 "윤리적 이데올로기"에 함몰되지 않고 죽음을 통해 "윤리의 불가능성을 증언"하는 여성 인물들을 통해 구현되고 있다고 역설한다.

****

20세기 미국소설 아홉 편에 대한 이 해설서가 독자들에게 청사진으로서의 역할을 충실히 할 수 있길 바란다. 또한 이 글들에 대한 독자들의 새로운 해석을 통해 소설의 의미가 더 풍성해지고 새로워져 21세기로 향한 '미국'소설의 지평이 넓어지기를 기대한다.

이디스 워튼과 『여름』

최정선

Ⅰ. 작가와 작품 세계

이디스 워튼(Edith Wharton, 1862-1937)은 결혼 전 이름이 이디스 뉴볼드 존스(Edith Newbold Jones)로 1862년 미국 뉴욕의 최상류층에서 영국과 네덜란드계의 부유한 후손을 부모로 하여 태어났다. 그녀는 학교는 다니지 않았고 당대 상류층 여성들이 그랬던 것처럼 미국과 유럽에서 가정교사들한테서 교육을 받았으며, 글 쓰는 재능이 있는데도, 사회 통념에 따라 그냥 결혼하여 남편에게 따르는 삶을 살도록 가르침을 받았다. 1885년 같은 상류계층의 에드워드 로빈스 워튼(Edward Robbins Wharton)과 결혼했으나 예술적이고 지적인 것에 관심이 많은 이디스와는 달리 에드워드(일명 테디"Teddy")는 사냥하고, 술 마시고 흥청망청 취하는 것을 좋아하는 등 취향이 크게 달랐다. 이디스 워튼은 이로 인해 신경쇠약증에 걸리는 등 불행하게 결혼생활을 이어가다가 1913년 이혼했다.

그녀는 1902년 매사추세츠 주 레녹스에 땅을 구입해서 "더 마운트"라는 저택을 짓고 미국에 체류할 때는 여기에서 살기도 했는데, 어릴 때부터 가족들, 남편, 친구들과 유럽에서 여행을 많이 했으며 특히 1907년부터 1937년 임종할 때까지 프랑스에서 살았다. 이러한 경험에서 그녀의 작품들은 대부분 미국과 유럽을 배경으로 한다. 1차 세계대전 당시 전쟁으로 어려움을 겪는 여성들과 아이들을 포함하여 많은 사람들에게 물심양면으로 도움을 주고 헌신하여 1915년 프랑스 정부로부터 레종 도뇌르 훈장을 받았다.

이디스 워튼은 십대부터 시와 픽션을 썼다. 1878년 자비로 시집을 출간한 이래로 몇 작품을 집필하고, <스크리브너스, *Scribners*>지에 발표하였으며, 1897년 건축가인 친구, 오그든 코드맨(Ogden Codman)와 함께 실내장식에 관련된 책, 『실내장식』(*The Decoration of Houses*)을 출판했다. 이 책은 당대 유행하던 빅토리아풍의 장식과는 완전히 다르게 균형과 조화를 이룬 단순하고 우아한 실내장식을 제안하여 큰 성공을 거두었고, 이후 이러한 스타일이 유행하게 되었다. 건축에 대한 그녀의 관심은 그녀의 작품들 속에도 투영되어 있다. 그녀는 미국의 남북전쟁 후 산업혁명의 확산으로 물질주의가 팽배했던 도금시대(the Gilded Age)에 벼락부자가 된 사람들의 체면 차리기 속 사회적 야망을 잘 파악하였으며, 특히 1905년 『환락의 집』(*The House of Mirth*)을 <스크리브너스>지에 연재한 후 책으로 출판하여 문학 비평가들로부터 찬사를 받았고 베스트셀러 작가로 크게 이름을 날렸다. 평생 장편소설, 단편소설, 시, 소설, 여행기, 회고록 등 사십 권이 넘는 책들을 출판했다. 생생한 배경, 풍자와 아이러니, 그리고 도덕에 대한 진지한 물음을 문학적인 특징으로 볼 수 있다. 그녀는 같은 미국인이면서 유럽, 특히 영국에서 오랫동안 살면서 많은 훌륭한 작품을 쓴 대가, 헨리 제임스(Henry James)를 높이 평가하였고 프랑스 남부 여행도 함께 하는 등 친하게 지냈으며 1911년 그를 노벨문학상 후보자로 추천하지만 실패하였다. 그녀의 작품은 인물의 자세한 심리묘사를 했다는 점에서 헨리 제임스의 영향을 받은 측면도 있으나 스타일이 더 진솔하며, 사실적인 배경과 섬세하고 세련된 문체로 훨씬 더 많이 대중의 사랑을 받았다. 대표적인 작품으로는 『그 지방의 관습』(*The Custom of the Country*, 1913), 『암초』(*The Reef*, 1912), 그리고 1921년 여성 최초의 퓰리처상 수상작인 『순수의 시대』(*The Age of Innocence*, 1920)가 있다. 그녀가 쓴 또 하나의 베스트셀러이자 그 보편적인 특징으로 인해 많은 비평가들이 워튼의 걸작으로 평가하는 중편소설인 『이선 프롬』(*Ethan*

Frome, 1911)은 척박한 미국 뉴잉글랜드의 시골인 스톡필드를 배경으로 한 비극적 작품이며, 이 작품과 짝을 이룬다고 평가되는 중편소설인 『여름』(*Summer*, 1917)[1] 또한 노스도머라고 하는 뉴잉글랜드의 시골을 배경으로 한다. 이 두 작품의 이러한 면모는 이디스 워튼의 대부분의 작품들이 미국 뉴욕의 상류층과 유럽을 배경으로 하고 있다는 점에서 특이하다고 할 수 있으나, 제한된 환경 속에서 헤어나지 못하는 사회관습의 희생자, 열정을 포함하여 알쏭달쏭한 인간의 심리에 대한 그녀의 통찰력과 세심한 묘사 등은 공통적으로 찾아볼 수 있다.

이디스 워튼은 문학적인 성과로 1923년 예일 대학교에서 명예문학박사학위를 받았고, 1934년 유일한 자서전인 『뒤를 향한 시선』(*A Backward Glance*)을 출판하였다. 1937년 프랑스에서 뇌출혈로 사망하였고, 1938년 『해적』이 사후 출판되었다. 그녀의 작품들은 최근까지 영화와 드라마로 많이 제작되었다.

II. 『여름』 읽기

1. 채리티의 성장, 정체성 찾기, 그리고 장소의 의미

이디스 워튼의 『여름』은 1차 세계대전이 한창이던 때인 1916년, 그녀가 프랑스에서 전쟁으로 상해를 입은 사람들, 고아, 피난민들을 위해 열정적으로 봉사하던 시기에 틈틈이 집필되었고, 아직 전쟁이 끝나지 않았던 이듬해 출판되었다. 이 작품은 그녀의 모든 작품들 중에서 성애를 가장 많이 묘사하고 있는데, 이디스 워튼이 전쟁 중인 프랑스에서 평화로운 미국의 뉴잉글랜드 시골을 생각하면서 쓴 이 작품 속에서 채리티 로열(Charity Royall)이 도시에서 온 청년, 루시어스 하니(Lucius Harney)를 만나 첫사랑을 하고, 성애로 인해 행복을 느끼는 것에는 미국기자 모튼 풀러튼(Morton Fullerton)과의 관계에서 워튼 자신이 1907년부터 3년 간 느꼈던 행복했던 경험이 투영되었다고도 볼 수 있다. 그런데 채리티 로열의 성애에 대한 자각은 거기서 끝나는 것이 아니라 그 이후의 그녀의 성장과 정체성 찾기에 연결되며, 이러한 주제는 이 작품에서 장소의 의미와 밀접하게 연관되어 있다. 즉, 채리티 로열의 사랑과 성 경험은 문화와 인간의 본성에 대한 이해, 그리고 그녀가 살고 있는 공동체 속에서 자신의 정체성을 찾아가는 과정과 맞물려 있는 것이다. 그 과정에서 그녀가 살거나 거치게 되는 "장소들은 그녀가 문화와 관련하여 인간의 본성을 깨달아 가는 데 있어서", 그리고 "그녀가 자신의 정체성을 찾는 데 있어서" 중요한 역할을 한다.[2] 이 작품에서 장소가 중요하다는 것은 소설의 시작 장면이 채리티 로열이 노스도머에 있는 로열 변호사(Lawyer Royall)의 빨간 집 문턱에 서 있는 것이고, 끝나는 장면이 바로 그녀가 힘든 여정 끝에 결국 다시 노스도머의 빨간 집에 돌아오는 것이라는 사실만 보아도 알 수 있다.

우선, 채리티가 살고 있는 노스도머는 뉴잉글랜드의 한 계곡에 있는 작은 마을로 철도, 전차, 전신, 극장, 그리고 상가지역 등과 같은 "현대 공동체에서 삶과 삶을 이어주는 모든 영향력"(3)[3]이 없는 척박한 곳이다. 이 마을에서는 현대 문명의 직접적인 혜택을 받는 도시의 특징을 볼 수 없고 기본적인 종교생활과 약간의 지적인 활동을 가능하게 하는 하얀 교회와 작은 도서관만이 있는 것이다. 뉴잉글랜드란 미국 동북부 지방의 코네티컷, 매사추세츠, 로드아일랜드, 버몬트, 뉴햄프셔 그리고 메인 주를 통틀어 말하는 것으로 이 작품에서는 그 중에서도 특히 메사추세츠 주를 배경으로 하고 있다. 뉴잉글랜드 매사추세츠 주는 미국 초기 역사에서 청교도들이 이민을 와서 정착한 곳으로 미국의 중요한 정체성중 하나인 청교도 신화를 만든 곳이며, 엄격한 도덕성을 강조하고 지극히 동질적인 공동체이다. 이 작품에서 노스도머는 "뉴잉글랜드의 덜 친숙한 지역"(51)으로 채리티에게는 "불가피하지만 재미없고, 의문을 가질 수 없는 삶의 중심"(76)이다. 이 전체적인 단일 공동체는 작품 속에서 하나의 인물이 되어 교육도 제대로 못받은 채리티가 도서관 사서가 되었다는 것을 알고 놀라기도 하며, 밤에 루시어스 하니가 홀로 있는 해차드씨의 집을 채리티가 혼자 들어갔다는 사실도 알게 되어 바로 그 구성원 간에 소문이 퍼지는 곳이다. 이곳은 또 채리티가 그 전날 네틀턴 호수의 선착장에서 악몽 같은 사건을 겪은 후에는 "비열한 호기심과 은밀한 악의를 모두 지닌, 악을 의식하지 못하는 척하는"(107) 특성을 가진 하나의 인물로 여겨지며, 채리티는 그 구성원인 앨리 호스가 노스도머의 그런 면모를 대표한고 있다고 느끼기도 한다. 여기서 주목할 점은 채리티에게는 노스도머가 하나의 단일 인물로 느껴진다는 것이며 그만큼 그 사회는 동질적인 특징을 가졌다는 것이다.

노스도머의 벽돌로 지은 오노리우스 해차드 기념도서관은 특히 채리티를 옴짝달싹 못하게 옥죄는 곳으로 느껴지게 하는 곳이다. 이곳은 19세기 초 미국문학의 효시자인 그 유명한 워싱턴 어빙(Washington Irving)과도 교류했던 노스도머 출신의 요절한 문학가 오노리우스 해차드(Onorius Hatchard)를 기념하기 위해서 그 집안에서 마련해서 유지 및 관리를 하고 있는 공간으로 채리티가 사서로 일하면서 약간의 돈을 벌고 있는 그녀의 직장인 것이다. 그런데 이곳은 "지식의 전당"(11)

이라고 하는 도서관의 원래 기능을 다 하지 못하고 "감옥"(5), "무덤"(5), 또는 "지하 납골당 같은 방"(6)에 비유되어, 채리티에게는 그곳이 자신이 갇혀 있는, 또는 삶의 활력 없이 죽은 것으로 느껴지는 곳이라는 것을 알 수 있다. 이곳에서 그녀는 문을 열고 들어와 두리번거리는 루시어스 하니에게 자신이 "도서관의 가구"(6)로 보였을 거라고까지 생각하기도 한다. 그녀는 20년 동안 새 책이 한 번도 들어오지 않은데다가 내부는 통풍이 안 되어 "곰팡내 나는 책들"(6)로 가득한 도서관에 앉아 책을 빌리러 오는 사람도 거의 없는 그 곳에서 혼자 레이스를 뜨고 있는 자신 또한 개성을 갖지 못한 것처럼 보이는 것을 스스로 인식하고 있는 것이다. 채리티는 노스도머의 단조로운 삶 속에서 "모든 게 다 지겹다"(4)고 혼잣말을 하며 그곳을 떠나고 싶어 한다. 성숙하기 전의 채리티에게 도서관을 포함하여 노스도머는 단지 자신을 억압하는 곳으로 느껴지기 때문이다.

하지만 노스도머는 그 마을이 있는 계곡에 "어두운 그림자"(4)를 드리우는 '산'(the Mountain)과 비교하면 "가장 세련된 문명의 모든 축복들을 대표하는 곳"(3)이며, '산'에 있는 집들보다는 나은 갈색 집과 비교를 해도 노스도머의 빨간 집은 확실히 문명화되고 질서와 문화가 있는 곳이기도 하다. 채리티는 폭풍우를 피해 포큐파인의 늪지에 있는 갈색 집 안에서 잠깐 머물 때 "이러한 사실을 얼핏 인식"하기도 한다.[4]

> 잠깐 시간이 지나고 비가 아직도 창문에 흘러내리는 동안 채리티는 그 집과 거기 사람들에 대한 혐오감에 휩싸였다. 마음이 약한 할머니, 겁먹은 아이들, 그리고 술에 취해 잠이 든 누더기를 걸친 남자를 보니 자신이 살고 있는 곳이 평화와 풍요의 환영으로 떠올랐다. 그녀는 닦아 놓은 바닥과 도자기 그릇이 꽉 차 있는 서

랍, 이스트와 커피, 그리고 자신이 항상 싫어했던 연성 비누 냄새가 특이하게 나는 로열씨 집의 부엌을 생각했는데, 이제는 그것이 가정의 질서를 상징하는 바로 그 자체처럼 보였다. (58)

병들고 헐벗고 가난한 사람들이 살고 있으며, 여기저기 부서지고 흙냄새 나는 비참한 갈색 집의 내부에서 하니와 함께 상자 두 개 위에 판자를 얹은 것을 의자 삼아 그 위에 앉아서 비가 그치기를 기다리는 채리티는 갈색 집과 자신이 후견인인 로열씨와 함께 살고 있는 노스도머의 빨간 집을 비교하면서 빨간 집을 상대적으로 청결하고 안락하며 부족함이 없는 좋은 곳이라고 생각하고 있는 것이다. 채리티는 갈색 집의 상태와 그곳에서 살고 있는 사람들을 보고 처음으로 빨간 집에 대해 좋은 곳이라는 긍정적인 생각을 잠깐 하게 된다.

채리티가 그런 생각을 하기 전에 노스도머의 빨간 집은 사실 그녀에게는 "기쁨이 없고 [사람이] 돌보지 않은 채"(13) 서 있는 곳이다. 그런데 여기서 주목할 것은 그 집 마당에는 "부채모양의 버팀목에 묶여 있는 옅은 홍색 장미"(13)가 한 송이 피어있다는 것이다. 여기서 빨간 집의 마당에 있는 "홍색 장미"는 이곳에 살고 있는 로열씨의 잘 드러나지 않지만 확연하게 존재하는 그의 열정 또는 사랑의 감정을 상징한다는 점에서 의미심장하다. 그 장미는 로열부인(Mrs. Royall)이 죽은 후 15세 채리티를 기숙학교에 보내려고 한 미스 해차드(Miss Hatchard)에게 채리티가 기숙학교에 가지 않겠다고 말한 것을 알고 얼마 안 되어 로열씨가 헵번에 갔다가 그녀에게 사다 준 선물로 채리티에 대한 로열씨의 마음을 상징하는 것이다. 이 빨간 집은 노스도머를 군림하는 로열씨의 집이지만 그 집에서는 채리티 자신이 군림하고 있다는 것을 인식하고 있으며 그녀는 그 사실을 증오한다. 그녀가 단 둘이 사는 그 집에서 로열씨보다 큰 권력을 가졌지만 그 상황을 매우 싫어하는 이유는 그녀가 17세였을 때 로열씨가 밤에 자고 있는 채리티의 방에 들어오게 해달라고 애원했다가 그녀의 호통에 쫓겨난 적이 있고, 그로부터 한 이틀 후에 그가 그녀에게 청혼을 했고, 그녀는 그 청혼을 바로 거절했던 일이 있었기 때문이다.

또한 이 작품에서 주목할 장소는 바로 네틀턴이다. 네틀턴은 채리티가 1년 전에 평생 처음으로 유일하게 가 본 도시이기도 하며, 그녀가 하니와 함께 나들이용 모자를 만들어 준 앨리 호스(Ally Hawes)를 빼고는 다른 노스도머 사람들 몰래 가서 그와 데이트를 하며 결국 성애에 대해서 알게 되는 곳이기 때문이다. 이곳은 채리티가 태어나서 이제까지 처음으로 단 한 번 기차를 타고, 앞면이 판유리로 된 가게들을 구경하고 극장에 가 보았던 곳이며, 그녀로 하여금 노스도머가 좁은 곳이라는 것을 깨닫게 해 준 곳이다. 그런데 네틀턴은 앨리의 언니인 줄리아 호스(Julia Hawes)가 "도시에서 온 젊은 남자"와 어떤 일이 있고 나서 노스도머를 떠나 현재 살고 있는 곳이다. 이곳은 임신중절을 해주는 한 산부인과의 이미지로 앨리에게는 끔찍하고 안 좋은 곳으로 각인되어 있다. 왜냐하면 그곳의 윙가와 레이크가가 만나는 길모퉁이에 있는 "앞에 금색 글씨로 '개인 상담'이라고 쓴 커다란 검정색 간판이 있는"(86) 벽돌집에서 줄리아는 "거의 죽을 뻔"(86) 했기 때문이다. 그 때문에 새 모자를 써보며 기대에 부풀어 앨리와 함께 네틀턴에 가는 것에 관한 대화를 하던 채리티는 앨리의 말을 듣고 자연스럽게 줄리아를 생각하며 자신과는 다르게 "줄리아와 같은 아가씨들은 남자를 고를 줄도 모르고 나쁜 남자들을 멀리할 줄을 몰라"(86)서 안 되었다고 연민을 보이는 것이다. 아직 성애를 모르는 채리티는 줄리아가 처했던 상황에 대해 공감하지 못하고 있다. 그녀는 자신이 순결하고 아직은 안전하기 때문에 그녀의 일을 제대로 판단하고 있지 못한 것이다. 여기서 또한 아이러니한 것은 채리티 자신이 나중에 줄리아와 비슷하게 힘든 상황에 처했을 때 네틀턴에서 줄리아가 하는 일과 같은 일을 하면서 살아가면 어떨까하고 생각을 하게 된다는 것이다.

7월 4일 미국의 독립기념일을 맞아 하니와 데이트를 하러 간 네틀턴은 우선 대도시의 시끌벅적한 느낌을 자아내고 있다. 네틀턴에 살고 있는 사람들 뿐 아니라 크레스턴의 방적공장에서 떼로 몰려온 사람들을 포함해서 거리에는 사람들로 물결치고, 식당, 약국, 과자가게 등에서는 먹을 것들이 산더미처럼 쌓여 있는 것이다. 문을 닫은 가게들도 널찍한 판유리를 통해서 많은 물건들을 볼 수 있는 것이다. 그곳의 축제의 분위기로 인해 채리티는 이런 것이 대도시의 모습일 거라고 생각하고 스프링필드나 보스턴도 더 멋진 광경을 보여줄 수는 없을 거라고 생각하게 된다.

또한 이곳은 채리티에게는 무척 낭만적인 곳이기도 하다. 왜냐하면 하니와 함께 보석가게에서 보석들을 구경하고, 그가 채리티에게 산정 호수처럼 푸른 색 보석이 박힌 브로치를 사서 그녀에게 선물하는 곳이 바로 네틀턴이기 때문이다. 하니가 준 브로치를 당당하게 달고 식사를 하려고 여기 저기 돌아다니다가 찾아 낸 어떤 뒷골목 야외에 있는 작은 프랑스 식당도 네틀턴에 있다. 이 식당은 옆집에서 굽어 넘어온 큰 느릅나무가 있고 백일초와 피튜니아 사이 붉은 강낭콩 나무 아래 덜커덕거리는 식탁이 두세 개 있는 곳으로 그곳에서 하니와 프랑스어로 대화를 하며 기분 좋게 웃는 여인의 시중을 들으면서 "이상한 향이 나는 음식"(93)을 먹고 프랑스에서 마신다는 "연 노란색 와인"(93)을 마시면서 채리티는 자신이 하니와 "단 둘이 외국에 와있다는 상상"(93-94)까지 하게 되는 것이다.

그런데 네틀턴은 또한 채리티에게 안 좋은 일이 생길 것이라는 전조를 느끼게 하는 곳이기도 하다. 왜냐하면 이렇게 하니와 즐겁게 데이트를 하며 호수로 가기 위해 비싼 값을 치르고 전차를 타고 가다가 채리티가 보는 것은 바로 앨리가 하루 전에 언급했던 길모퉁이에 있는 머클박사의 진료소이기 때문이다. 그 진료소의 간판을 보고 앨리의 말을 떠올리며 그곳을 죽을 뻔 했던 줄리아와 연결시킨 채리티는 "더위와 황홀감"(96) 속에서 "온 몸에 흐르는 차가운 전율"(96)을 느끼게 되는 것이다. 이런 자각을 하고 몸이 오싹해진 채리티에게 어둠이 오는 네틀턴은 에덴동산에서의 아담과 이브의 "타락"에 대한 암시로 가득 찬 곳으로 느껴진다. 석양 속에서 호숫가를 따라 불빛이 비치는 속에서 전차들은 "똬리를 틀며 나무들 사이에서 들어갔다 나가는 커다란 빛나는 뱀"(99)에 비유되는 것이다. 이러한 비유는 독자로 하여금 에덴동산에서 뱀의 유혹에 넘어가 선악과를 먹은 후, 그 벌로 행복한 에덴동산에서 쫓겨나고 출산의 고통을 겪게 된 이브를 떠올리게 한다. 게다가 호숫가 발코니에서 갑자기 들리는 줄리아 호스의 웃음소리와 그녀의 출현은 채리티를 놀라게 하고, 채리티는 줄리아에게 하니와 함께 사람들 몰래 먼 곳까지 나와 데이트를 하고 있는 자신의 처지가 간파되었고 그녀로부터 조롱받았고 생각하여 수치심을 느끼는 것이다.

미국독립을 기념하여 네틀턴 호숫가에서 행해지는 화려하고 아름다운 불꽃놀이는 채리티의 마음과 감정이 그 황홀함에 무방비 상태로 열리고 고조되는 효과를 자아낸다. 방해받지 않으려고 쓰고 있던 새 모자를 벗고 하늘에서 터지는 폭죽을 눈으로 따라가며 보느라 몸을 뒤로 젖힐 때마다 자신보다 위에 앉아 있는 하니의 무릎이 닿는 것을 느끼는 채리티에게 다음과 같은 광경이 펼쳐진다.

잠시 후 산발적인 불꽃놀이가 끝났다. 좀 더 길게 어둠이 뒤따르고 난 뒤 밤 전체가 꽃으로 피어났다. 지평선 사방에서 금색 은색의 아치가 솟아올라 서로 교차했다. 하늘-과수원은 꽃이 만발했고, 불타는 꽃잎을 떨어뜨리고, 황금빛 과일을 가지에 매달았다. 그러는 동안 마치 큰 새들이 보이지 않는 나무 꼭대기에서 둥지를 짓는 것처럼, 대기는 부드럽고 초자연적인 윙윙 소리로 가득 찼다.

가끔 고요해지면 달빛을 받은 물결이 호수를 휩쓸었다. 한 순간 반짝이는 물결에 아주 검게 보이는 수백 척의 배가 보이더니 마치 거대한 반투명의 날개를 접은 것처럼 사라졌다. 채리티의 가슴은 기쁨으로 고동쳤다. 마치 모든 사물의 숨어있던 아름다움이 펼쳐진 것 같았다. 더 아름다운 것이 세상에 있다는 상상을 할 수 없었다.… 마침내 아치모양의 하늘 전체가 그녀의 눈부신 안구를 누르는 아주 큰 눈꺼풀인 것처럼 보이기 시작하고, 안구로부터는 보석이 박힌 불빛이 계속 뿜어져 나왔다. … (100-101)

불꽃놀이를 구경하고 있는 군중 속에서 채리티는 잠시 황홀한 심정을 억누르려고 무릎 위에 놓여있던 자기 모자를 꽉 잡기도 하지만, 배를 타고 꼿꼿이 서 있는 워싱턴 장군의 모습이 밤하늘에 펼쳐지자 채리티가 느끼는 황홀함은 최고의 절정에 이르게 된다.

한 순간 밤은 더욱 칠흑같이 깜깜해지는 것 같았다. 그러더니 아주 큰 그림 하나가 별자리처럼 하늘을 배경으로 두드러져 나타났다. "워싱턴 델라웨어를 건너다"라고 새겨진 금빛 두루마리가 얹혀있었다. 황금물결이 잔잔한 물을 가로질러 그 '미국의 영웅'이 천천히 움직이는 황금빛 배의 고물에서 팔짱을 끼고 꼿꼿이 서서 거대하고 웅장하게 지나가고 있었다.

관중들로부터 "오-흐-흐"하고 소리가 길게 터져 나왔다. 관중들이 황홀해서 전율하는 바람에 관중석이 삐걱거리고 흔들렸다. "오-흐-흐"하고 채리티도 숨을 헐떡거렸다. 그녀는 자기가 어디에 있는지도 잊었고, 마침내 하니가 옆에 있다는 것도 잊었다. 별 속에 갇혀 있는 것 같았다.… (101)

이렇게 고조된 분위기 속에서 황홀감 속에서 넋을 놓고 있다가 채리티는 불꽃놀이가 끝난 직후 어둠 속에서 하니의 열정적인 키스세례에 응답을 하게 된다. 이렇게 보면 배경과 분위기가 채리티가 성애에 대해 알게 되는 과정을 상징적으로 보여준다고 할 수 있다.[5] 그리고 그 행위 속에서 채리티는 "자신을 지배하면서도, 자신이 그에 대해 새롭고 신비한 어떤 힘을 가진 것으로 느껴지는 어떤 하니, 알지 못했던 어떤 하니" (102)가 모습을 드러냈다고 느끼게 되는 것이다.

그런데 이렇게 낭만적이고 행복하고 황홀감이 최고조로 올랐던 무대인 네틀턴, 특히 네틀턴 호수는 채리티에게 그런 감정과는 반대로 악몽과 같은 끔찍한 장면의 배경이 되기도 한다. 키스의 황홀함에서 깨어나 귀가를 위해 도착한 네틀턴 호수의 선착장에서 채리티가 직면하게 되는 것은 바로 자신의 후견인인 로열씨인 것이다. 줄리아 호스를 포함한 창녀들, 그리고 건달들과 함께 술에 취해 비틀거리는 로열씨를 만난 것도 당황스러운데, 그는 채리티에게 "모자도 안 쓴 창녀" (103)라고 욕을 함으로써 그녀를 수치스럽게 한다. 사실 채리티가 수치스럽고 끔찍했던 것은 두 가지 이유에서이다. 우선, 하니와 함께 키스를 한 후 정신없이 그를 따라 가느라 모자를 잃어버려 헝클어진 맨머리가 그대로 드러난 데다, 하니의 품에 안겨있는 채리티는 한 순간에 "타락한 여자"로 간주되어 욕을 먹은 것이다. 하지만 그렇게 대중들 앞에서 자신이 욕을 먹은 것도 창피하지만, 로열씨가 술 먹으면 싸우려고 하는 "버릇"(104)을 넘어서서 그런 부류의 남녀와 공공연하게 어울리고 다니면서 제어할 수 없는 열정을 표출한다는 그 사실이 끔찍했던 것이다. 비참함에 하니의 팔을 뿌리치고 자기와 함께 집으로 가자는 채리티의 권유를 무시한 로열씨는 결국 웃음과 조롱 속에서 사라지고 채리티는 속이 상해 흐느껴 울면서 네틀턴의 악몽이 완성된다. 이처럼 채리티가 하니와의 키스를 통해 자신의 "새롭고 신비한 힘"을 깨닫게 되고, 대중 앞에서 수치심과 두려움을 느끼게 된 사건이 일어난 네틀턴은 채리티의 성장에 있어서 그 의미가 크다고 할 수 있다.

사실 채리티의 성장과 연관되어 가장 상징적인 곳은 바로 '폐가'라고 할 수 있다. 노스도머에서 무법자들이 사는 '산'으로 가는 도중에 있는 산 속의 작은 폐가는 사회적 제도나 신분계층이 없는 곳이다. 바로 이곳에서 사람들의 눈을 피해 채리티가 하니와 사랑을 나누며 자신의 "새로운 자아"(123)를 알게 된다는 점에서 '폐가'는 상징성을 띄게 된다. 이 집은 길 위 과수원에 있으며, 예전에는 아주 잘 지어졌지만 지금은 버려지고 황폐해진데다가 잡초가 무성한 곳이다. 유리가 없는 창틀을 통해서 '산'이 보이고 내부에는 원시적인 캠핑 스타일로 가구가 놓인 곳이다. 채리티는 하니보다 이곳에 먼저 도착해서 비탈 위 사과나무 고목 아래 있는 바위에 앉아서 그를 기다리며 혼자서 자연현상을 음미하며 거기서 그와 사랑하면서 보내는 시간의 의미를 되새긴다.

> 그녀는 그의 첫 키스가 그 모든 것을 지워버리기 전에 폐가의 은밀한 달콤함을 하나하나 세부적으로 받아들일 시간을 갖는 것을 좋아했다. 풀 위에서 흔들리는 사과나무들의 그림자, 길 아

래에서 둥근 꼭대기를 둥글게 만드는 오래된 호두나무들, 오후의 햇빛 속에서 서쪽으로 기울어진 목초지들을. 그 고요한 장소에서 보내는 몇 시간과 관련이 없는 모든 것은 꿈에 대한 기억처럼 희미했다. 유일한 현실은 그녀의 새로운 자아가 놀랍게 펼쳐가는 것, 그녀의 모든 오그라든 덩굴손이 빛을 향해서 뻗어가는 것뿐이었다. 그녀는 별로 쓰지 않아 감수성이 시들어버린 것처럼 보이는 사람들 사이에서 평생을 살아왔던 것이다. 처음에, 하니의 애정보다 더 놀라웠던 것은 그 애정의 일부가 되는 말이었다. 그녀는 항상 사랑은 당황스럽고 몰래하는 어떤 것으로 생각했었다. 그런데 그는 사랑을 여름 공기처럼 밝고 숨기지 않는 것으로 만들었다. (123)

즉, 채리티는 이 폐가에서 하니와 사랑을 나누면서 전에는 알지 못했던"새로운 세계"(125), 성애의 세계를 알게 되었고, 그러한 새로운 경험은 그동안 있기는 했지만 펼쳐지지 못했던 자신의 감수성을 더 펼치게 하고, 더 나아가 자기 자신에 대해서 더 잘 알게 만들었다는 것이다. 특히. 하니는 자신의 애정을 말로 잘 표현함으로써 채리티가 사랑을 밝고 탁 트인 여름공기처럼 자연스럽게 받아들이게 되었으며, 이런 상황에서 채리티에게는 "그들의 열정이라고 하는 중심적인 영광"(120)만이 유일한 현실이 되고 나머지는 "그 주위에 있는 흐릿한 윤곽"(120) 또는 희미한 꿈이 되는 것이다.

그러나 이 폐가는 채리티가 그녀의 새로운 성적인 자아를 인식하고 찾는 데 있어서 꼭 필요한 곳이기는 하지만 현실적으로 그녀가 하니와 결혼해서 안주할 수 있는 집이 될 수는 없다. 이는 폐가를 찾은 로열씨와 하니와의 대화에서 명확하게 알 수 있다.

> "여기가 자네 집인가?" 그는 물었다.
> 하니는 웃었다. "음. 누구 집도 아니지요. 여기는 스케치하러 때때로 옵니다."
> "그리고 로열양이 오면 맞아들이려고?"
> "영광스럽게도 그렇게 하면요.… "
> "이게 자네가 결혼하면 그녀를 데리고 올 집인가?" (143)

노스도머 사람들의 생각을 대표하는 로열씨의 이 물음에 대답을 못하고 채리티가 어린애가 아니라는 말로 어물쩍 넘어가려는 하니의 대답과 이어진 침묵은 폐가에서 채리티와 하니가 남몰래 나누는 사랑이 현실과는 동떨어진 것이라는 사실을 명확하게 해준다. 로열씨가 나간 뒤에 채리티에게 와 보라며 오만하게 말하고, 잠시 노스도머를 떠났다가 일을 정리하고 돌아오면 결혼하자는 말을 낯선 사람처럼 하고, 가을이 되어 축축해진 폐가에 더 이상 올 수도 없다며 변명하는 하니에게 아무 말도 하지 않고 필사적으로 하니와 사랑의 행위를 마지막으로 하는 채리티에게 폐가는 더 이상 그녀의 삶의 중심이 아닌 곳이다.

채리티가 하니가 떠난 뒤 임신했다는 사실을 알게 되지만 그 이유로 그와 결혼하게 되면 불행해질 것 같고, 노스도머에서는 임신한 사실을 들킬 수밖에 없을 것 같아 도피해 가는 '산'은 채리티가 자신의 정체성을 찾는 데 있어서 거쳐야만 하는 곳이다. 왜냐하면 그곳은 채리티에게는 그녀가 태어나고 얼마동안 살았던 곳이며, 기억에는 없는 그녀의 어머니가 아직 살아있을 수도 있는 곳이며, 힘든 상황에 놓인 자신이 아이를 낳고 그곳의 친척들과 함께 살 수 있는 곳이라고 생각되기 때문이다. '산'은 무법자들이 제멋대로 살고 있는 곳으로, 특히 채리티의 어머니 메리 하이엇의 시체가 누워있는 산 위의 집은 그 중에서도 가장 초라한 곳이다. 지저분하고 비참한 "이 집과 비교하면 늪지대에 있는 갈색 집은 풍요로운 가정으로 보일 것"(170)이라는 생각이 들 지경이고 노스도머에서 가장 가난한 앨리 호스의 집에서도 찾아 볼 수 없는 "야만적인 비참함"(179)이 있다. 채리티의 어머니는 채리티가 도착했을 때, 침대도 난로도 없이 춥고 더러운 그런 집에서 평생을 살다가 "도랑 속의 죽은 개처럼"(173) 매트리스 위에 누더기를 아무렇게나 걸친 채 죽어있는데, 그런 시체의 옷매무시를 고치며 얼굴을 쳐다보는 채리티는 그 충격에 손이 차가워지는 것이다. 또한 채리티는 자신의 어머니 집에 모여 있던 '산' 사람들을 보며 그들이 자신의 친척들일 것이라 생각하며, 그들을 보면 어머니가 인생에서 어떤 단계를 거쳐 죽음에 이르게 되었는지 알 수 있다고 느끼게 된다.

채리티가 자기 아이[채리티]를 기꺼이 다른 사람[로열씨]에게 준, "반 인간도 아닌"(50) 존재로 규정되는 자기 어머니의 심정을 이해하게 되는 것은 말로만 듣던 '산'이라고 하는 장소를 직접 보고 생각해야만 가능한 것이다. 어머니의 장례식을 치르고, 관도 없이 시체를 묻은 뒤, '산'에서 살 작정으로 마일스 목사를 따라 가지 않은 채리티는 리프 하이엇의 어머니 집에서 오지 않는 잠을 청하며 자신이 '산'에서 본 것을 되새기며 자신의 삶과 앞으로 태어날 아이에 대해 생각을 하게 된다. 리프 하이엇의 어머니가 하나 밖에 없는 담요를 채리티에게 주고 손주들과 함께 마룻바닥에서 옷을 덮고 자는 모습, 그리고 어머니의 집에 모여 있던 사람들과 자신과의 관계, 특히 자신이 왠지 친밀감을 느꼈던, 이상하게 말한 거친 젊은 여자를 생각해 보고, 기뻐하며 자식을 남에게 주었기 때문에 인간도 아니라고 생각했던 자기 어머니의 심정을 헤아려 보게 되는 것이다. 즉, 어떤 어머니가 자기 자식을 그런 삶에서 구하고 싶지 않겠냐며 어머니에게 연민을 느끼게 것이다. 그리고는 거기서 그대로 눌러 살게 되면 그 비참한 무리들처럼 될 자기 아이의 미래를 생각해서 당장이라도 '산'을 내려가겠다는 선택을 하는 것이다. 채리티는 '산'에서의 자기 어머니의 삶과 선택과 죽음을 생각해 보고 인간에 대한 이해가 깊어지고 정신적으로 성장하게 되는 것이다.

하지만 어머니로서의 정체성을 확고하게 갖고 자식을 위해서라면 그 어떤 일도 하겠다는 생각을 갖고 있는 채리티에게는 불행히도 선택의 여지가 별로 없다. 그녀가 겨우 생각해낸 것은 네틀턴에서 아이를 낳고, 그 애를 점잖은 사람들한테 맡기고 줄리아 호스처럼 일해서 돈을 그들에게 줄 수도 있겠다는 막연한 계획뿐인 것이다. 이런 심리로 춥고 이른 아침에 사람들 몰래 '산'을 탈출하려는 채리티에게는 새소리도 외롭게 들리지 않을 수 없다. 더욱이 산꼭대기를 향해 가면서 차갑게 불던 바람은 정상에 이르자 그녀에게 살을 에는 듯 몰아치고, 세찬 바람을 피해 암반 밑에 앉아서 숨을 고르던 그녀는 자신이 외롭고 우주 속에서 보잘 것 없는 존재라는 것을 느끼게 된다. 그래도 뱃속의 아기를 위해서라면 힘을 내서 일어나고 계속 걸어가겠다고 생각하는 것이다. 채리티가 여러 장소를 거치면서 자신이 사회적 존재이며, 여성이며, 어머니라는 자기 정체성을 찾고 성장하게 되는 것에서 이디스 워튼이 인간의 성장에 있어서 지리적인 장소와 배경이 중요하다는 것을 잘 보여주고 있다고 할 수 있다.

2. 채리티와 로열의 성격과 섬세한 심리묘사

채리티의 정체성 찾기와 성장을 다루는 데 있어서 이디스 워튼은 특히 채리티의 생각과 심리를 자세하고 밀도 있게 묘사하고 있다. 우선 로열씨가 자기가 아는 한 “가장 자존심이 강하고”(79) “도스도머에서 그 누구보다 예쁘고 똑똑한”(79) 아가씨라고 인정하는 채리티는 다른 사람들과는 다르게 ‘산’ 출신에 교육은 못 받았지만 굉장히 상황에 대한 이해가 빠르고, 어떤 상황에서도 자존심을 지키려고 한다. 미스 해차드의 집에서 밤에 혼자 있는 하니를 그의 방 밖 베란다 계단에 웅크리고 앉아서 열린 창을 통해 몰래 엿보며 자신이 거기 들어가게 되면 어떤 일이 벌어질지 채리티가 생각하면서 더 나아가 자신이 들어가지 못하게 하는 것이 무엇인지 파악하는 부분을 보면 이디스 워튼이 심리묘사를 통해 채리티의 성격을 잘 그리고 있다는 것을 잘 알 수 있다.

> 전날 이후로 그녀는 만약 하니가 자신을 그의 품에 안게 되면 무슨 일이 일어날지 정확하게 알게 되었다. 손바닥과 손바닥이, 입술과 입술이 녹아들고 긴 정념의 불꽃이 그녀를 머리에서 발까지 타오르게 하리라는 것을. 하지만 그런 감정에 다른 감정이 뒤섞여 있었다. 그가 자기를 좋아한다는 데 대한 놀라운 자부심, 그의 공감이 그녀의 가슴에 불어 넣어 놀란 부드러움이. 때때로 그녀의 젊음이 내부에서 타오를 때, 그녀는 다른 여자들처럼 황혼 속에서 은밀히 하는 애무에 굴복하는 모습을 그려 보았다. 하지만 하니에게 자신의 가치를 그렇게 떨어뜨릴 수는 없었다. 왜 그가 떠나는지는 모르겠지만 떠나가면 그가 품고 가는 자신의 이미지를 손상시킬 일은 하면 안 된다고 느꼈다. 자신을 원한다면 그가 찾아와야 하는 것이다. 그가 놀라서 줄리아 호스와 같은 여

자들이 그랬던 것처럼 자신을 받아들여서는 안 되는 것이다. … (72)

채리티는 가슴 속에서 불타오르는 하니에 대한 열정을 느끼면서도 자신의 자존심을 위해 물러설 줄도 아는 것이다. 선착장에서의 악몽 같은 사건 이후, 채리티는 자존심을 지키고 하니를 보지 않기 위해 '산'으로 가려고 하기도 하고, 폐가에서 로열씨가 하니와 결혼 할 수 없는 현실을 일깨워 주었을 때에도 그녀는 하니에게 그동안 폐가에서 둘이 함께 보낸 시간을 후회하지 않는다고 당당하게 말하기도 한다.

사실, 채리티의 자존심 강한 성격을 가장 잘 알 수 있는 것은 그녀가 하니와 깊은 관계를 갖기 전에 로열씨의 청혼을 두 번이나 거절했다는 것에서 알 수 있다. 로열씨는 노스도머에서 그 누구보다도 잘난 변호사로 채리티를 '산'에서 데리고 내려와서 키워준 사람이다. 그럼에도 불구하고 채리티는 17세 때 어느 날 밤 자신의 방에 들어오려고 했다가 쫓겨난 지 이틀 뒤, 도서관 사서로 취직해서 돈을 벌어 노스도머를 떠나겠다는데 청혼을 해서 같이 살자고 한 그를 경멸하고, 더 나아가서 하니와 비교하며 증오하기까지 한다. 그가 노스도머를 떠나 그녀가 원하면 대도시로 가서 살겠다며 그녀에게 두 번째 청혼을 했을 때에도 그녀는 자기 마음에 없는 결혼을 거절한다.

그런데 이렇게 자존심 강하고 로열씨를 경멸하던 채리티가 어떻게 해서 결국 로열씨의 청혼을 받아들이게 되는 것일까? 이 두 사람의 결혼하기까지의 과정을 생각해 보면 채리티의 성장에는 로열씨의 인간성에 대한 이해가 필수적이라는 것을 알 수 있다. 노스도머의 빨간 집에서 살고 있는 로열변호사는 관습적인 노스도머 사람들과는 확실히 다르며, 그 차이는 바로 그의 성격은 다면성을 가지고 있다는 것이다. 작품의 초반에서 그는 채리티에게 "노스도머 그 자체"(76)로 여겨졌던 사람이다. 실제로 로열씨가 폐가에서 하니에게 채리티와 결혼할 거냐고 물을 때는 그는 노스도머 사람들의 관점을 대표하는 것처럼 보인다. 하지만 빨간 집의 서재에서 대화를 하려고 서 있는 그를 보고 채리티는 "그가 진짜 어떤 사람인지"(77) 모르겠다고 생각하는 장면이 있는데, 이는 로열씨가 다양한 면모를 보여주고 있기 때문이다. 그러므로 그의 인간성을 깊이 이해하게 되면 자기 정체성을 찾아가며 성장하게 되는 채리티는 그를 받아들이는 것이 주어진 상황 속에서 가장 현명한 선택을 한 것이 되는 것이다.

로열씨는 "제어할 수 없는 기질"(80)이 있으며 한 번 부끄러운 생각을 했고 그녀가 그 대가를 치르게 했다고 스스로 고백한다. 하지만 그때 한 번을 빼고는 부끄럽지 않게 행동해 왔고 채리티를 남자가 "점잖은 여자"(80)를 사랑하는 방식으로 항상 사랑했으며, 채리티가 그 사실을 알고 말한다. 사실, 그는 그 "제어할 수 없는 기질" 때문에 이런 고백을 한 이후에도 술에 취해 선착장에서 채리티에게 욕을 하기도 했고, 그 때문에 자전거를 타고 혼자 돌아다니는 채리티를 폐가에 가서 대면하기까지 채리티는 그와 말 한마디 하지 않고 침묵과 무시로 그를 대하는 것이다.

하지만 채리티가 '산'에서의 삶과 사람들에 혐오감을 느껴 막연히 네틀턴으로 가기 위해 그곳에서 내려올 때, 추위와 피곤에 지친 채리티가 먼저 보고 찾아가는 것은 바로 마차를 몰고 온 로열씨이다. 그녀는 그를 피하려는 충동을 느끼기도 하지만 외로움과 공허 속에서 그를 보고 느낀 안도감이 더 컸기 때문에 스스로 그의 마차를 향해 걸어가는 것이다. 그리고 그녀는 "처음으로 그가 그렇게 이른 시간에 산꼭대기에 도착하려면 가장 추운 밤 시간에 노스도머를 떠나 도중에 잠깐 쉰 것을 빼고는 계속 여행을 했을 것이라는 생각"(184)을 하고 마음이 부드러워지게 되는 것이다. 그는 마차를 몰고 가면서 채리티가 춥지 않게 덮개를 다독거리기도 하고, 그녀가 따뜻하게 휴식을 취할 수 있게 호바트부인(Mrs. Hobart) 집에서 준비시킨 따뜻한 음식을 먹게 하고 쉬게 한다. 그는 친절하고 진지하게 채리티를 바라보다가 "항상 그녀에게는 한 가지 감정"만을 느낀다고 하면서 세 번째로 청혼을 하는 것이다. 그는 채리티한테 가장 필요한 것이 집에서 편히 보살핌을 받는 것이며 자기가 "원하는 전부는 채리티가 자기와 결혼할 것인지를 알고 싶은 것"(187)이라고 하면서 채리티에 대한 한결같은 사랑을 덤덤하게 단호하게 표현한다. 이러한 그의 마음이 깃든 어조에 채리티는 든든함을 느끼고 그에게 마음을 열게 되는 것이다.

네틀턴의 목사 앞에서 결혼식을 한 이후에도 채리티는 로열씨가 자신이 먼저 잠을 자고 있던 침대가 아니라 안락의자에서 옷도 벗지 않고 잠들어 있다는 사실을 자다 깨어나 알게 된다. 그가 채리티의 임신 사실을 알기 때문에 결혼했고 자기와 함께 있으면 안전하다는 것을 알려주기 위해서 그렇게 했다는 것을 파악한 채리티는 그를 생각할 때 느꼈던 것보다 "더 깊은 무엇"(196)을 느끼고 안도하며 다시 잠이 드는 것이다.

사실 채리티는 그 전에 몇 번 로열씨를 멋지다고 생각한 적이 있었다. 우선 15세쯤에 로열씨가 외로워하니까 미스 해차드가 알아 본 기숙학교에 가지 않겠다고 그녀에게 말하고 빨간 집으로 돌아온 채리티는 외투까지 잘 차려 입은 로열씨가 멋지다고 생각한다. 그리고 얼마 되지 않아 헵번에 갔던 그가 그녀를 위해 연한 홍색 장미를 사다 주었을 때에는 처음으로 그에 대해 마음이 부드러웠었다. 또한 고향 맞이 주간행사에서 그가 자기 옆을 지나갈 때도 그녀는 자신이 "어릴 때 두려움과 매력을 느끼게 했던 위엄 있는 표정"(132)을 그가 짓고 있는 것을 보며, 연설의 내용에 집중하기도 하는 것이다. 결혼식 날에도 저녁을 먹고 호텔 방으로 올라가기 전에 로열씨에게서 "두렵지만 매력"(195)을 느끼며 먼저 올라가서 자고 있으라는 그의 배려에 안도를 하게 되는 것이다. 마지막으로 옷치장을 하는 데 쓰라고 준 돈으로 채리티가 하니가 준 파란 색 브로치를 찾느라 아무 것도 사오지 못한 채리티가 앨리 호스에게 몇 가지 옷을 만들게 하겠다고 하자 로열씨는 채리티가 "착한 여자"라며 칭찬을 하고, 채리티는 그녀를 "창피하게 하게 하면서도 안정감을 주는 표정"(200)이 그의 눈에 어리는 것을 보게 된다. 채리티가 부끄러워하면서 작품의 마지막에서 로열씨에게 하는 말은 "아저씨도 착하시네요."(200)이다.

열정을 불태웠던 여름을 보내고 차가운 가을 달빛 아래 하니의 아이를 임신한 채 로열씨의 부인이 되어 다시 노스도머로 돌아온 채리티는 "자신이 알고 있는 사물의 기존 질서 속에서 자신이 개인적으로 모험을 할 수 있는 곳이 없다는 것"(162)을 알고 있었기 때문에 최선의 선택을 한 것이다. 자신이 전통적인 뉴잉글랜드 작은 마을의 가부장제도 속에서 살고 있으며, 교육이나 직업에 있어서 선택권이 별로 없는 여성, 게다가 '산' 출신의 여성이라는 채리티의 인식은 하니를 처음 만났던 날 잠깐 그와의 결혼식을 꿈꾸었던 것을 제외하고는 그와 사귀면서 그와의 결혼에 대해서 생각해 본 적이 없다는 것에서도 잘 알 수 있다. 또한 애너벨 밸치(Annabel Balch)를 떠올리면서 채리티가 그녀는 하니가 결혼할만한 부류의 아가씨라는 생각을 하는 것에서도 잘 드러난다. 그녀가 고향 맞이 행사 때 읍사무소에서 오르간 앞에 장식된 단풍나무 가지가 내려앉아 채리티에게 보이지 않던 하니가 애너벨 밸치와 함께 있는 모습을 보고 "자신이 알 수 없는 것, 하니를 자신으로부터 질질 끌고 가고 있는 모든 신비한 매력들, 그리고 그것들에 대항할

힘이 없는 자신에 대한 두려움”(136)에 사로잡히게 되는 장면은 인간의 삶에 미치는 사회적 영향력이 엄청나게 크다는 점을 확실하게 보여준다. 이런 의미에서 “지친 아이처럼”(190) 수동적으로 로열씨를 따라가서 반지가 끼워진 자기 손가락을 보면서 로열씨와 결혼한 것을 실감하는 채리티는 사회의 영향 속에서 희생자가 되었다고 볼 수도 있다. 하지만 “채리티가 로열씨와 결혼하게 되는 것에는 좋은 점”[6]도 찾아볼 수 있다. 채리티가 로열씨에 대한 마음이 부드러워지고 그를 이해하게 되었기 때문에 그와 결혼한 것이다. 즉, 자신에 대한 로열씨의 인내와 사랑을 깨닫게 되고 채리티도 뉴잉글랜드 ‘산’ 출신의 임신한 여성이라고 하는 자신의 정체성을 깨닫고 다시 노스도머로 돌아가는 것이다. 또한 독립적이고 자존심 강한 채리티는 결혼했다고 해서 로열씨에게 종속되어 살 것으로 보이지 않는다. 그녀가 로열씨와 결혼한 후 그가 준 돈으로 했던 일은 바로 그가 바라는 대로 치장할 옷을 사지 않고 자신과 아기에게 소중한 물건인 하니가 사준 브로치를 찾은 것이기 때문이다.

3. 이미지와 상징, 섬세한 문체

이 작품에서는 앞서 언급한 장소들이 갖는 의미 또는 상징 이외에도 언덕이나 여름, 가을과 같은 계절을 포함한 자연의 묘사가 매우 섬세하고 사실적이다.

우선 채리티가 도서관문을 일찍 닫고 올라가서 만끽하는 빨간 집 뒤의 언덕은 자연에 민감하게 반응하는 채리티의 특징이 잘 드러나는 곳이다.

…햇빛, 공기, 향기, 그리고 색깔에 채리티의 모든 피 한 방울 한 방울이 반응했다. 그녀는 손바닥에 느껴지는 마른 산 풀의 거친 느낌, 얼굴로 짓누르는 백리향의 향기, 그리고 머리카락과 면 블라우스를 스쳐가는 바람의 느낌, 바람에 흔들리면서 솔송나무가 삐걱거리는 소리를 아주 좋아했다.(11)

작품의 처음부터 묘사되는 이 부분은 자연을 느끼고 좋아하며 예민한 감각으로 그에 반응하며 살아가는 채리티의 모습을 생생하게 그림으로써 채리티의 성격을 잘 보여준다. 특히 18세기 건축물을 스케치하는 하니와 함께 돌아다니는 채리티가 언덕 위에 누워 나무가 성장하고 꽃이 피어나고 여러 가지 향기가 사방에 퍼지게 된 6월의 아름답고 풍요로운 자연을 만끽하는 모습은 계절이 봄에서 여름으로 변함에 따라 성장하는 식물, 즉, 자연 그 자체뿐만 아니라 하니와의 사랑으로 인해 소녀에서 성숙한 여인으로 변모하는 채리티를 자연의 이미지로 형상화했다는 것을 알 수 있다.

채리티가 자신을 떠났다가 돌아오지 않는 하니가 애나벨 밸치와 결혼할 거라는 말을 한 앨리 호스가 만들고 있던 밸치양의 옷을 찢고 울며 소리를 지르는 장면 뒤에는 폭풍이 온 후 강풍이 불고 그런 다음 아름다운 9월을 묘사하고 이어서 쌀쌀해진 가을밤을 묘사하는 것은 채리티의 감정과 상황을 자연의 이미지로 그리고 있다고 할 수 있다. 자세히 말하자면, 채리티는 가을밤에 잠을 못 이루며 하니와 자신의 관계, 그리고 애나벨 밸치와 관련하여 결혼의 사회적인 의미를 생각하고 고민하다가 밸치양과 결혼하기로 약속 했으면 약속을 지키라는 편지를 써서 부치게 되지만, 임신 사실을 알고는 그와 결혼할 수 있는 권리가 생겼다며 기뻐하다가 결국 하니와의 결혼을 포기하는 채리티의 감정을 날씨와 계절의 이미지로 잘 연결시키고 있는 것이다.

풍경 또한 채리티의 심리상태를 잘 보여주는 이미지로 나타난다. 채리티가 로열씨와 결혼식을 올리러 가기 위해 크레스턴에서 네틀턴까지 기차를 타고 가면서 보는 차창 밖의 헐벗은 시골풍경은 마치 세밀화로 그린 듯 묘사되어 있고, 이처럼 황량한 경치는 며칠간에 일어난 큰 일들로 인해 힘들고 지친 채리티의 피폐한 마음 상태를 세심하게 묘사하고 있다.

> … 지난 이틀 밤 동안 불었던 강풍이 나뭇잎들을 모두 떨어뜨렸고, 풍경은 12월에 정교하게 세밀화로 그린 것 같았다. 며칠 동안의 가을 추위는 그녀가 7월 4일 지나갔던 기름진 들판과 나른한 작은 숲들의 흔적을 모두 지워버렸다. 그리고 퇴색한 풍경과 함께 그 열정적인 시간들도 퇴색했다. 그녀는 자신이 그 시간을 살아낸 존재라는 것을 더 이상 믿을 수 없었다. 고칠 수 없고 감당할 수 없는 일을 겪은 사람이었지만 그 일에 이르는 단계들의 자취는 거의 사라져버렸다.(189-190)

여름이 시작될 때 하니와 만나고, 여름이 한창이어서 녹음이 우거지고 만물이 성장할 때 그와 사랑하고, 가을이 오기 시작할 때 그와 헤어지고, 가을이 무르익었을 때 임신 사실을 알고, 가을에서 차가운 겨울의 느낌이 날 때 하니의 아이를 임신한 채 로열씨와 결혼하게 되는 채리티의 삶은 봄, 여름, 가을, 겨울의 사계절 중에서 여름과 가을의 계절적인 특징의 세심한 묘사와 연결됨으로써 그녀의 인생의 의미 있는 순간들이 계절을 포함한 대자연의 이미지와도 자연스럽게 연결된다는 것을 잘 보여주고 있는 것이다.

이 작품에서 또한 주목할 점은 애나벨 벨치는 채리티가 도시와 도시의 문화에 대해서 생각할 때면 연결시켜 떠올리는 상징적인 인물이라는 것이다. 그녀는 미스 해차드 집에 가끔 놀러 오기 때문에 채리티가 본 적이 있어 유일하게 알고 있는 대도시 사람으로, 스프링필드에서 살고 있다. 그녀는 옷차림과 환한 웃음이 도시 출신임을 나타내는 젊은 남자[하니]를 채리티가 처음 보았을 때에도 떠올리는데, 노스도머를 떠나 더 넓은 곳으로 가고 싶은 채리티에게는 동경의 대상이며 하니와의 관계에서는 경쟁상대로 생각되는 인물이다. 그녀는 채리티와는 신분, 사회계층, 그리고 살고 있는 환경이 다르기 때문에 채리티가 "이해할 수 없거나 성취할 수 없는 모든 것들을 상징"(152)하며 "알 수 없는 힘들에 너무나 불평등하게 맞서고 있다는 느낌"(153)이 들게 하는 인물로 사회적인 상징성이 강하다.

III. 평가와 의의

『여름』은 우선 채리티 로열이 여러 장소를 거치면서 자신의 정체성을 찾는 과정에서 루시어스 하니와의 사랑을 통해 소녀에서 여성으로 변화하는 모습을 그렸다는 점에서 한 여성의 성장을 다루는 성장소설이라고 볼 수 있다. 이 작품이 출판되었던 1917년까지만 해도 1899년 출판된 케이트 쇼팬의 『각성』(*The Awakening*) 이후 성애가 중심이 된 여성의 성장을 그리는 작품들이 흔치 않았던 때였으므로 이 소설은 이런 면에서 미국문학사에 이름을 올릴 가치가 있다.

또한 이 작품은 채리티가 폐가에서 하니와 함께 열정의 시간들을 보낸 후 그의 아이를 임신했다는 것을 알고 노스도머를 떠나 산으로 가지만, 결국 자신을 사랑하는 로열씨를 받아들이고 네틀턴에서 결혼해서 노스도머로 다시 돌아오는 과정을 통해 통제하기 힘든 인간의 본능, 사회적 존재로서의 개인의 삶, 그리고 사회규범과 문화에 대한 이디스 워튼의 물음을 제시하고 있다고 할 수 있다. 즉, 『여름』은 20세기 초기를 배경으로 미국 사회의 결혼제도, 남녀관계, 가부장제도와 가치관, 그리고 여성문제에 근본적인 의문을 제기한 작품이라고 할 수 있는 것이다. 여기서 주목할 점은 미국의 여러 지역 중에서도 미국의 초기역사와 불가분의 관계가 있으며, 미국의 정체성을 형성하는 데 있어서 기틀이 되었고, 청교도시대를 다룬 미국의 대표적인 문학가인 나다니엘 호손(Nathaniel Hawthorne)과도 깊이 연관된 뉴잉글랜드라는 지역에서 채리티라는 한 여성이 그 지역의 여러 장소를 거치면서 성장하고 문화의 의미를 알고, 정체성을 찾아가는 과정을 그리고 있다는 것이다. 이는 채리티가 자신의 정체성을 찾는 과정에서 드러나게 되는 뉴잉글랜드 지역사회, 즉, 변화가 없고 정체된 노스도머의 여러 가지 문제들이 건국부터 20세기 초기까지 지속되어 온 미국사회의 문제들이기도 하다는 해석을 가능하게 한다. 또한 채리티의 정체성 찾기라고 하는 주제를 중심으로 볼 때, 『여름』은 이디스 워튼의 대표적인 다른 소설들에서 많이 나타나는 특징들, 즉, 문화와 사회에 대한 사실적인 묘사, 복잡한 인간의 심리에 대한 섬세한 묘사, 그리고 개인의 열정과 감정표출이 자유롭지 않고 개인의 의지를 무력화시키기까지 하는 사회규범에 대한 인식을 공유하고 있다고 할 수 있다. 더 나아가 채리티의 정체성 찾기를 통해 드러나는 이러한 인식을 통해 『여름』은 21세기가 된 지금까지도 인간과 사회, 특히 여성문제에 있어서 통찰력을 제공하고 있다.

미국 뉴잉글랜드에서 자기 정체성을 찾아가는 채리티의 성장을 개연성 있고 설득력 있게 만드는 데에는 섬세한 감각과 영민하고 주체적인 사고력을 가진 채리티와 다면적이면서 한결같은 사랑을 하는 로열 씨라고 하는 인물의 창조, 세련되고 깊이 있는 채리티의 심리묘사, 풍부한 이미지와 상징들, 그리고 세밀하면서 감각적인 계절과 자연의 묘사가 필수불가결한 역할을 하고 있다. 바로 이러한 특징들이『여름』에서 채리티의 정체성 찾기를 통해 이디스 워튼은 인간성에 대해 깊이 성찰하고 자연과 사회를 정확하게 관찰하고 그 핵심을 꿰뚫어 보면서 도덕적인 의문을 제기하고 있다는 것을 확연하고도 풍요롭게 보여주는 것이다. 이런 의미에서 이디스 워튼이 말년에 가장 자랑스러운 자신의 작품을 다섯 개 말해보라는 문의를 받았을 때, "『여름』을 언급"[7] 했던 것은 매우 적절하다고 할 수 있다.

Endnotes

1 수잔 미노(Susan Minot)에 의하면『이선 프롬』을 염두에 두고『여름』을 "뜨거운 이선(Hot *Ethan*)"이라고 호칭하기도 하는데(xii), 한국에서는 김욱동이『여름』을 의식하여 원래 소설 제목인『이선 프롬』을『겨울』로 번역하기도 하였다.

2 최정선(Choi, Jungsun), 34.

3 앞으로 본문의 인용은 Wharton, Edith. *Summer*. New York: Bantam Dell, 1993에 의하며 본문 인용은 괄호 안에 쪽수만 표기한다.

4 최정선, 35.

5 블레이크 네비우스(Blake Nevius)는 이 부분에서 "자연주의적인 픽션에서의 환경이 채리티에게 영향을 미치고 있다"고 평한다. 최정선, 39쪽에서 재인용.

6 최정선, 43-44 참조.

7 수잔 미노, XV.

인용문헌

이디스 워턴. 김욱동 옮김.『겨울』. 파주: 문학동네, 2009.

Choi, Jungsun. "Edith Wharton's *Summer*: Charity Royall's Initiation and Dynamics of Spaces." *British and American Fiction*. 17.2 (2010) 33-49.

Minot, Susan. "Introduction." *Summer*. New York: Bantam Dell, 1993.

Wharton, Edith. *Summer*. New York: Bantam Dell, 1993.

윌라 캐더와 『나의 안토니아』

손정희

I. 작가와 작품 세계

윌라 캐더(Willa Cather, 1873~1947)는 버지니아 주의 윈체스터(Winchester) 근처에서 일곱 명의 자녀 중 첫째로 태어났다. 그녀는 9살 때 가족과 함께 네브래스카(Nebraska)로 이주하였다. 처음에는 작은 개척 마을에서 농사를 지었지만, 부친은 곧 농사를 포기한 후 레드 클라우드(Red Cloud)라는 작은 도시에 정착하였다. 작은 언덕들이 굽이치는 버지니아의 풍광과는 전혀 다른 척박한 네브래스카의 대평원(prairie)은 캐더에게는 새로운 환경으로 다가왔으며, 캐더는 프런티어(frontier)를 직접 체험하게 된다.

여성으로서의 젠더 규범에 도전하고자 했던 성향을 지녔던 캐더는 머리를 짧게 자르고 소년들의 옷을 즐겨 입었으며, 자신을 윌리엄(William)이라고 지칭하는 것을 즐겼다. 똑똑하고 야심찬 캐더는 의사가 되기를 원했지만, 당대에는 의사는 남성만이 가질 수 있는 직업이었기에 대학에서 전공으로 택할 수가 없었다. 결국 그녀는 네브래스카 대학에서 고전 문학과 언어를 공부했고, 『링컨 저널』(*Lincoln Journal*)에 칼럼을 쓰고 잡지 편집 일을 도우며, 단편 소설들을 쓰기 시작하여 문필의 길로 들어서게 되었다.

대학을 졸업한 캐더는 1896년 피츠버그(Pittsburgh)로 가서 여러 잡지의 편집 일을 하고 비평문을 출판하기도 한다. 이 시기에 캐더는 이사벨 맥클렁(Isabelle McClung)을 만나게 되며, 그들의 관계는 캐더에게는 오랜 기간 중요한 것이 된다. 이 시기에 몇 년간 고등학교에서 영문학과 라틴어를 가르치기도 한다.

1906년 캐더는 뉴욕으로 이주하여 『맥클러 잡지』(*McClure's Maga-*

zine)의 스태프로 일하며 후에는 주편집자가 된다. 1908년 캐더는 메인주를 무대로 지방 고유의 특색을 드러내는 작품들을 쓴 것으로 유명한 새러 오웬 쥬엇(Sarah Orne Jewett)을 만나게 되며, 쥬엇은 캐더가 어떻게 작가로서의 발전을 이룰까를 고민할 때 가장 친숙한 소재를 사용하라는 중요한 조언을 하게 된다. 1908년에 캐더는 파트너 이디스 루이스(Edith Lewis)를 만나 함께 뉴욕의 그리니치 빌리지에서 거주하기 시작한다. 캐더 자신은 극도로 사생활을 보호하고자 했지만, 그녀의 성정체성과 관련된 논의는 최근 몇 십년간에 다양한 방식으로 이루어지고 있다. 캐더는 이후 40년간 이디스 루이스와 함께 살며 파트너 관계를 유지했다.

캐더는 잡지사 일을 그만두고 1912년 소설 쓰기에 전념하여, 헨리 제임스(Henry James)의 영향력이 강하게 드러나는 첫 번째 소설인『알렉산더의 다리』(*Alexander's Bridge*)를 발표한다. 이후 발표한 소위 대평원 3부작(Prairie trilogy)으로 지칭되는『오, 개척자들!』(*O Pioneers!*, 1913),『종달새의 노래』(*The Song of the Lark*, 1915),『나의 안토니아』(*My Ántonia*, 1918)에서 캐더는 쥬엇의 조언을 받아들여 자신이 잘 아는 네브래스카 지방을 다루는 일련의 작품을 발표하여 자신만의 목소리를 발견했다는 평가를 받는다. 네브래스카와 프런티어의 고유한 지방색을 드러내는 이들 작품의 성과를 주목 받아 캐더는 향토색(local color) 작가로 분류되기도 한다.

캐더의 중기의 소설들은 프런티어를 다루면서도 개척자와 예술가의 갈등이 더욱 부각되는 주제를 다룬다. 급변하는 현대 산업사회가 야기하는 부조화에 대한 갈등을 조절하고 순화시키려는 욕구와 이를 떨치고 모험에 나서려는 욕구 사이의 갈등을 탐색한다. 제1차 세계대전 이후의 사회 전체에 만연한 환멸과 상실감이 커짐에 따라 캐더는 옛날에 대한 향수를 표현하기도 한다. 캐더에게 퓰리처상 수상을 가져다 준 『우리 중의 하나』(*One of Ours*, 1922)는 제1차 세계대전에서 죽은 군인의 이야기를 그린다. 『길 잃은 숙녀』(*A Lost Lady*, 1923)와 『교수의 집』(*The Professor's House*, 1925)은 이상의 쇠퇴와 꿈의 실패를 다룬다.

이후 소설에서 캐더는 보다 먼 역사적 시기의 개척 정신과 종교적 관심사를 다루고자 한다. 남서부 지역을 배경으로 프랑스 가톨릭 선교사의 이야기를 다룬 『대주교에게 죽음이 오다』(*Death Comes for the Archbishop*, 1927)와 퀘벡의 프랑스계 캐나다 정착민의 이야기를 다룬 『바위 위의 그림자』(*Shadows on the Rock*, 1931)는 권위와 개인주의의 관계 및 가치와 진리의 탐색을 다룬 작품들이다. 후기작으로 주목을 끄는 작품으로는 『사피라와 노예 소녀』(*Sapphira and the Slave Girl*, 1940)가 있다. 이 작품은 토니 모리슨이 『어둠 속의 유희: 백인성과 문학적 상상력』(*Playing in the Dark: Whiteness and the Literary Imagination*, 1992)에서 논평한 이후 중요 작품으로 연구가 활성화되었다.

1947년 캐더는 73세의 나이로 뉴욕에서 사망하였다. 이듬해, 단편소설집인 『옛 아름다움과 다른 이야기들』(*The Old Beauty and Others*, 1948)이 사후 출간되었다.

캐더가 처음 비평계의 주목을 받은 것은 프런티어에서 성공을 일궈낸 '미국의 꿈'(the American Dream)을 찬미하는 네브래스카 소설들 덕분이었고, 그러한 명성이 한동안 다각적으로 캐더를 조명하는 것을 방해하기도 하였다. 그러나 캐더의 전 작품을 고려한다면, 단순하게 프런티어의 삶을 긍정적으로 찬미한 작품에 편향되어 있지 않다. 당대의 다른 모더니스트 작가들과 같이 미학적 접근에 대해 관심을 갖고 다양한 구성을 도입했고, 역사적 소재와 심리적 미묘함을 활용하는 기교를 사용했다(Bloom, 13). 나아가 단순히 예술적, 미학적 실험만이 아니라 캐더의 모더니즘은 이주, 이민, 향수(nostalgia), 진보주의, 만연된 소비문화의 출현과 같은 당대 사회에서 표출된 가장 시의적인 사회적, 문화적 쟁점들에 대한 다각적 고찰을 담는 방식으로 풍성하게 드러난다(Millington, 51-52). 한편 대공황 이후의 침체기(Depression)에 현실 비판적 문학이 유행한 시기에도 이상적 과거에 대한 낭만화를 표출하는 퇴행적 문학을 발표했다는 비판도 강력하게 주장되었다. 이에 반박하여 최근에는 캐더의 과거에 대한 기억과 향수는 당대 현실로부터의 퇴행이 아니라 가속화되는 산업자본주의가 팽배한 당대 사회에서 모든 것이 점차 집중화되고 표준화되는 문화에 대한 근본적 비판을 담고자 했기에 "진보적"이라는 주장도 나왔다(Reynolds, 33-34). 이와 같이 캐더의 문학 세계에 대한 연구는 여전히 매우 다각적 시각으로 진행되고 있다. 이는 하나의 고정된 시각에 한정될 수 없는 다양한 쟁점과 관심을 문학적으로 재현해 낸 캐더의 풍성한 문학 세계를 예증하는 것이며, 그래서 현재도 캐더를 읽고 연구하는 의의가 있을 것이다.

II.『나의 안토니아』 읽기

1. 서술 구조: 캐더의 전략적 구성

『나의 안토니아』는 캐더가 9살 때 버지니아의 친밀한 환경을 떠나 아직도 미완의 개척지였던 네브래스카로 이주하여 경험한 소재를 활용한 프레리 3부작의 마지막 작품이며, 여전히 캐더를 대표하는 작품에 속한다. 19세기 말 미국에서는 골드러시(Gold Rush) 현상으로 불릴 만큼, 금광 발굴의 성공을 꿈꾸는 많은 사람들이 중서부로 대거 이동했다. 국외의 이민자들 뿐 아니라 많은 내국인들도 서부로 이동하였다. 1890년에 미국 정부 인구조사에서 공식적으로 이미 '프런티어는 종결되었다'고 선언했지만 그 여파는 20세기 초까지도 지속되었다. 프레드릭 터너(Frederick Turner)는 1893년에 서부 이동과 프런티어 확장 현상의 의미를 짚어보는 중요한 글,「미국 역사에서 프런티어의 중요성」("The Significance of Frontier in American History")을 발표했다. 터너는 미국의 민주주의의 확립에 서부의 영토 확장과 다양한 민족 정체성과 문화적 배경을 가진 이주민들의 역동적 작동이 활발하게 이루어진 프런티어가 핵심적 역할을 하였다고 주장했다(32).

이런 배경은 캐더의 문학세계에도 긴밀한 영향을 주었다. 캐더는 가족의 이주로 인해 어린 나이에 서부 변경 지역, 네브래스카에서 스웨덴, 러시아, 독일, 보헤미아에서 건너온 수많은 이민자 가족들을 가까이에서 접하게 되었던 것이며, 그들에게서 직접 들은 이야기들을 이 소설의 직접적인 소재로 활용하여, 이민자들의 개척 과정의 삶을 생생하게 기록하였다. "캐더의 주요 주제"가 "서부 개척민의 행로"(Urgo, 35)라고 지칭될 만큼, 이주의 경험은 그녀의 작품에 핵심적인 경험인 셈이다. 실제로 이 작품에서 여정과 여행의 모티프는 작품 전체를 관통하고 있으며(Dillman, 229), 안토니아와 같은 이민자들 뿐 아니라 짐의 경험을 연결해주고 있다.

기본적으로 서부와 프런티어는 서로 다른 역사적, 사회적, 문화적 배경을 지닌 민족들이 공존하던 공간이며, 다양한 민족적, 문화적 정체성들이 갈등하고 충돌하는 극심한 이질성이 표출되던 곳이다. 캐더의 가족 또한 새로운 환경에 쉽게 적응한 것은 아니다. 척박한 새로운 환경에서 농작물 경작을 시도하려던 캐더의 부친은 18개월 만에 이를 접고, 가족을 데리고 프런티어 도시인 레드 클라우드로 이주하여 보험 회사 사무실을 열었다(Lindemann, 3). 『나의 안토니아』의 화자 짐 버든(Jim Burden)은 오랜 시간 기차를 타고 처음 도착한 대평원에 대해, "그저 땅뿐이었다. 나라가 아니라, 나라들이 만들어지는 재료인 땅이었다. … 나는 세상을 등졌으며, 세상의 가장자리를 넘었고, 인간의 치외법권 밖으로 나섰다는 느낌이 들었다.… 땅과 하늘 사이에서 나는 지워지고 삭제된 듯 느꼈다"[1] 라고 술회하고 있다. 이는 안토니아(Ántonia)의 실제 모델로 여겨지는 애니 파벨카(Annie Pavelka)가 "도로가 없었다. 그저 마차 바퀴에서 생긴 자국뿐이었다. 사람들은 어딘가로 가려면 그저 땅을 가로 질러 갔다"(Dillman, 231에서 재인용)고 기록하고 있는 것과 매우 유사한 진술이다. 처음 대평원을 횡단한 경험에 대한 짐의 회고는 어쩌면 캐더가 처음 느꼈을 낯설음과 막막함을 대변한다고도 할 수 있다.

물론 캐더는 네브래스카에 곧 적응하고 이 지역을 대학 졸업 후 떠나기까지 열정적으로 사랑했다. 그리고 그 경험들을 녹여낸 대평원 3부작을 발표하여 중요 작가가 된다. 그러나 비록 캐더가 직접 체험한 소재라고는 하지만, 캐더에게 작품의 제목을 제공한 안토니아라는 이민자 인물은 차이점 때문에 흥미를 일으키는 인물이었을지 몰라도, 그 내면까지 캐더가 속속들이 알 수 있었던 것은 아니었을지 모른다(Gerber, 44). 캐더가 독특한 서술 구조를 만든 것은 작품의 예술성을 높이는 효과와 더불어 많은 비평거리를 제공해왔다. 이에 더하여, 어쩌면 자신의 목소리가 아닌 일인칭 화자 짐 버든을 화자로 창조한 것은 캐더가 안토니아와 같은 이민자들의 경험을 그리기 위해서 매우 적절한 전략적 선택을 한 것으로 보인다.

익명의 한 여성이 쓴 것으로 되어 있는 이 작품의 「서문」("Introduction")은 그녀가 어릴 적 네브래스카에서 함께 유년 시절을 보낸 짐 버든을 기차에서 우연히 만나 이야기를 하는 설정으로 시작한다. 이들의 이야기의 중심 주제가 된 것은 보헤미아에서 이민을 온 안토니아 쉬머르다(Ántonia Shimerda)이다. 그녀는 짐에게 안토니아에 대한 회고록을 쓰라고 권유한다. "글을 쓴다면 직접적인 방식으로 할 것이고, 자신에 대해서도 많은 이야기를 하게 될 것"이며, "나 자신을 통해서, 즉 내가 알고 있고 느끼고 있는"(7) 안토니아에 대한 이야기가 될 것이라고 짐이 말한다. 이에 대해 여성 친구도 긍정적 지지를 보낸다. 몇 달 후에 짐은 이 여성 친구를 다시 찾아와 초고를 완성했다고 말한다. '안토니아'라고 쓰인 표지를 불만스럽게 바라보다가 짐은 '나의'를 덧붙여 '나의 안토니아'라는 제목의 원고를 건네며, "너의 스토리에는 영향을 미치지 않게 하라"고 당부한다. 아마도 캐더 자신이라 할 이 여성은 안토니아에 대한 이야기를 자신은 쓰지 못했다고 술회하며, 짐의 스토리를 작품 내용으로 대신 소개하는 것으로 작품이 구성되어 있다.

캐더는 전지적 작가 시점으로 안토니아의 스토리를 다루는 대신에 짐을 화자로 내세워 한 단계 걸러진 서술 방식을 선택하고 있다. 독특한 서술 구조는 몇 가지 효과를 유발한다. 우선 안토니아의 스토리와 짐의 스토리의 두 겹의 스토리가 전개된다. 이중의 서술 구조를 통해 캐더는 안토니아와 같은 서부 개척기의 이민자들의 미국 정착기와 함께, 40살이 되어 어린 시절부터 지금까지의 삶을 회고하는 짐의 성장의 스토리를 병치하여 전달하고 있다. "자신에 대해서도 많은 이야기를 하게 될 것"(7)이라는 말처럼, 짐은 안토니아에 대한 이야기를 전달하는 화자일 뿐만 아니라 실제로 자신의 성장과정의 이야기를 중요 줄거리로 삼고 있다. 사실상 작품은 안토니아에 대한 이야기 못지않게, 고아가 되어 10살에 안토니아와 같은 열차를 타고 버지니아로부터 네브래스카로 이주해온 짐의 30년간의 삶의 이야기인 것이다. 나아가 짐을 화자로 활용함으로써 캐더는 이민자들의 삶에 대한 자신의 제한된 시각을 짐의 서술로 대체하여 보여준다. 캐더가 이민자들의 삶의 애환에 대해 낭만적 서정주의의 시각을 보여준다는 혹독한 비판들이 있는데, 이는 낭만적 시각은 짐의 관점일 뿐인 것이라고 반박될 수 있다. 또한 남성을 화자로 선택한 것에 대해 캐더의 성정체성 논란과 관련한 비평이 제안되었는데, 예컨대 실제 모델이 된 것으로 추정되는 애니에 대한 금지된 '남성적' 관심의 반영이라는 주장이 있다(Lambert, 683). 즉 고용살이하는 이민자 여성인 안토니아에 대한 도시 젊은이들의 반응이 양가적으로 그려지는데, 안토니아에 대해 느끼고 있는 짐의 금제된 관심도 일반화되어 희석시키는 효과를 낳고 있다. 캐더는 이중적 서술 구조를 통해 자신이 가까이서 관찰한 이민자들의 이야기를 여러 층위로 바라볼 수 있도록 효과적인 이야기 방식을 창조했다고 보인다.

2. 안토니아의 스토리: 서부 정착과 '미국의 꿈'

우선 『나의 안토니아』는 보헤미아에서 이민 온 안토니아 쉬머르다의 이야기를 다룬다. 안토니아는 성공할 기회를 찾아 소위 '미국의 꿈'을 실현하기 위해 낯선 땅 미국으로 이주해온 이민자 가족의 딸이다. 쉬머르다 가족 중 이민을 강력하게 주장한 장본인인 안토니아의 어머니, 쉬머르다 부인이 "미국은 크고, 돈이 많은 나라. 아들들이 일할 땅과 딸들이 결혼할 신랑감이 많은 곳"(53)이라고 표현하고 있듯이, 이민자들에게 미국이 상징하는 바는 경제적 풍요를 약속하는 곳이자 후

속 세대에게는 기회의 땅이다. 쉬머르다 부인은 특히 큰 아들인 암브로쉬(Ambrosch)에게 성공의 기회를 주고자하는 강렬한 열망으로 이민을 주도하였다. 하지만 어머니의 막연한 기대에 반하여, 현실에서 안토니아의 아버지는 보헤미아에서는 성공적인 직조공이자 바이올린을 켜는 것을 즐기는 안정적인 삶을 누렸던 과거를 모두 버리고, 척박한 땅에서 갑작스럽게 농사일을 통해 성공을 일구어야 하는 어려운 과제를 떠맡게 된 것이다. 이민과 '미국의 꿈'의 신화는 안토니아와 그의 가족의 삶의 핵심 동인으로 그려진다. 그러나 이민을 왔다는 것은 그들에게 여러 극복할 과제를 던져준다.

우선 이들에게 첫 번째 문제는 의사소통이 자유롭지 못하다는 것이다. 쉬머르다 가족은 영어를 구사하지 못한다. 가족 중 유일하게 안토니아만이 단순한 단어 나열 정도의 영어를 사용할 수 있을 뿐이다. 이들은 거주지를 구매하기 위해 같은 나라 이민자인 피터 크라이엑(Peter Krajiek)의 도움을 받았는데, 크라이엑은 부도덕하게도 값어치가 없는 장소에 과도한 돈을 지불하도록 불공정한 거래를 주선했을 뿐만 아니라 자의적으로 통역을 하여 쉬머르다 가족을 곤경에 빠뜨린다. 언어를 제대로 구사할 수 없다는 것은 가족에게 첫 발걸음부터 크나큰 장애를 만든 것이다.

고국에서는 교육받은 계층에 속한 안토니아의 아버지가 짐에게 떠듬거리는 영어로 "나의 안토니아에게 가-르-쳐다오. 가-르-쳐다오."(21)라며 언어를 가르쳐주기를 부탁하는 것에서 드러나듯이, 쉬머르다씨는 언어가 얼마나 중요한가를 인식하고 있다. 영특한 안토니아 자신도 처음 짐을 만나서 여러 개의 단어를 물어보고 습득하려는 적극성을 보인다. 쉬머르다씨는 주변에 유사 언어를 사용하는 러시아인 피터(Peter)와 파블(Pavel)과의 교류를 하면서 삶의 활력을 느끼지만, 파블은 죽고 피터는 떠나게 되자 거의 고립된 생활을 한다. 계절도 한겨울이라 아직 농산물을 생산할 수 없는 형편에 가족을 부양하는 것은 그에게는 큰 부담이었던 듯, 어느 날 그는 자살을 하고 만다. 쉬머르다씨가 자살을 택한 데는 경제적 부양의 짐이 무거웠던 만큼 의사소통의 부재로 인한 고립감도 컸으리라 볼 수 있다. 안토니아 자신의 삶은 가족들과의 관계 속에서 변하는 것이고, 특히 자신을 무척 아끼던 아버지의 죽음은 안토니아가 더 이상 학업을 지속하지 못하고 현실로 나가 돈을 벌어 가족의 생계를 돕도록 결정적인 역할을 한다. 이와 같이 언어 장벽은 가족 전체에 다각도로 심각한 영향을 미친다.

결과적으로 안토니아는 더 이상의 교육의 기회를 포기해야 했고, 오빠 암브로쉬와 함께 옥수수 밭에서 일하며, 인근의 경작지를 돌며 생계를 벌기 위해 일하게 된다. 얼마나 많은 일을 할 수 있는지를 끊임없이 뽐내며 "나는 남자 같은 것이 좋아"(78)라고 호언하는 거친 소녀로 바뀐 안토니아의 모습을 짐은 못마땅해 한다. 이제 안토니아의 삶이 새로운 국면으로 접어든 것이다. 책의 1부 쉬메르다 가족(The Shimerdas) 장은 네브래스카의 작은 농촌 마을에서 보낸 유년시절을 마감하고 짐의 학업을 위해 인근의 작은 도시인 블랙 호크(Black Hawk)로 할아버지와 할머니가 이사 가기로 결정된 시점으로 끝난다. 이 장의 마지막 부분에서 짐과 안토니아가 나누는 대화는 안토니아의 삶의 변화를 집약적으로 보여준다. 짐의 집을 방문한 안토니아가 예전처럼 다정하고 소녀다운 태도를 보이자, 짐은 안토니아에게 "왜 늘 너다운 지금 같은 모습이면 안 돼? 왜 언제나 암브로쉬처럼 되고 싶어하는거야?"(79)라고 묻는다. 안토니아는 "내가 여기 너처럼 살고 있다면 다를 거야. 너에게는 상황이 모두 편안하잖아. 그러나 내게는 상황이 힘들거야"(79)라고 답변한다. 안토니아의 말은 자신의 변해버린 상황을 명확하게 인식하고 현실에 대처하려는 그녀의 태도를 잘 보여준다.

책의 2부는 고용살이 소녀들(The Hired Girls)이라는 제목으로 안토니아와 다른 이민자 가족의 딸들이 가족을 부양하는 것을 돕기 위해 도시로 와서 고용인이 되어 살아가는 삶을 묘사해준다. '고용살이 소녀'라는 용어는 사실 이민자들 중 젊은 여성들의 특수 상황을 잘 보여주는 용어이다.

> 보헤미아와 스칸디나비아 출신 소녀들은 언어를 배울 기회가 없었기 때문에 교사 자리를 얻을 수 없었다. 가족을 빚으로부터 해방시키는 고투에서 돕기로 작정한 이들에게는 고용살이 일에 종사하는 대안밖에 없었다. 어떤 이들은 도시로 온 후에도 아버지의 농장에서 쟁기질을 하거나 소떼몰이를 할 때처럼 행동을 주의하고 분별있게 지냈다. 다른 이들은… 잃어버린 젊음을 보상하려 하기도 했다. 그러나 그들은 하나 같이 원래 결심한 바를 했고 어렵게 노력해서 번 돈을 집으로 보냈다. 내가 알고 지냈던 소녀들은 항상 쟁기와 수확기, 암퇘지와 수송아지를 살찌우는 비용을 대는 것을 돕고 있었다. (110)

짐의 설명에 따르면, 이민자 가족의 딸들이 가족을 위해 희생한 덕분에 이들 이민자 가족들은 금방 빚을 청산했고, "누구보다 먼저 기반을 잡을 수 있었다"(110). 이어지는 회고에서 짐은 이들 처녀들은 같은 국적의 남성과 결혼해서 "오늘날에는 큰 농장들과 자신의 훌륭한 가족을 관리하고 있으며, 그녀들의 자녀들은 자신들이 일하던 도시의 여성들의 자녀들 보다 더 유복하게 살고 있다"(110)고 지적하며, 이들에게 "가족 유대감"(110)이 얼마나 강한지 언급한다.

안토니아도 짐의 이웃인 노르웨이 출신 사업가인 할링(Harling) 집

안에서 고용살이를 하러 블랙 호크로 온다. 활력이 넘치고 요리를 잘 하며 게다가 이야기를 재밌게 하는 안토니아는 할링 가족과 잘 어울려 행복하게 지내는 듯 보인다. 그러나 그녀는 위에서 짐이 묘사하고 있는 '고용살이 소녀들'의 일반적인 평탄한 삶의 행로를 가게 되지는 않는다.

사실 이민자 여성들은 여성으로서 그리고 이민자로서의 이중적 제한을 가지고 사회적 편견을 감내해야 했다. 블랙 호크의 백인 주민들은 기존 질서를 유지하고자 하는 보수적 성향이 강해, 이질적인 고용살이 소녀들 집단을 배척하는 태도를 보인다. "시골 소녀들은 사회 질서에 위협"(111)으로 간주되었고, 블랙 호크의 젊은이들은 "점잖음에 대한 존중"(111)이 강한 만큼 블랙 호크의 아가씨들과 결혼하는 것을 당연하게 수용했다. 때로 고용살이 소녀들에게 관심을 보이는 경우에는 그저 한때의 연애 대상으로 여기곤 했다.

특히 여름 한 때 댄스 천막이 열려 도시 전체의 관심을 집중시키는데, 안토니아를 비롯한 고용살이 소녀들은 열렬하게 댄스를 즐기며 청년들의 관심을 모은다. 할링 부인은 안토니아가 과도하게 춤에 탐닉하는 것에 대해 경고를 하지만, 이를 귀담아 듣지 않던 안토니아는 결국 할링 가족을 떠나는 선택을 한다. 시골 처녀들과의 문란한 성적 관계로 악명 높은 윅 커터(Wick Cutter)의 집으로 안토니아는 잠시 이사를 하지만 다행히 커터의 성적 접근을 피해 곧 그 집을 떠나게 된다. 짐도 대도시 링컨(Lincoln)으로 대학을 가게 되면서, 안토니아는 이제 짐과의 직접적인 교류가 없게 된다.

이후의 3부 레나 린가드(Lena Lingard)에서는 안토니아의 이야기가 간접적인 방식으로 환기되기만 한다. 3부는 링컨에 와서 크고 유명한 양장점을 운영하고 있는 레나와 재회한 짐의 짧은 연애사가 주로 다루어지기 때문이다. 4부 개척자 여인의 이야기(The Pioneer Woman's Story) 장에서 대학 2년을 마친 후 하바드 대학에서 법을 전공하기로 결정한 짐이 블랙 호크를 방문한다. 짐은 이제는 결혼한 프란시스 할링(Frances Harling)으로부터 안토니아가 결혼에 실패하고 사생아를 데리고 집으로 돌아왔으며, 지금은 오빠인 암브로쉬가 시키는 일을 하면서 고생하고 있다는 이야기를 듣게 된다. "참담하게 실망한"(159) 짐은 안토니아 생각을 안하려고 애써 노력하지만, 사진관에 걸려 있는 안토니아의 아기 사진을 보고 나서 안토니아를 찾아가기로 한다. 짐은 "내 딸처럼 그녀를 지켜봤다"(164)는 스티븐즈(Steavens) 부인을 만나 안토니아에 대한 자세한 이야기를 듣게 된다. 스티븐즈 부인의 이야기에 따르면 짐이 떠난 후에도 블랙호크에서 고용살이를 하던 안토니아는 기차 회사에서 일하는 래리 도노번(Larry Donovan)과 교제했다. 차장을 하는 래리는 기차 승무원 중에는 "귀족층"(162)이라 할 수 있을 만큼 능력 있는 사람이고, 그와 결혼하기로 한 안토니아는 행복하게 결혼 준비를 했다. 그러나 실직한 래리가 안토니아의 돈만 탕진한 후 그녀를 배신하자 안토니아는 네브래스카로 다시 돌아온다. 사생아를 낳게 된 안토니아는 가족과 이웃들의 비난을 감내하며 다시 농장 일을 하며 지내고 있다.

짐은 안토니아를 찾아가서 만난다. 이제 겨우 24살인 안토니아를 조우한 후 좀 야위고 지쳐 보이기는 해도 짐은 안토니아의 얼굴에서 "새로운 종류의 힘"(170)을 발견한다. 다시 돌아올 것을 약속하는 짐에게 안토니아는 설사 돌아오지 않더라도 "언제나 짐이 아버지처럼 곁에 있기에 결코 외롭지 않다"(172)고 말한다. 안토니아는 특유의 긍정적 태도와 활력으로 어려운 여건들 속에서 꿋꿋하게 생활하고 있는 모습으로 짐을 안심시킨다.

돌아오겠다는 짐의 약속은 20년 만에 이루어진다. 샌프란시스코에서 레나를 재회한 짐은 그녀의 권유로 안토니아를 찾아갈 결심을 한다. 처음 자신을 알아보지 못하는 안토니아를 다시 만난 짐은 변함없는 그녀를 발견한다. "지쳤지만 왜소해지지 않은 그녀에게는 온전한 원기"(175)가 있다. 짐은 안토니아 부부와 그녀의 11명의 아이들과 하루 밤을 보내면서 "기적"과 같은 "마음을 잡는 조용한 순간 중 하나"(175)를 맞이하게 된다.

안토니아가 결말에 이룬 것은 3부 레나 린가드(Lena Lingard)와 4부 개척자 여인의 이야기(The Pioneer Woman's Story)에서 소개된 레나와 타이니 소더볼(Tiny Soderball)의 성공담과는 매우 다르다. 노르웨이 출신 이민자 가족의 딸인 레나는 시골에서 블랙 호크로 이동해서 양장점에서 기술을 배우며 '고용살이 소녀' 생활을 시작하여 가족의 생계를 돕는다. 후에는 좀 더 큰 도시인 링컨으로 옮겨가 큰 양장점을 스스로 운영한다. 레나는 "결혼을 하는 순간 남자들은 괴상한 늙은 영감으로 변해 버리고 … 이건 옳다, 이건 바보같다 라고 말하기 시작하며, 언제나 집에 붙어 있기를 바란다"(156)고 논평하면서, 결혼을 여성의 삶의 필수 요건으로 수용하지 않는다. 자유롭게 독립적인 삶을 추구하는 레나는 타이니의 권유로 대도시 샌프란시스코로 옮겨 더욱 성공적인 사업가가 된다. 스웨덴 출신 이민자 가족의 딸인 타이니도 블랙 호크를 떠나 시애틀로 옮겨가 일하다가, 남성 못지않은 사업 감각과 능력을 발휘하여 성공을 거둔다. 남성들이 금광을 찾아 서부로 갔듯이 알래스카로 이주하여 남자들만 있는 곳에서 숙박업체를 운용하여 큰 성공을 거둔다. 큰 재산을 일군 타이니는 현재는 샌프란시스코에서 큰 호텔 사업을 운영하고 있다. 이 두 사람은 사실 앞서 살펴보았듯이, 다른 이민자 출신 아가씨들이 대농장의 여주인이 되어 정착한 것과는 매우 다른 삶의 경로를 보여준다. 그러나 짐은 막대한 경제력과 사회적 지위를 누리며 풍족한 삶을 사는 이들의 성공 스토리가 안토니아의 그것과 비교하여 결코 더 만족스럽거나 행복한 것으로 보지 않는다. 타이니를 솔트 레이크 씨티에서 재회한 짐이 타이니가 "어떤 것에 흥미를 갖는 능력이 소진된 사람 같다"(162)라고 묘사하듯이, 레나와 타이니는 안토니아가 보여주는 삶의 활력과 만족감이 결핍된 삶을 살고 있는 것으로 그려진다.

그러나 작품 속에 등장하는 다른 이민자 남성들에 비할 때 이들은 분명 성공한 이민자 정착기의 스토리를 전한다. 캐더가 당대의 관습적 여성상을 벗어나는, 결혼이나 가부장적 이상에 얽매이지 않는 진보적 관점의 여성인물들을 창조한 것은 분명하다.

무엇보다도 짐이 구사하는 안토니아에 대한 묘사는 신화적인 것이다. 안토니아는 "이제는 지친 여인이다. 아리따운 소녀는 아니다. 그러나 그녀는 여전히 상상력을 자극하는 뭔가를 갖고 있으며, 평범한 것들에서 의미를 발견하도록 하는 표정과 몸짓에 의해 잠시 숨을 멎게 하는 뭔가를 갖고 있다"(186)라고 묘사된다. 짐은 그녀가 "초기 종족의 창설자들과 같이 생명력의 풍성한 광산"(186) 같다고 느낀다. 여기서 짐은 초기 정착기에 개척을 일구어 '미국의 꿈'을 실현한 것과 유사한 위상을 안토니아에게 부여하고자 한다.

고난을 겪고 평범한 중년의 여성이 된 안토니아가 마치 영웅적인 성취를 이룬 것과 같은 이미지로 그려진 것에 대해서 낭만적 이상화가 극대화되어 있다는 평가들이 있다. 그러나 안토니아는 삶의 역경에도 개척하고 도전하며 스스로가 일구어내는 적응력과 긍정적 태도라는 자질을 갖고 있다. 짐은 안토니아에 대해 "강하고 독립적인 천성"(100)을 지녔고, "진심어린 명랑함, 과도하지 않고 활기를 북돋아주는 삶에 대한 적절한 흥미"(100)라는 장점을 지니고 있다고 묘사한다. 아버지의 죽음으로 삶의 조건이 극적으로 변화했을 때 안토니아는 좌절하지 않고 새로운 길을 개척한다. 도노번과의 결혼 실패로 관습적 의미에서 '타락한 여성'(fallen woman)으로 전락한 상황에서도 안토니아는 꿋꿋하게 삶을 지탱한다. 중년의 안토니아는 가족들 속에서 여전히 활기차고 행복해 보인다. 모든 고난과 역경을 겪은 안토니아는 보헤미아에서 온 쿠작과 결혼하여 농장과 과수원을 일구며 풍요롭고 만족스런 삶을 영위하고 있으며 흡사 대지의 어머니와 같은 존재로 그려지고 있다. 그렇다면 비평가 앤 골드먼(Anne E. Goldman)이 지적하듯이, 자신의 농장을 경영하는 안주인이 된 중년의 안토니아는 그저 평범한 이민자 중년 여성 개인이 아니라 "척박한 땅에서 비옥한 농장으로의 전환을 찬미하는 고귀한 문명화의 메타포"로서 "가장 특징적인 "미국적" 이야기"(Goldman, 160)의 주인공이라는 격상된 지위를 갖는다 할 수 있다. 그런 의미에서 안토니아의 스토리는 성공적인 이민자의 정착 스토리이다.

3. 짐의 스토리: 정착하지 못한 '미국의 꿈'

안토니아와 다른 이민자들의 이야기가 작품의 주요 내용인 것만큼, 이 작품은 서술자로 등장하는 짐의 이야기이기도 하다. 「서문」에서 제시된 바와 같이 화자인 짐은 현재 40살가량이며 안토니아의 이야기는 짐의 회상을 기반으로 한다. 캐더 자신이 안토니아는 "스토리이다"(Miniter 120, 재인용)라고 이야기 했듯, 작품 전체가 안토니아의 이야기를 다룬다 해도 이 스토리는 어디까지나 짐의 회상과 회고의 형식을 취하는 만큼 짐의 관점은 작품 전체의 의미에 핵심적인 것이다.

그렇다면 짐은 어떤 사람이며 어떤 삶을 살아왔는가? 작품의 서두에서 짐은 동부 버지니아 주에서 자랐으나 갑자기 부모를 잃고 조부모가 살고 있는 네브래스카로 10살 때 이동하게 된다. 중서부로의 기차 여행을 "내게는 끝나지 않을 것 같았던 여정"(9)이었다고 묘사하듯이, 짐의 대륙 횡단 여행은 물리적으로 먼 여행일 뿐 아니라 심리적으로 낯설고 새로운 환경 속으로 들어가는 여행이다. "지워지고, 삭제된 듯한"(11) 느낌으로 새 터전에서 "이 곳에서는 일어날 일이 일어날 거야"(11)라고 느꼈다고 관조적인 태도로 술회한다. 짐의 관점에서 보자면, 이는 안토니아가 새로운 대륙으로 이민 온 것과 크게 다르지 않은 막막함과 낯설음의 표현이다.

여기서 물론 고려할 것은 이 회고는 실제 이주라는 사건을 겪은 10살의 짐이 아니라 30년 정도 흐른 시점의 중년의 짐의 관점에서 이루어졌다는 것이다. 그는 이미 어린 시절의 낯설고 이질적인 환경에 대해 적응하고 극복한 입장이며, 다만 그 기억에 대한 정서적 느낌만을 갖고 있다고 할 수 있다. 안토니아와 고용살이 소녀들에 대해 전반적으로 호의와 낭만화의 경향으로 바라보듯이 어린 시절에 대해서도 현실적 어려움은 퇴색하고 추억의 아름다운 기억이 자리하고 있다. 회상된 정서적 기억은 다분히 현실의 삶과 역동적 관계를 가질 수밖에 없다. 현재의 삶에 대한 불만족과 대비되어 과거의 기억은 더욱 아름답게 느껴질 수 있다.

현재의 짐의 삶이 어떠한가에 대해서는 짤막한 「서문」에서 압축적으로 소개되고 있다. 아이오와 대평원을 가로질러 서부로 가는 기차에서 만난 어린 시절의 친구에게는 짐 버든이라는 이름이 더 친숙하지만, 제임스 퀘일 버든(James Quayle Burden)은 뉴욕에 거주하며 서부 철도회사의 변호사로 활동하기에 자주 기차로 출장을 다니고 있다. 오랜만의 우연한 만남 덕분에 두 사람은 대평원의 작은 도시에서 자란 사람들만이 알 수 있는 어린 시절의 추억담을 마치 비밀 이야기처럼 공유한다. 그들의 공통의 화제는 안토니아에 집중되고 짐은 그녀에 대한 이야기를 쓰기로 하고, 그 결과가 작품의 내용이 되는 것이다.

그런데 두 사람은 모두 뉴욕에 거주하지만 서로 자주 만나지는 않는 사이이다. 화자는 짐을 자주 만나지 않는 이유가 자신이 짐의 부인을 좋아하지 않기 때문이라고 말하면서 짐의 결혼 생활에 대해 상세한 정보를 전함으로써 짐의 현재의 삶에 대해 압축적으로 알려준다.

아직 무명 시절의 젊은 변호사이던 짐은 뉴욕 사교계의 거물 집안의 고명딸인 지네비브 휘트니(Genevieve Whitney)와 결혼하면서 중요 인사가 된다. 결혼 당시 지네비브가 사촌한테 결혼 거절을 당한 보복으로 갑작스럽게 허세로 서부에서 온 이름 없는 짐과 결혼했다고 소문이 자자했었다. 짐의 아내는 "불안정하고 고집센"(5) 성격에 "항상 의외의 행동을 하는" 것으로 유명했다. "관심이 흘러가는 대로" 이런 저런 대의 명분을 지지하곤 했는데, 화자가 느끼기에는 그녀가 "기질적으로 열정을 가질 수 없는"(6) 성격이라고 생각한다. "활동적인" 그녀에게는 짐의 "조용한 취향이 거슬렸던 것 같은데"(6), 두 사람은 아무튼 부부로 남아 있다.

짐의 결혼 생활로 미루어 보건대, 짐을 지배하는 정서적 느낌은 현재의 삶에 대한 불만족이라 할 것이다. 이와 대조적인 감정은 과거의 네브래스카 시절에 대한 향수이다. 그의 향수의 중심에는 어린 시절 친구인 안토니아에 대한 좋은 느낌이 자리하고 있다. 다음의 묘사는 짐의 기질을 잘 보여준다.

> 짐의 경우에는 어떤 실망감도 그의 천성적인 로맨틱하고 열정적인 기질을 움츠러들게 할 만큼 심각하지 않았다.… 그는 개인적인 열정으로 기차들이 관통하고 이어지는 거대한 시골을 사랑했다. … 짐은 여전히 거대한 서부에 대한 꿈들에 빠져들 수 있다. 이제 40살이 넘었지만, 그는 여전히 어린 시절 친구들이 기억하듯이 새로운 사람들이나 새로운 일을 충동적으로 만나곤 한다. 그는 절대로 더 늙지를 않는 것 같다. 그의 생생한 안색과 모랫빛 머리카락과 재빨리 변화하는 푸른 눈은 젊은이와 같고, 여성에 대한 공감적이며 염려어린 관심은 서부적이며 미국적이라 할 만큼 젊음에 차있다. (6, 인용자 강조)

짐의 로맨틱하고 열정적인 기질은 40이 지난 나이에도 유지되고 있다. 특히 그가 "서부에 대한 꿈들"을 여전히 유지한다는 것은 중서부로 이주한 개척민의 '미국의 꿈'의 정신을 담보하고 있는 것이기에, 궁극적으로 "서부적(Western)며 미국적인(American)" 것이라 규정되는 것은 흥미롭다. 그리하여 두 사람이 안토니아를 기억할 때, 그녀가 "우리에게는 그 고장, 그때의 상황, 모험같은 유년시절 전체를 의미하는 것"(6)이다. 40살이 되어 있는 짐이라는 사람의 특성과 그의 안토니아에 대한 태도가 이와 같이 서두에서 화자의 입을 통해 간명하게 요약되고 있으며, 따라서 본 이야기에서 이어지는 안토니아에 대한 짐의 태도는 서두에서 드러난 태도를 반복하는 변주라 할 것이다.

3부 레나 린가드 부분은 짐의 대학시절을 다룬다. 대학 시절 개스톤 클레릭(Gaston Cleric)이라는 은사를 만나 고전 문학을 공부하며 "정신적 각성"(139)의 시기를 보낸다. 레나가 방문했을 때 짐은 "가장 좋은 날들은 가장 빨리 사라진다"라는 작품의 서두의 에피그램으로도 제시된 버질의 시 구절을 읽고 있었다. 짐에게는 레나의 등장은 그에게는

‘가장 좋은 날들’로 기억되는 어린 시절의 회상을 환기시키는 것이다. 실은 안토니아에 대해 짐은 남녀 간의 감정을 키우기도 하지만 어린 시절에 안토니아에게 키스하려다가 거절당하며 남녀 관계로 발전되지는 않았다. 대신 안토니아는 짐에게는 항상 ‘가장 좋은 날들’의 핵심적 부분으로 자리 잡고 있다. 안토니아의 이야기와는 관계가 없는 듯 보이는 이 장에서는 주로 짐의 대학 시절의 성장 과정과 레나와의 연애를 다루고 있지만, 저변에는 ‘가장 좋은 날들’인 안토니아와의 어린 시절이 자리하고 있다.

짐이 대학 시절 고향에 갔을 때 안토니아를 재회한다. 결혼에 실패하고 고향에 돌아와 있던 그녀를 직접 만났을 때 안토니아에 대한 깊은 연민과 함께 향수를 드러낸다. 24살의 나이에 많은 것을 겪고 강인해진 안토니아에게 짐은 떠나 있었지만 “누구보다도 안토니아 생각을 많이 한다는 것”(171), 그리고 안토니아가 자신의 “연인, 아내, 엄마, 누나—즉 여성이 남성에게 될 수 있는 모든 존재”(171)이기를 바란다는 소망을 피력한다. 또한 “너에 대한 생각은 내 생각의 일부야. 너는 내가 인식 못하는 수많은 순간에도 내가 좋아하는 것과 싫어하는 것에 영향을 미쳐. 정말로 너는 나의 일부야”(171)라며, 안토니아가 자신에게 미치는 강력한 영향을 말한다. 길을 따라 걸으며 짐은 “다시 어린 소년이 되었으면, 그리고 나의 길이 거기서 끝났으면 하는 소망을 느낀다”(171). 안토니아에 대한 짐의 느낌은 마치 대지의 여신에게 느끼는 신화적 차원의 감정으로 승화되어 있다.

20년의 세월이 걸려 다시 돌아가겠다던 약속을 지킨 짐은 안토니아를 다시 찾는다. 11명의 자녀와 대가족을 꾸리고 농장을 경영하며 살고 있는 안토니아와 그녀의 가족들을 만나고 돌아가는 길에 짐은 “나는 다시 귀향하여 나 자신에게 돌아온 것 같은, 인간의 경험이 어떤 작은 원을 그리며 회귀하는가를 발견한 느낌이 들었다"(196)고 피력한다. 그는 처음 네브래스카로 향했던 그 길은 안토니아와 함께 그들에게는 "운명의 길"이었으며, "그 같은 길이 우리를 함께 묶어주었다는 것을 이해했다. 우리가 놓친 것이 무엇이든지, 우리는 귀중한 것, 말로는 표현할 수 없는 과거를 함께 간직했다"(196)는 것을 깨닫는다.

일차적으로 짐이 보여주는 과거에 대한 향수와 이상적 비전은 현재 정착하지 못하고 부유하는 자신의 삶에 대한 대안적 비전을 찾으려는 시도라고 볼 수 있다. 그는 하버드 대학을 나온 변호사로서 좋은 가문의 여성과 결혼하여 일견 안정적인 사회적 지위를 갖고 있다. 그러나 결혼 생활은 만족스럽지 못하고, 일 때문이라고는 하지만 정착하지 못하고 계속적인 철도 횡단 여행을 하고 있다. 10살 때 처음 중서부로 이주할 때 갖던 불안감과 불안정함은 40살이 된 현재에도 지속되고 있다. 이는 일차적으로 짐 개인의 스토리라 할 수 있다.

하지만 짐의 스토리는 나아가 제1차 세계대전 이후의 최대의 경제적 풍요를 누리던 전후 미국에서 정신적인 공허함과 삶의 무의미함 속에 방황하던 "길 잃은 세대"의 허무를 공유한다고도 할 수 있다. 짐의 모습에는 전후에 유례없는 물질적 풍요와 사치가 넘치던 시기에, 지향해야 하는 가치가 부재함으로 인해 고통 받던 '길 잃은 세대'의 모습이 투영된다. 짐이 결말에서 안토니아와 20년 만의 재회를 한 후 마침내 자기 자신으로 회귀한 것처럼 느끼는 것은 마침내 정착해야할 가치를 찾게 된 것이라 해석될 수도 있다. 짐이 안토니아로 상징되는 귀중한 과거의 이상과 가치를 다시 새기며 지난 삶을 반추하는 순간은 단순하게 이상화와 복고적 향수의 표현이라기보다는 부재했던 이상과 꿈을 과거에 접촉하여 새롭게 회복하는 순간인지도 모른다.

4. 결론을 대신하여: 짐의 화자로서의 신뢰성

짐이 안토니아의 이야기를 구성한 저자이며, 그래서 짐의 스토리텔링을 통해 안토니아의 이야기는 '나의 안토니아'라는 제목을 부여받는다. 이제까지 작품의 구성이 애초에 짐의 이야기를 통해 전달되는 안토니아와 짐의 이중적 이야기 구조를 갖는다는 관점에서 살펴보았다. 하지만 짐이 화자로서 "믿을 만한"(reliable) 인물이라고 당연시 하는 것이 오독을 불러왔다는 견해(Gelfant, 60; Bloom 25에서 재인용)는 초기부터 개진되어 왔고, 짐의 '신뢰성'(reliability)은 작품 해석에 하나의 쟁점으로 생각되어왔다. 따라서 마지막으로 화자로서의 짐이 안토니아의 스토리를 전달할 때 생각해 볼 몇 가지 특징을 짚어봄으로써 결론을 대신하려 한다.

우선 짐은 표준화된 여성관의 한계를 대변하는 인물로서 결코 이민자 여성인 안토니아의 이야기를 공정한 입장에서 전달하지 않는다고 볼 수 있다. 짐은 안토니아나 다른 고용살이 소녀들에게 큰 매력을 느끼지만, 궁극적으로는 당대의 규범이 규정한 남녀의 사회적 역할을 수용하고 있다. 안토니아가 남자같이 일을 잘하고 싶어 하고, 남자만큼 일을 잘하는 것을 자랑하며 거친 말투와 태도를 보일 때, 짐은 안토니아의 변화에 당황하고 불편해한다. 또한 작품의 중반에서 댄스에 가는 것을 포기하지 않고 안토니아가 독립적으로 자신의 삶을 결정하고 선택하여 윅 커터의 집으로 이사 가는 것에 대해서 불안감을 표현한다. 마지막에 가정을 이루고 행복한 안토니아에 대해 이상적 모습으로 찬사를 보내는 반면, 레나나 타이니처럼 가정의 규범 안에 들어오기를 거부한 예에 대해서는 부정적으로 평가한다.

그렇다면 보수적 여성관에 갇힌 짐을 도입함으로써 작가인 캐더도 여성과 소수 이민자들이 미국에 정착하는 스토리에 대해 근본적으로는 "보수적"(Goggans, 157) 입장을 갖는다고 볼 수 있다. 그러나 다른 한편으로는 캐더는 짐을 화자로 도입함으로써 자신의 입장과 짐의 입장을 분리하고 짐의 태도를 비판함으로써 기존의 남녀 역할에 대한 관념을 역전시켜 바라볼 것을 요청한다고도 볼 수 있다.

다음으로 짐이 안토니아의 이야기를 지나치게 이상화하는 것이 그의 신뢰성을 의심가게 하는 면이 있다. 프란시스 할링이 안토니아, 레나, 타이니와 같은 고용살이하는 시골에서 온 이민자 소녀들에 대해 블랙 호크의 다른 사람들처럼 일정한 거리를 두고 평가하지 않는 짐에게 "[너]의 문제는 … 로맨틱한 것"이며, 그들에게 "일종의 광채를 씌어"(125) 바라본다고 지적한 것처럼, 짐의 태도가 편파적으로 이상적이라 볼 수 있다. 그러나 미니터 (Paulette Miniter)가 지적하듯이, 짐이 변호사라는 사실은 그의 "신뢰성을 확장시킨다"(120). 「서문」에서 이미 우리는 짐이 하버드에서 교육받은 변호사라는 사실을 알게 됨으로써 그가 복잡한 세상사를 잘 아는 인물이라는 것을 인식하게 된다. 따라서 안토니아에 대한 이상화된 비전이 제시되었다면 단순히 그가 세상물정을 모르기 때문이 아니라, 자신이 잘 알고 있는 물질주의적 세상에 대한 환멸과 공허감을 대체할 만한 자신의 가치를 표현하는 것이라고 볼 수 있다.

결론적으로, 캐더가 짐이라는 화자를 창조한 것은 그녀가 선택한 이민자 경험담을 전달하기 위한 독특한 서술 전략을 구축한 것이라 할 수 있다. 본인 역시 이주민으로서 유사한 경험을 하며 성장과 변화를 겪는 짐의 스토리텔링을 통해 이민자인 안토니아의 이야기를 전달함으로써, 현실과 유리된 낭만적 비전이 부각되기만 하는 것이 아니라,

전후의 미국 사회의 시의적 문제들에 대해 보다 다층적 논의를 풀어내고 있는 것이다.

III. 평가와 의의

『나의 안토니아』는 네브래스카를 배경으로 여성의 힘을 찬미하는 내용으로 캐더가 5년에 걸쳐 연속으로 출판한 프레리 3부작의 마지막 작품이다. 캐더 작품 중에 "걸작이라 해도 당연할 것"(Gerber, 43)이라는 평가가 가능하지만, 비평적 견해는 다양하게 개진되었다. 그러나 대체로 캐더의 가장 중요 작품으로 가장 우선 순위에 꼽히는 작품이라는 점에 크게 이견은 없는 편이다.

우선 『나의 안토니아』를 통해 캐더는 네브래스카 지방에서 자신이 직접 경험한 고유한 소재와 배경을 활용하여 독특한 지방색 문학을 창출한 의의를 갖는다. 이 작품은 다양한 이민자 인물들의 서부 정착 과정의 성공담과 실패기를 생생하게 그리고 있다. 특히 이 작품이 특이한 것은 캐더가 이민자로서 어려움과 고난을 치뤄 낸 평범한 중년의 안토니아의 삶에 내재된 가치와 의미를 부각시키는 결말을 통해 독특한 '미국의 꿈'의 성취 스토리를 창조하고 있다는 점이다. 다른 이민자 여성인 레나나 타이니의 성공 스토리는 외로움과 소외감을 내재하고 있어 진정한 성공인가 의문을 낳는 것과는 대조적으로 안토니아의 삶은 대지의 여신과 같은 풍요와 조화를 향유하는 것으로 그려진다.

짐 버든을 서술자로 제시하여 그의 시각을 통해 평가된 안토니아의 이미지는 분명 상당히 이상화되어 있다. 그러나 이 작품은 짐의 성장기를 담은 소설이기도 하다. 짐도 안토니아처럼 중서부 프런티어로 이동하여 낯설고 이질적인 새로운 삶에 적응하며 어른으로 성장한다. 훌륭한 교육을 받고 변호사의 직업을 택했음에도 이동이 잦은 삶을 영위하는데서 상징적으로 드러나듯이 짐은 끊임없이 부유하는 제1차 세계대전 이후의 물질적 풍요에 대비되는 가치의 빈곤으로 고통 받던 '길 잃은 세대'의 모습에 중첩된다. 짐이 결말에서 안토니아와 20년 만의 재회를 한 후 마침내 자신으로 회귀한 것처럼 느끼는 것은 마침내 정착했다는 의미로 해석될 수 있다. 따라서 안토니아로 상징되는 귀중한 과거에 대한 기억의 회복은 단순하게 지나친 이상화와 퇴행적 향수의 표현이라기보다는 잃어버리고 있던 이상과 꿈을 과거에 접촉하여 새롭게 회복하는 것이라고 해석될 수 있다.

이와 같이 캐더가 정교하게 장치를 만들어 놓은 서술구조 덕분에 이 작품에 대해 우리는 보다 복합적인 시각으로 살펴보게 된다. 짐은 자신만의 특성을 갖는 인물로 생생하게 자기 이야기를 전달하고 있고, 동시에 짐의 서술 안에 안토니아라는 이민자 여성이 미국에 정착하는 기록이 담겨 있다.

캐더가 미국의 모더니즘의 전성기 시대에 활동하였음에도 불구하고 모더니즘적 특성을 드러내지 않는다는 비평이 있다. 그러나 캐더는 『나의 안토니아』에 정교한 2중 구조의 내러티브 구성을 사용하고, 자본주의적 물질문명에 경도된 현대 사회의 가치 부재와 공허감을 주제로 다루고 있다. 현실 회피적이며 낭만적 경향에 과도하게 치우쳤다는 비판에 대해서도 부유하고 방황하는 "길 잃은 세대"의 모습을 짐이라는 인물 속에서 찾아볼 수 있다는 점에서 가장 시의적인 주제를 간과하지 않았다고 볼 수 있다.

Endnotes

1 Willa Cather, *My Ántonia: Oxford World's Classic* (Oxford: Oxford UP, 2006) 11면. 이후 소설의 본문 인용은 이 책에 의거하여 면수만 표기한다. 본문 인용의 경우 우리말만 인용만 한다.

인용문헌

Bloom, Harold. *Willa Cather: Bloom's Major Novelists*. Broomall, PA: Chelsea House Publishers, 2000.

Cather, Willa. *My Ántonia*. Oxford: Oxford UP, 2008.

Dillman, Richard. ""Motion in the Landscape": The Journey Motif in Willa Cather's *My Ántonia*." *Midwest Quarterly* 56.3 (2015): 229-39.

Gelfant, Blanche H. "The Forgotten Reaping-Hook: Sex in *My Ántonia*." *American Literature* 43 (1971): 60-82.

Gerber, Philip L. *Willa Cather, Twayne's United States Authors Series*. Rev. Ed. New York, NY: Twayne Publishers, 1995.

Goggans, Jan. "Social Revisioning of *My Ántonia*: Willa Cather's Ecological Imagination." *Cather Studies*. Ed. Susan J. Rosowski. Vol. 5. Nebraska: Nebraska P, 2003. 153-72.

Goldman, Anne E. "Rereading *My Ántonia*." The *Cambridge Companion to Willa Cather*. Ed. Marille Lindemann. Cambridge: Cambridge UP, 2005. 159-74.

Lambert, Deborah G. "The Defeat of a Hero: Autonomy and Sexuality in *My Ántonia*." *American Literature* 53 (1982): 676-90.

Lindemann, Marilee. "Editorial Matters." The *Cambridge Companion to Willa Cather*. Ed. Marille Lindemann. Cambridge: Cambridge UP, 2005. 1-16.

Millington, Richard. "Willa Cather's American Modernism." *The Cambridge Companion to Willa Cather*. Ed. Marille Lindemann. Cambridge: Cambridge UP, 2005. 51-65.

Miniter, Paulette C. "Willa Cather's *My Ántonia* and Legal Thought in the Late Nineteenth Century." *Creighton Law Review* 51 (2017): 119-68.

Reynolds, Guy J. "Willa Cather as Progressive." *The Cambridge Companion to Willa Cather*. Ed. Marille Lindemann. Cambridge: Cambridge UP, 2005. 19-34.

Turner, Frederick Jackson. *Rereading Frederick Jackson Turner: "The Significance of the Frontier in American History" and Other Essays*. Ed. John Mack Faragher. New Haven: Yale UP, 1994.

Urgo, Joseph R. "The Cather Thesis." The *Cambridge Companion to Willa Cather*. Ed. Marille Lindemann. Cambridge: Cambridge UP, 2005. 35-50.

피츠제럴드와 『위대한 개츠비』

고영란

I. 작가와 작품 세계

피츠제럴드(F. Scott Fitzgerald, 1896-1940)는 미네소타 주의 세인트 폴(Saint Paul)에서 가난한 명문가 출신의 아버지와 부유한 아일랜드계 어머니 사이에서 태어났다. 술과 향락에 탐닉했던 낭만주의자 아버지와, 아들을 과도하게 사랑한 어머니 밑에서 그는 절제와 규율 없이 자랐다. 어머니 집안의 경제적 후원으로 프린스턴 대학에 입학한 그는 대학 재학 중 비평가인 에드먼드 윌슨(Edmund Wilson)과 단편작가인 존 비숍(John Bishop)을 통해 작가로서 커나갈 수 있는 문학 훈련을 받았다. 피츠제럴드는 1914년 일리노이 출신의 지네브라 킹(Ginevra King)을 만나 구애했지만 가난하다는 이유로 거절당했다. 이후 이 경험은 그의 모든 작품에 중요한 모티브가 된다.

제1차 세계대전이 발발하자 대학 졸업을 앞두고 군에 소집된 피츠제럴드는 장교 훈련을 받은 후 알라바마에 근무하게 되는데, 그곳에서 주 대법원 판사의 딸인 미녀 젤다 세이어(Zelda Sayre)를 만나 사랑에 빠져 약혼한다. 하지만 사치와 향락을 추구하는 그녀에게 경제력과 장래성에 대한 확신을 주지 못한 그는 이내 파혼당한다. 하지만 그는 『낭만적인 에고이스트』(*Romantic Egoist*)를 개작한 자전적 소설 『낙원의 이쪽』(*This Side of Paradise*)을 1920년에 출간하여 엄청난 성공을 거둔 후 마침내 젤다와 결혼을 한다. 몇 년간 두 사람은 '재즈 시대'[1]의 총아로 살았다.

피츠제럴드는 처녀작의 성공 여세를 몰아 첫 단편집 『말괄량이 아가씨들과 철학자들』(*Flappers and Philosophers*, 1920)을 비롯하여, 두 번째 소설 『저주받은 아름다운 사람들』(*The Beautiful and Damned*,

1921), 두 번째 단편집 『재즈 시대의 이야기들』(*Tales of the Jazz Age*, 1922) 등을 집필하였다. 1924년 유럽으로 건너가 프랑스 등에 머물며 집필 활동을 계속하던 그는 미국 작가들인 어니스트 헤밍웨이(Ernest Hemingway), 거트루드 스타인(Gertrude Stein), 에즈라 파운드(Ezra Pound) 등과 함께 '잃어버린 세대'(Lost Generation)의 작가로 칭해지며 활동하였다. 『위대한 개츠비』(*The Great Gatsby*, 1925)는 이 시기에 집필되었다.

피츠제럴드는 제1차 세계대전 이후 1920년대의 경제적 번영기를 거쳐 1929년 대공황으로 막을 내린 '재즈 시대'의 대표적 작가로 자리매김 되고 있다. 전후 미국 사회를 뒤덮은 공허함과 환멸로부터 도피하여 감각적인 재즈 선율로 대표되는 향락에 빠져 있던 재즈 시대의 사회상을 잘 보여주고 있는 작품이 바로 1925년 출판된 『위대한 개츠비』이다. 그의 세 번째 소설인 이 작품에서 피츠제럴드는 '미국의 꿈'(American Dream)으로 표상되는 물질적 성공에 대한 환상을 품는 가운데 현실과 환상의 괴리 속에서 결국 비극적 죽음으로 치닫고 마는 개츠비의 삶을 통해, 개츠비의 이상이 현실 속에서는 실현 불가능한 비극적 미망임을 보여준다.

『위대한 개츠비』의 성공으로 피츠제럴드의 작가로서의 지위는 확고해지는 듯 보였지만 그 후 그의 삶은 급속도로 황폐해져 갔다. 호사스러운 삶에 탐닉했던 젤다와의 결혼 생활 유지에 필요한 비용을 충당하기 위해 피츠제럴드는 1927년 헐리우드 영화사에서 일하기 시작한다. 서로 맞바람을 피우면서 흥청망청 살았던 두 사람의 결혼은 질투와 애증이 뒤얽힌 불안정한 것이었고, 결국 두 사람 모두의 물질적, 정신적인 파탄으로 귀결되고 만다. 그는 1930년 젤다가 신경쇠약 증세를 보이자 병 치료를 위해 스위스로 이주하고 그녀를 정신병원에 입원시켰다. 1931년 미국으로 돌아온 그는 단편 소설『다시 찾은 바빌론』(*Babylon Revisited*)을「새터데이 이브닝 포스트」(Saturday Evening Post)에 게재했다. 1929년 주식 시장의 대붕괴 이후를 배경으로 한 이 소설은 1930년에 피츠제럴드가 자신의 경험을 소재로 하여 쓴 것이다. 젤다가 입원과 퇴원을 반복하면서 1934년 신경쇠약으로 쓰러질 때까지 그는 늘어나는 빚과 정신적 불안정, 건강 악화로 인해 절망의 늪에 빠지게 된다. 네 번째 소설인『밤은 부드러워』(*Tender Is the Night*)는 1934년에 출판되었지만 좋은 평을 받지 못했다. 이 작품은 1934년 잔인한 대공황 하에서 리비에라 휴양지에 머물고 있던 부유한 미국인 부부의 불안한 결혼 생활과 결혼의 와해에 관한 내용을 담고 있다. 이 비극적 이야기에는 알코올 중독, 광기와 정신병자 수용소에서의 감금이라는 피츠제럴드 자신의 경험이 담겨 있다. 이 소설은 풍부하고 시적인 산문 형태를 띠고 있지만『위대한 개츠비』가 보여준 예술성에는 미치지 못했다.

이후 연이은 작품의 실패로 경제적 어려움에 봉착한 피츠제럴드는 알코올에 더욱 의존하게 되었다. 1935년에는 네 번째 단편집『기상나팔 소리』(*Taps at Reveille*)를 출판하였고, 재기를 꿈꾸며 헐리우드 작가로도 일해 보았지만 별반 성공하지 못했다. '잃어버린 세대'의 이야기를 풀어놓는 작가에게 환호하던 시대는 이미 지나간 것이다. 알코올 중독과 병고에 시달리면서도 그는 헐리우드 시나리오 작가로서의 경험을 소재로『마지막 거물』(*The Last Tycoon*)을 집필하며 재기를 노렸다. 하지만 집필 중 피츠제럴드는 1940년 44세의 나이로 세상을 떠났다. 미완성 유작『마지막 거물』은 1941년 친구 윌슨의 편집으로 출판되었고, 1945년에는 에세이집『붕괴』(*Crack-Up*)가 출간되었다.

II.『위대한 개츠비』 읽기

1. '미국의 꿈', 개츠비의 꿈

신대륙에 건너온 초기 개척자들이 품은 '미국의 꿈'은 다분히 정신적인 것이었다. 1620년 메이플라워호를 타고 뉴잉글랜드 플리머스(Plymouth)에 도착한 청교도들은 간섭받지 않고 자신의 방식대로 하나님을 섬길 수 있는 종교적 자유를 원했다. 그들은 윌리엄 브래드포드(William Bradford)가 말하는 '위대한 계획'을 품고 있었다. 즉 신대륙에 지상의 모든 국가와 교회가 우러러 볼 수 있는 '언덕 위의 도시'(City upon a Hill)를 세우는 것이다. 1630년 새 예루살렘을 건설하려고 보스턴 근교의 매사추세츠 만(Massachusetts Bay)에 정착한 청교도들의 꿈도 그러했다. 그들은 종교적 자유 뿐 아니라 신대륙에서 새로운 삶의 가능성, 즉 낭만적 개인주의, 평등 그리고 행복을 실현하려 했다. 이는 평등, 생명, 자유, 행복 추구권을 주창한 미국의 독립선언서에서도 천명된 바이다. 이러한 희망이 '미국의 꿈'이 된 것이고, 이런 점에서 '미국의 꿈'은 미국 건설의 원동력이며 미국적 정신의 뿌리라고 할 수 있다.

신대륙에 건너 온 개척자들은 정신적인 것 못지않게 물질적인 것에도 관심이 있었다. 물질적 풍요와 안락을 찾아 신대륙에 도착한 네덜란드 상인들, 버지니아 주 제임스타운(Jamestown)에 최초로 식민지를 건설한 영국의 개척자들 뿐 아니라 매사추세츠 만에 정착한 청교도들은 노력만 하면 원하는 것을 얻을 수 있다는 믿음으로 물질적인 성공을 추구했다. 청교도들에게 있어서 절제와 근면으로 일군 물질적인 성공은 신의 은총이었다.

청교도 문화의 영향으로 미국인들에게는 근면하고 성실하면 누구나 성공할 수 있다는 믿음이 있었다. 벤자민 프랭크린(Benjamin Franklin, 1707-1790)이 이러한 성공 방식의 귀감이었다. 신생국 미국에서는 모든 이가 동등한 기회를 갖고 있으니 열심히 노력하면 명성과 재산을 얻을 수 있다는 것이다. 개츠비가 어릴 적 프랭크린의 삶의 방식을 따르려고 한 것은 이 때문이다. 그렇지만 이는 점차 윌리엄 제임스(William James)가 '비치 가데스'(bitch goddess)라고 부른 세속적. 물질적 성공 신화로 변질된다.

'미국의 꿈'의 구체적인 내용은 미국 역사의 발전과 함께 변질된다. 청교도 정신이 점차 빛을 잃어가는 서부 개척기(1850-90)에 이르면 '미국의 꿈'은 물질적 성공에의 추구로 변모한다. 남북 전쟁(1861-65) 이후에는 산업화, 상업화, 도시화, 자본주의의 번창과 함께 물질적인 번영에 더 큰 주안점이 주어진다. 1차 대전 이후 미국인들은 전통적인 가치는 내팽개치고 미친 듯이 부와 신분 상승을 추구하는 물질주의로 치닫게 된다. 사람들은 고된 노동을 통해서 성공하려 하기보다는 부정한 방법을 동원해서라도 쉽고 빨리 부자가 되고 싶어 했다. 부의 축적을 위해 탐욕적이고 이기적이며 타락한 수단이 동원되었던 탓에 사람들의 삶은 겉으로는 화려하고 풍요롭게 보였지만 그 이면에는 정신적 혼돈과 공허감이 자리 잡고 있었다. 청교도들의 가슴을 설레게 했던 그 녹색의 꿈이 타락하여 '미국의 악몽'으로 변질되고 말았던 것이다.

피츠제럴드는 '미국의 꿈'이 '미국의 악몽'으로 변질된 시대의 한복판에 살면서 그것에 대해 냉철하게 반성하고 비판한 작가이다. 그는 낭만적 이상주의자이면서 동시에 엄격한 도덕가이기도 했다. 남북 전쟁 이후 급격한 산업화의 과정을 겪고 있던 미국은 1차 대전의 특수로 인해 1920년대에 황금시대를 맞는다. 당시 뉴욕의 금융시스템이나 채권 및 주식 시장의 분위기가 번영의 절정기임을 보여준다. 하지만 전쟁을 겪은 후 전통적 가치와 도덕률에 대한 믿음은 무너지게 되고 산업의 급격한 발달과 과도한 경기부양의 부작용으로 물질만능주의와 향락적인 분위기, 그리고 허무주의가 뒤섞여 혼란스러웠다. 그런가 하면 산업의 발달로 부자와 가난한 사람들 간의 소득의 격차가 크게 벌어졌고, 1929년 뉴욕 월스트리트 주식 시장의 대폭락으로 촉발된 대공황이라는 파국을 전조하기라도 하듯 사회, 경제적 불확실성과 불안감 또한 팽배했다. 이처럼 광기와 허식, 탐욕과 부패 그리고 이로 인한 무질서와 불안감이 팽배한 혼란스러운 시대적 분위기는 '미국의 꿈'에 대한 전반적인 반성을 요구했다. 여기에 적극 반응한 소설이 『위대한 개츠비』이다. 이 작품에서 피츠제럴드는 '미국의 꿈'에 내포된 이상과 현실, 환상과 실재 사이의 심각한 간극과 이로 인한 환멸에 초점을 맞춘다.

『위대한 개츠비』는 데이지(Daisy)를 되찾으려는 개츠비(Gatsby)의 꿈을 신대륙에 처음 건너온 네덜란드 선원들이 품었던 '미국의 꿈'과 연관시킨다. 작가가 소설을 쓰던 그 시점에서 과거로 거슬러 올라가 그 역사적 근원을 찾는 것이다. 개츠비의 꿈은 미국이라는 신생 공화국의 꿈과 연결된다. 개츠비가 그 옛날 신대륙에 도착한 네덜란드 선원들과 유사한 꿈을 꾸었고 그들과 마찬가지로 경이감을 가졌다는 것. 그리고 그 꿈은 사실 덧없이 흘러가버리는 것이어서 이미 사라지고 없다는 사실이 시사된다. 더 나아가 '미국의 꿈'이 개츠비의 꿈과 연결되면서 순수했던 희망과 믿음이 변질되어 물질 추구로 치닫다 보니 이제는 결코 붙잡을 수 없게 되었다는 의미로까지 확대된다. 개츠비의 비극이 단순히 한 개인의 차원에 머무르지 않고 미국 건국의 역사라는 문맥에 자리매김 되는 것이다. 더 나아가 소설의 결말 부분에서 개츠비의 꿈은 모든 인간의 보편적인 이상의 문제로까지 그 의미가 확대된다.

가난한 농부의 아들로 태어난 개츠비는 처음 프랭크린 식으로 절약, 근면, 성실, 금욕, 절제 등의 생활 태도를 체화하여 자수성가를 하겠다는 꿈을 꾸며 자기계발을 하였다. 이런 점에서 그는 노력으로 성공을 꿈꾸는 미국인의 원형과 같은 인물이다. 그러나 다른 한편 그는 17세 때 이미 19세기 후반부에 들어 왜곡되고 변질되어 간 '미국의 꿈', 즉 물질적인 성공을 쫓고 있었다. 그는 초기 미국의 개척자들처럼 미덕을 실천하여 부를 축적하려 한 것이 아니었다. 그가 '제이 개츠비'라는 새로운 정체성으로 다시 태어날 때 아버지로 모신 신의 일이란 "저속하고 겉만 번지르르한 아름다움"[2]을 섬기는 것이었다. 그렇기에 그는 데이지로 대표되는 부가 인생의 많은 가능성과 새로운 삶을 보장해준다고 착각한 채 데이지를 그의 꿈의 화신으로 삼은 것이다.

데이지를 향한 개츠비의 사랑은 자신의 정체성에 대한 낭만적인 이상과 밀접한 연관성이 있다. 데이지와 5년 만에 재회한 개츠비가 닉에게 해 준 이야기에 따르면 제임스 개츠(James Gatz)는 17세 때 '제이 개츠비'라는 이상적인 인물로 새로 태어난다. 그가 자신을 이상화한 것은 플라톤처럼, 시간과 공간의 제약을 받는 물리적인 현실은 가짜이고 이상적인 '관념'(ideas)의 세계야말로 진짜 세계라고 믿었기 때문이다. 자신에 대한 완벽한 이미지를 만들어낸 개츠는 "자아도취"(121) 속에 '제이 개츠비'로서 살아가고자 한다.

개츠가 만들어낸 '제이 개츠비'라는 이상적인 관념은 처음에는 "막연한" 것이었지만 댄 코디(Dan Cody)를 만나면서 "구체화"(이상 124)된다. 이후 개츠비의 이상적인 꿈을 구현하는 "화신"(135)이 된 인물이 데이지이다. 사실 개츠비는 데이지를 차지하고 난 후에는 그녀를 떠날 의도였다. 데이지를 취한 후 그는 그녀가 자신을 차버리길 바랐으나 그녀는 그를 사랑하고 있었다. 그래서 그는 "본래의 야망을 잊은 채 순간순간 더 깊이 사랑에 빠져들었고 갑자기 다른 일에는 신경 쓰지 않게 되었다." 그때 그가 한 생각은 "거창한 일들을 할 필요"(이상 179)가 없다는 것이었다. 이제 그에게는 데이지를 갖는 것이 "성배 찾기"(178)가 되었다. 처음부터 의도한 것은 아니었지만 개츠비에게는 데이지를 얻는 것이 그의 이상을 구현하는 유일한 방법이 되어버린 것이다. 이제 데이지는 개츠비가 열망하는 행복과 성공을 포함한 모든 것, 인생이 줄 수 있는 가장 아름다운 것들을 대표하게 된다. 개츠비에게 있어서 데이지는 현실 속의 여성이기보다는 "자신의 플라토닉한 관념"(120)이 투영된 이상의 결정체가 된다. 개츠비 자신에 대한 이상적인 관념이 데이지에 대한 이상화로 대체된 것이다.

톰(Tom)과 데이지가 신혼여행을 하는 동안 개츠비는 루이빌로 돌아오는데 이는 개츠비에게 있어서 종교적 순례와 같은 의미를 띤다(Lehan 117). 데이지와 함께 했던 장소를 찾아다니면서 개츠비는 "가장 신선하고 최상"이었던 과거의 그 상태를 "잃어 버렸"(이상 182)음을 깨닫는다. 데이지가 부자 톰과 결혼함으로써 그의 꿈이 좌절되자 개츠비는 가난 때문에 잃어버린 사랑을 되찾아오기 위해 수단과 방법을 가리지 않고 단기간에 큰 재산을 축적하려 한다. 개츠비는 잃어버린 옛사랑과 최고로 충만했던 과거를 돌려줄 수 있는 것은 바로 물질적인 성공이라고 생각한 것이다. 부를 축적하기 위해 그는 울프쉼(Wolfshiem) 같은 조직폭력배 두목과 손을 잡고 법으로 금지된 밀주 판매, 훔친 채권의 유통, 심지어는 도박까지 서슴지 않는다. 종교적인 자유와 평등 그리고 물질적인 성공을 보장해주는 이상 국가 건설이라는 꿈을 품고 미국에 온 초기 이민자들이 19세기 말에 이르러 물질적인 부를 맹목적으로 추구하면서 타락해간 것처럼 개츠비의 꿈도 그 성취를 위해 물질을 수단으로 삼으면서 변질된 것이다. 인생의 가능성과 행복에의 추구를 수단과 방법을 가리지 않고 불법도 마다하지 않는 부의 추구로 격하시킴으로써 개츠비의 꿈은 저속하고 공허한 것이 된다.

그런데 개츠비에게 있어서 물질적 부는 데이지를 되찾기 위한 수단일 뿐 그것 자체로는 큰 의미가 없다. 그에게 있어서 데이지를 되찾는 것은 "과거를 반복한다"는 의미이다. 여기에서 '과거'는 과거의 그 자신을 뜻한다. 닉이 추측하듯이 개츠비는 "데이지를 사랑하는데 들어간, 그 자신에 대한 어떤 관념"을 되돌리고 싶은 것이다. 개츠비는 데이지와 함께 했던 시절, 인생의 가능성을 약속했던 과거의 충만했던 그 시간으로 되돌아가기 위해서 데이지를 되찾으려 한다. 이를 위해 수단 방법을 가리지 않고 벼락부자가 되는 과정에서 개츠비는 큰 "혼란에 빠지고 무질서해졌다"(이상 134). 그는 혼란스럽지 않았던 과거 자신의 이상적인 모습을 되찾고 싶어서 "출발점으로 돌아가려"(135) 한 것이다.

개츠비의 파멸은 그의 꿈 자체가 내포한 한계에서 비롯된다. 그의 몰락은 불가피한 것이었는데, 그 이유는 데이지를 그의 꿈을 구현하는 화신으로 삼았기 때문이다. 개츠비 환상 속의 모습과는 달리, 실제의 데이지는 무미건조하고 단조로운 일상에 지쳐있는 인물이다. 그녀의 모든 언행은 감정이 깃들어 있지 않은 하나의 겉보기용 제스처에 불과하다. 그녀는 감정적으로 연루되기를 원치 않으며 단지 멀리서 안전하게 구경하고자 할 따름이다. 물질주의자 데이지가 최우선으로 삼는 것은 부와 사회적 지위의 안전한 확보이다. 그것이 보장되지 않을 때 그녀는 쉽게 감정을 정리하고 상대를 버릴 수 있다. 그녀는 피상적인 감성의 소유자에 불과하다. 개츠비에게 있어서 데이지는 "성배"와 같았지만 데이지는 "개츠비에게는 아무 것도 남겨놓지 않은 채"(178) 부유한 자신의 삶 속으로 언제든지 사라져 버릴 수 있는 인물이었다. 데이지가 개츠비에게 약속한 것들은 사실은 속이 텅 빈 것이다. 마술을 부리는 듯 오르락내리락 하는 그녀의 목소리는 듣는 사람을 흥분시키고 굉장한 일이 곧 일어날 것을 약속해주는 듯하다. 하지만 사실 그녀의 목소리는 아무런 의미가 없는 빈껍데기 같은 울림에 불과한 것으로서, 재가 인간의 형상을 만들었다가 신기루처럼 사라져 버리듯 공허한 것이다. 그녀는 자신이 낸 자동차 사고의 결과를 개츠비가 떠맡도록 내버려두는 등 극도로 무책임하고 이기적인 인물이다.

사실 개츠비의 꿈은 '현실과 환상의 괴리'라는 문제를 내포한 '미국의 꿈'이 그러하듯이 본질적으로 취약하다. 개츠비의 꿈이 실현되지 못한 것은 겉으로는 우아하지만 실제로는 극히 부도덕한 사회 탓이기도 하지만 가장 큰 이유는 그의 꿈 자체에 내재한 관념성에 있다. "개츠비가 상상 속에서 만들어낸 과거에 대한 자신만의 비전"(Doherty 47)은 공기 중에 떠 있는 안개와 같이 하나의 환상이었다. 개츠비의 결점은 그의 꿈의 본질을 꿰뚫어 보지 못한 것, 즉 그것이 사실은 타락한 사회 속에서 단지 망상에 지나지 않음을 깨닫지 못한 데 있다. 또한 그는 자신이 거부가 되어 엄청난 부를 과시한다 해도 결코 과거, 즉 데이지를 향한 그의 순수했던 사랑을 되찾을 수 없다는 사실을 이해하지 못한다. 그는 현실에 대한 실제적인 관점을 지니지 못했던 것이다. 개츠비는 멋진 "제스처"(5) 즉 물질적인 부유함이라는 외양만 갖추면 데이지를 되찾아 올 수 있다고 착각했다. 이상적인 관념 속에 빠져 산 그는 그 관념과 냉혹한 현실 사이의 괴리를 이해하지 못하고 있었던 것이다.

개츠비가 결국 부딪치게 되는 현실은 톰과 데이지에게서 보이듯 무책임하고 이기적인 부자들의 파괴성이다. 개츠비의 꿈이던 데이지는 거부가 되어 나타난 그 앞에서 잠시 흔들리지만 결국 안전하고 견고한 톰의 세계로 회귀한다. 톰, 데이지, 조던(Jordan)은 남을 희생양으로 삼고서도 아무 일도 없었다는 듯 아랑곳하지 않는 '무심한' 사람들이다. "거대한 무관심"(214)이 그들의 가장 큰 특징이다. 주위를 때려 부순 후 남이야 어떻게 되던 자신의 이익과 안녕에 무관하면 상관하지 않고 모른 척하면서 뒤치다꺼리는 남들이 하도록 내버려 둘만큼 그들은 이기적이고 무책임하다. 개츠비는 그러한 부자들의 세계에 편입되기 위해 몸부림치다가 결국 그의 생명까지 내놓은 것이다.[3] 낭만적인 이상주의자 개츠비는 이렇게 물질 만능의 사회에서 결국 희생당하고 만다.

개츠비의 꿈과 "그의 꿈이 지나간 자리에 떠도는 더러운 먼지"(5), 즉 개츠비의 위대함과 그의 한계를 동시에 관조하게 되는 인물은 닉(Nick)이다. 닉은 개츠비의 '삶의 약속에 대한 높은 감수성'과 '희망을 품는 비범한 재능', 즉 다른 사람에게서는 찾아보기 힘든 삶의 가능성에 대한 굳은 믿음에 경의를 표한다. 그리고 비록 개츠비가 헛된 환상을 좇다 허망하게 죽었다 하더라도 삶의 낭만적 가능성을 믿으며 그 꿈을 줄기차고도 치열하게 추구했다는 점에서 진정성과 고귀함이 있다고 닉은 느낀다. 그래서 개츠비는 위대하다고 닉은 판단한다.

2. '성장한 닉의 회상' 형식

피츠제럴드는 개츠비의 진정성과 순수성을 톰/데이지의 진실 되지 못함이나 무책임성과 병치, 대조하는 가운데 톰/데이지의 풍요롭고 화려한 상류 사회가 사실은 황무지와 같이 황량하고 공허한 "재의 계곡"(Valley of Ashes)과 다를 바 없다는 사실을 서서히 밝혀나간다. 동시에 독자로 하여금 개츠비가 그들에 비해 훨씬 나은 인물임을 점차 깨닫는 닉에게 동조하도록 유도한다. 이를 가능하게 한 것이 '성장한 닉의 회상'이라는 서술형식이라고 할 수 있다.

『위대한 개츠비』는 개츠비라는 인물이 이룩하려던 꿈의 성격과 그 꿈이 실패한 의미에 대한 이야기이면서 동시에 관찰자이자 서술자인 닉이 깨달음에 도달하는 과정에 대한 것이다. 닉은 자신이 직접 목격하고 들은 사건을 플래시백 수법으로 독자에게 전달하는 1인칭 관찰자 시점의 서술자이다. 그는 보통 제한적 관점을 지니지만 경우에 따라서는 전지적 3인칭 서술자로서 이야기의 안과 밖을 자유로이 드나들기도 한다. 이뿐 아니라 닉은 조던, 머틀(Myrtle), 캐서린(Catherine), 울프심, 아버지 개츠로부터 내밀한 이야기를 듣게 되는 청자이자 개츠비와 데이지의 재회를 주선하는 등 사건에 직접 개입하는 작중 인물이기도 하다. 그는 "관찰자, 서술자, 행위자"(Mitzener 295)의 역할을 하는 것이다.

인물로서의 닉은 낭만적 이상이 현실에 부딪쳐 깨지면서도 그 꿈을 붙잡기 위해 안간힘을 쓰던 개츠비가 결국 죽음으로 내몰리는 과정을 옆에서 직접 지켜보면서 그 자신도 성장한다. 도덕적으로 성장한 닉은 과거를 되돌아보며 개츠비의 꿈에 대해 서술한다. 이로써 '성장한 닉의 회상'이라는 틀을 통해 개츠비의 비극적 인생이 미국의 꿈과 미국 사회라는 커다란 틀 속에서 어떤 의미를 지니고 있는지가 전달된다.

현재 성숙한 상태에서 과거를 돌아보는 닉은 세상이 "도덕적 차렷 자세"(4)를 취하는, 즉 도덕적 재무장이 필요하다고 본다. 그가 이렇게 도덕적인 판단을 내릴 만큼 성장하게 된 배경에는 원래의 도덕적인 성향이 있다. 데이지의 거짓된 낭만주의 아래 놓인 불성실성을 꿰뚫어 볼 수 있던 것이 그 예이다. 하지만 다른 한편 그는 초연하고 냉소적으로 현실을 회피하기도 할 정도로 낭만적인 성향도 지니고 있다. 또한 개츠비를 둘러싼 사건을 겪기 전에는 전쟁의 여파와 재즈 시대의 영향으로 다른 인물들과 마찬가지로 불안정하기도 하다.

성장 후 과거를 회상하기 전에 닉은 자신이 애초부터 도덕적으로 성장할 소지를 지닌 인물이었음을 다음과 같이 밝힌다. 닉은 어릴 때부터 받은 부친의 충고에 따라 "모든 판단을 유보"하면서 차분하고 담담하게 지켜볼 뿐 감정을 드러내지 않는다. 다른 사람이 찾아와 비밀을 털어놓을 정도로 신망이 두텁고 남의 허물에 관대하기도 하다. "말없이도 서로 통하는"(이상 3) 아버지와의 돈독한 관계는 닉이 혼란스러운 사회 속에서 올바른 판단을 내릴 수 있는 든든하고 안전한 기반을 제공했음을 시사한다. 그렇기에 닉은 개츠비의 꿈에 내재한 결함 뿐 아니라 개츠비와 다른 사람들 사이의 본질적인 차이점을 알아보고 최종 판단을 내릴 수 있게 된다고 할 수 있다.

성장 후 과거를 회상하는 닉은 일정한 거리를 둔 채 어느 한 쪽에 치우치지 않은 객관적 입장을 취한다. 닉이라는 화자가 있음으로 해서 독자는 톰과 데이지의 반대편에 있는 개츠비를 보다 균형 잡힌 시각에서 관찰할 수 있다. 1차 대전 참전 후 불안정한 상태에 있던 닉은 활기찬 중심지에서 채권 사업을 배우기 위해 고향인 중서부를 떠나 동부로 온다. 닉이 보기에 톰의 집안 분위기는 불안하고 산만하며 톰/데이지는 무료하고 거짓된 삶을 살아가고 있다. 톰은 쉴 새 없이 눈알을 굴리며 방안을 서성거리면서 다른 사람들을 지배하려 한다. 톰의 정부에게서 온 전화 때문에 자제력을 잃은 데이지는 느닷없이 엉뚱한 얘기를 하는가 하면 괜히 촛불에 신경질을 내기도 한다. 하지만 데이지는 톰의 외도에도 불구하고 그가 보장해 주는 부와 사회적 지위 때문에 사랑 없는 결혼생활을 박차고 나오지 못한다. 불행한 결혼 생활을 감추려 하는 톰과 데이지, 이를 빤히 알고 있는 조던, 실상을 짐작하게 된 닉이 마주한 식사 자리는 팽팽한 긴장감과 불안감이 감돈다. 톰과 데이지의 불성실성과 진지하지 못함에 언짢은 기분으로 집으로 돌아 온 닉은 저 멀리서 무언가를 간절히 염원하는 듯 팔을 앞으로 뻗으며 떨고 있는 진지한 모습의 개츠비를 본다. 닉에게 개츠비는 톰/데이지와 극명하게 대조되는 인물로 다가온 것이다.

닉은 점차 개츠비가 겉은 화려하지만 실제로는 공허감 속에 불안해하는 당대 사람들과 뚜렷이 구분되는 인물이라는 것을 알게 된다. 부를 세습 받아 무료하게 시간을 허비하는 톰과 데이지는 물질적인 풍요로움을 누리고 있기는 하지만 목적이 없는 삶을 살아가는 속이 텅 빈 인물들이다. "재의 계곡"에 살고 있는 머틀이나 그녀가 뉴욕에서 벌인 혼란스러운 파티에 참석한 사람들 또한 하나같이 불안하고 허식에 차 있다. 개츠비의 엄청나게 호화스러운 파티에 나방처럼 모여들어 흥청거리는 손님들도 공허한 환락에 빠져 있다. 그들은 파티 주최자에 대해서는 전혀 관심이 없이 단지 즐기기만 할 뿐이다. 사람들은 소개받고도 그 자리에서 금방 잊어버리는 등 서로 간에 감정적 교감이 없다. 닉이 보기에 개츠비만이 광란적인 쾌락을 쫓는 난장판 속에서 "올바른"(62) 태도를 유지한다. 목적 없이 방황하는 다른 인물들과는 달리 개츠비는 확고하게 어느 하나에 집중한다는 인상을 준다. 파티에서 개츠비를 직접 대면한 닉은 그에게서 "영원한 확신을 주는 드문 미소"(60)를 발견하고 점차 이끌린다.

하지만 당시 닉은 도덕적이지만 낭만적이기도 한 양면성을 지니고 있었다. 낭만적 상상력이 많았던 그는 도덕적인 면이 거부하는 것을 기꺼이 즐긴다. 가령 변화무쌍한 동부의 퇴폐적 삶에 매혹당하기도 하고 활기와 모험으로 가득한 뉴욕의 생동감과 다양성, 그것이 "들떠 있는 눈동자"(70)에 안겨주는 흥분의 약속에 이끌리기도 한다. 머틀의 파티에 대한 닉의 태도 또한 양가적이다. 그는 머틀이 연 파티의 인위성과 저속성에 도덕적으로는 거부감을 느끼면서도 다양한 삶의 외양에 낭만적으로 매혹되어 그 분위기에 휩쓸리기도 한다. 닉은 "무한히 변화하는 삶에 매혹당하기도 하고 동시에 저항하기도 하면서 내부에 있기도 하고 외부에 있기도 했다"(76).

닉은 개츠비가 그 꿈의 실체를 깨닫게 되는 것을 목격해가면서 그 스스로도 서서히 성장한다. 이는 그가 데이지의 목소리에 감춰진 진실을 올바로 파악하게 되는 과정과 밀접한 연관성이 있다. 닉은 "돈으로 가득 차"(145) 있는 목소리를 지닌 데이지가 하얀 성의 공주와 같은 부와 지위, 즉 개츠비가 이루고자 한 꿈을 상징했음을 알게 된다. 닉은 서서히 데이지가 개츠비에게 어떤 존재였는지를 깨닫게 된 것이다.

닉은 개츠비와 톰/데이지/조던의 실상을 알아차리게 되는 혼란스러운 과정을 통해 점차 안정되고 분명한 태도를 견지한다. 닉이 결정적으로 변화한 계기는 데이지가 톰의 정부인 머틀을 친 교통사고 이후 개츠비와 극단적으로 대비되는 톰/데이지/조던의 실체를 알아차리게 되면서이다. 닉은 차 사고가 난 날, 데이지를 보호하기 위해 머틀을 친 차를 자기가 운전했다고 할 거라면서 만일에 있을 톰의 폭력에 대비하여 "그 신성한 불침번"(222)을 애처롭게 서고 있는 개츠비를 본다. 곧이어 닉은 마치 공모라도 하듯이 친근한 분위기로 앉아 있는 톰과 데이지를 목격한다. 그때 톰과 데이지의 실체를 꿰뚫어 볼 수 있게 된 닉은 개츠비에게 닥쳐오는 위험을 예감한다. 닉은 개츠비에게 뭔가 경고를 해주려 하지만 그는 마지막 희망을 부여잡고 있다. 다음날 아침 닉은 어쩔 수 없이 출근을 위해 개츠비를 떠나오면서 "그들은 썩어빠진 사람들이요. 당신이 그 빌어먹을 인간들을 모두 합쳐 놓은 것보다 더 나아요."(183)라고 도덕적 판정을 내린다.

도덕적 입장이 확고해지는 가운데 닉은 점차 적극 개입한다. 현실 도피적인 초연에서 개입으로, 수동적 무관심에서 공감적 이해의 자세로 변화한 것이다. 그리고 닉은 마침내 "개츠비가 결국 옳았다는 것이 판명되었다"(5)고 정리할 수 있게 된다. '성장한 닉의 회상' 형식이다 보니 닉의 이러한 평가가 소설의 서두에 배치되고, 이로써 개츠비에 대해 독자가 취해야 할 태도가 미리 설정된다.

닉의 성장 과정은 조던과의 관계를 통해서도 나타난다. 닉과 조던의 관계는 개츠비와 데이지 사이의 관계와 병치되는 '부 플롯'(subplot)을 구성한다. 처음 도시 생활의 공허함과 불안 그리고 도덕적 혼란에 빠져 있던 닉은 세상을 무관심과 "냉소"로써 대하는 "깔끔하고 강인하며 편협한"(이상 98) 조던의 현대 여성적인 독립성에 이끌린다. 이처럼 냉소적인 조던에게 닉이 이끌리고 있다는 것은 그 또한 도덕적 혼란 속에서 다른 사람의 일에 연루되지 않으려는 성향이 있기 때문이라고 할 수 있다. 개츠비가 데이지를 만나려 한다는 얘기를 들은 후 닉은 개츠비와는 달리 자신에게는 형체 없이 떠도는 얼굴이 없다는 생각에 조던을 끌어안는다. 닉은 조던을 포옹하면서 "이 세상에는 쫓기는 자와 쫓는 자, 바쁘게 뛰는 자와 지쳐버린 자가 있을 따름이다"(98-99)는 구절을 떠올린다. 현대 도시 생활의 공허감과 불안감 속에서 사랑과 부를 추구한다는 것이 과연 얼마나 가치 있는 일일까 회의하는 것이다. 그는 잠시 조던처럼 냉소적이 된 것인데, 이는 도덕적으로 책임 있는 자세가 아니다. 닉은 톰이 개츠비의 과거를 폭로할 때 물러서서 개츠비의 꿈이 무너져 내리는 것을 방관한다. 산산이 부서지는 개츠비를 동정하기 보다는 "인간의 공감에는 한계가 있다"(163)면서, "어떤 재미난 물건을 턱 끝에 올려놓고 균형을 잡기 시작한"(161) 조던과 함께 있음을 다행으로 여긴다. 혼란스러운 현실에서부터 초연한 듯한 조던의 태도 속에서 안정을 찾는 닉에게는 냉소적인 성격의 그녀가 일종의 도피처가 된 것이다.

처음 조던의 냉소적인 초연성에 매혹되던 닉은 머틀을 차에 치어 죽게 한 사고 이후 조던의 실체를 도덕적으로 판단하게 된다. 개츠비가 연루되었을 가능성이 크다는 사실을 직감한 채 혼돈과 우려에 빠진 닉과는 달리 조던은 아무 일도 없었다는 듯 톰의 집으로 들어간다. 닉은 조던이 그날 자기에게 잘 대해주지 않았음을 탓하기 위해 전화를 걸었을 때 데이지가 개츠비를 버렸듯이 그녀 또한 어려움에 처한 데이지를 버렸음을 알게 된다. 조던이 톰이나 데이지와 마찬가지로 부도덕하고 부정직할 뿐 아니라 남의 고통이나 파국에 일말의 관심도 없는 이기적인 인물임을 알게 된 닉은 만나자는 조던의 요청을 거절한다. 개츠비의 장례식이 끝난 후의 만남에서 조던은 닉이 자신을 배려하지 않았음을 책망하면서, 그가 "정직하고 솔직하며" 그 사실에 은근히 자긍심을 갖고 있는 줄 알았는데 잘못된 추측이었고 그 또한 서툰 운전자였다고 말한다. 개츠비가 죽은 이 시점에서도 조던의 머릿속을 가득 채운 것은 자기 자신일 뿐이다. 조던이 말하는 "정직과 솔직"은 복잡하지 않은 단순함을 의미한다고 할 수 있다. 조던은 닉이 자기 이익과 무관할 경우 복잡하게 남의 일에 얽히려 하지 않는 사람이라고 생각하고 좋아했던 것이다. 하지만 이제 닉은 삶의 복합성을 이해하고 남의 고통에 공감할 수 있게 되었다. 더 이상 동떨어져서 관망하듯 구경하는 데 머무르지 않게 된 것이다. 그런 자신의 마음을 인정하지 않은 채 거짓말을 하고 싶지는 않을 정도로 이제 그는 진지해졌다. 닉은 스스로를 속이면서 그것을 자랑으로 여길 나이는 지났다고 말하면서 그녀와 헤어진다.

이전에 닉은 여자들의 부정직은 별 문제가 안 된다는 식으로 대수롭지 않게 넘겼지만 이제 성숙해진 그는 조던의 부정직성이 사실은 남이야 어떻게 되든 괘념치 않는 무관심이나 무책임성 그리고 이기심과 밀접하게 연관된 것임을 깨닫게 된 것이다. 그리고 이런 점에서 조던은 톰/데이지와 같은 부류의 사람이라는 것이 닉이 내린 판단이다.

동부에서 개츠비의 비극적 죽음을 목격한 후 닉은 고향인 서부로 돌아온다. 이제 성숙해진 닉이 보기에 서부는 동부와 비교해서 따분하고 느리며 세련되어 있지 않지만 진실한 감정과 소속감을 느낄 수 있는 정겨운 곳이다. 반면 동부는 닉에게 엘 그레코(El Greco)의 음울한 그림처럼 생기가 없이 어둡고 그로테스크하다. 그의 기억 속 동부는 뒤죽박죽 혼란스러운 세계이자 왜곡되고 뒤틀린 악몽이다. 닉이 보기에 동부의 가치관은 자신들이 망쳐놓은 일을 다른 사람이 처리하게 해놓고 뒤로 물러서 아무런 불이익도 받지 않는 톰과 데이지가 대변하듯 타락하고 무책임하며 물질지상주의적인 것이다.

'성장한 닉의 회상' 형식은 작품의 주제 전달에 효과적이다. 개츠비를 회상하는 시점에 닉은 이미 성장한 후라서 그를 둘러싼 사건의 개요와 그 의미를 모두 파악하고 있다. 도덕적 인식에 이르렀기에 확고한 판단기준을 제시할 수도 있다. 닉은 기억이라는 필터를 통해 이야기하는데 그 거리로부터 객관성 또한 확보한다. 그렇기에 개츠비의 꿈을 '미국의 꿈'과 연결시킬 수 있다. 또한 개츠비를 주변의 다른 인물보다 훨씬 나은 인물로 격상시킬 수 있다. 사실 개츠비는 조직 폭력계 거물과 손을 잡고 불법으로 밀주를 판매하거나 도박을 해서 짧은 시간에 막대한 부를 축적한 점에서 도덕적인 인물이라고 할 수 없고, 시간의 흐름을 무시한 채 과거를 되돌릴 수 있다고 생각한다는 점에서 터무니없을 만큼 현실감각이 없다. 또한 데이지를 그의 꿈의 구현체로 삼고 환상 속에서 그녀에게 집착할 정도로 비정상적이었다. 그럼에도 불구하고 성장한 닉이 회상하는 서술방식을 택했기에 개츠비는 "위대한" 인물로 자리 매김 될 수 있게 된다.

이미 성장해서 개츠비의 꿈의 의미를 알고 있기에 닉은 5년 만에 데이지를 만난 개츠비가 실재와 환상의 괴리에서 겪는 당혹감을 독자에게 전하며 공감을 유도할 수 있다. 닉이 보기에 개츠비가 창문 밖 녹색 불빛을 가리킬 때 데이지는 크게 감동하여 그의 팔짱을 끼지만 그는 자신만의 세계 속에 몰두해 있다. 그에게 있어 녹색 불빛은 과거 5년 동안 그가 도달하려고 온갖 노력을 경주했던 꿈이었고 그것은 그에게 너무도 많은 것을 의미했다. 닉은 개츠비가 단지 무의식적으로는 감지하지만 의식하지는 못한 사실 즉 데이지가 그의 꿈에 미치지 못한다는 것을 알아차린다. 그런데 그것은 그녀의 잘못이 아니라 그의 환상이 너무 거대했기 때문이었다고 닉은 추측한다. 닉의 관찰자적 관점이 없었더라면 재회 때의 개츠비의 조바심과 당혹감은 우스꽝스러운 코미디로 보였을 것이다. 이 장면이 안쓰럽게 바라보는 닉의 서술로 전해지기 때문에 독자는 개츠비에게 동정을 할 수 있게 된다.

성장 후 개츠비의 인생을 회상하는 형식이기 때문에 닉은 개츠비가 결국 미망에서 벗어나 비극적 인식에 도달했음 또한 전할 수 있다. 개츠비가 조금씩 그의 꿈의 실체에 접근해가는 과정을 목격해온 닉이 생각하기에 머틀의 자동차 사고 후 개츠비는 데이지의 전화를 기다리면서도 전화가 결코 오지 않을 것임을 알고 있었다. 닉은 그가 꿈을 잃고 난 후 그 꿈을 되돌아보면서 "단 하나의 꿈"을 오랫동안 품고 살아온 것에 대해 "값비싼 대가"를 치렀음을 느낀 것이 틀림없다고 추측한다. 개츠비가 마음속에서 그려왔던 하늘은 이상세계에 속한 것이었기에 현실을 맞닥뜨리고 직시하게 되었을 때 현실 세계는 "현실감은 없으면서 형상을 갖춘" "낯설고" 두려운 "새로운 세계"로 보였으리라는 것이다. 이 대목에서 개츠비는 마침내 자신이 텅 비어 있으면서도 겉으로는 거짓 형상을 띠는 "재의 계곡"의 세계에 살고 있음을 깨달았으리라는 사실이 시사된다. 이 세계에서 "가여운 허깨비들"(이상 192)이 공기처럼 꿈을 들이마시며 이리저리 방황한다는 대목에서 "가여운 허깨비"는 부자들의 세계에 대해 환상적인 꿈을 쫓다가 이제 정신적으로는 이미 죽은 것이나 다름없는 개츠비를 나타낸다. 이처럼 닉이 개츠비를 비극적 인식에 도달한 인물로 그리기 때문에, 개츠비는 '위대한' 인물로 자리 매김 될 수 있게 된다.[4]

성장해서 개츠비의 꿈의 의미를 이미 알고 있는 닉이 서술하므로 개츠비는 사실감이 떨어지는 인물인데도 불구하고 현실적인 차원에 자리 잡을 수 있게 된다. 데이지를 향한 개츠비의 꿈은 환상적이므로 이를 만일 개츠비의 관점에서 서술하였다면 이 소설은 전반적으로 환상적인 분위기를 띠었을 것이다. 또한 닉이 목격한 체험을 바탕으로 하기 때문에 독자가 의아해 할 수도 있는 부분이 보다 현실적으로 다가온다. 닉 때문에 독자는 환상과 현실 사이에서 균형을 잡을 수 있는 것이다.

닉은 처음에는 개츠비에 대한 판단을 유보하면서 나중에는 그에게 적극적으로 공감하면서 독자들을 자신의 판단에 따르도록 이끈다. 닉은 등장인물들의 행동을 자신의 도덕적 잣대로 평가하며 함께 생각해 보고 판단할 수 있도록 독자들을 안내하는 역할을 한다. 3인칭 전지적 관점이나 고백체의 1인칭 서술을 택했다면 독자로 하여금 개츠비에게 공감하도록 유도하기가 어려웠을 것이다. 닉이 없었다면 개츠비는 그저 로맨틱한 이상주의의 실패자로 보였을 것이다.

'성장한 닉의 회상' 형식은 광란의 재즈 시대 이야기를 감정을 절제한 철학적 명상으로 에워싼다. 개츠비를 둘러싼 사건은 그것을 차분하게 회상하는 닉의 관찰과 명상이라는 틀에 넣어져 간접적으로 전달되므로 담담하고 묵직한 분위기가 조성된다. 개츠비를 동정하면서도 동시에 그를 둘러싼 사건으로부터 거리를 둔 채 명상에 잠긴 닉을 매개로 하여 이야기가 전해지기 때문에 독자는 감상에 빠지지 않고 차분히 비극적 의미를 음미할 수 있다.

3. 이미지와 상징

이 소설에는 이미지와 상징이 많이 나타난다. 녹색 불빛은 '미국의 꿈'을 상징하는 대표적인 이미지이다. 이것은 데이지 저택 부두에서 비치는 빛으로서 소설 첫 장에 개츠비는 그 빛을 향해 몸을 떨며 팔을 뻗는 모습으로 등장한다.[5] 닉이 깨닫게 된 바 녹색 불빛을 향한 개츠비의 추구는 "성배 쫓기"와 같은 지고의 헌신이었다. 개츠비가 경이롭게 바라보던 부두의 녹색 불빛은 소설의 마지막 장에서 아메리카 대륙을 처음 마주한 네덜란드 선원들의 눈앞에 펼쳐진 "신선한 녹색 가슴"과 동일시된다.

'빛'과 '어둠'의 이미지도 소설 전체를 통해 지속적으로 나타나면서 유기적인 의미망을 구축한다. 소설의 마지막 부분을 그 한 예로 들 수 있다. 닉은 개츠비의 꿈을 되돌아보면서, 개츠비가 데이지 저택 부두 끝에서 녹색 불빛을 보았을 때 그의 꿈은 너무 가까이 있어 금방이라도 손을 뻗으면 닿을 것만 같았으리라고 상상한다. 하지만 "그의 꿈이 이미 자신의 뒤 쪽 공화국의 어두운 들판이 … 도시 너머 광막하고 어두운 어딘가에 가 있다는 사실을 그는 미처 알아차리지 못했던 것"(이상 216)이라고 닉은 결론 내린다. 이 부분에서 '빛'은 꿈이나 이상을, '어둠'은 이상의 실현을 가로막는 가차 없는 현실을 나타낸다.

이 대목 이외에도 소설에는 '빛'과 '어둠'이 교차하는 장면이 많다. 개츠비와 데이지가 5년 만에 재회하는 5장에서 특히 그러하다. 어둠과 밀접하게 연관되면서 냉엄한 현실의 침투를 함축하는 이미지가 비이다. 개츠비가 5년간이나 고대하던 데이지와 재회하기로 한 날 비가 내리고 개츠비의 초조함과 불안감은 극에 달한다. 데이지를 마침내 마주하게 될 때도 개츠비는 당황해하고 어쩔 줄 몰라 한다. 이후 비가 그치지만 안개 때문에 개츠비는 데이지 저택 부두의 녹색 불빛을 볼 수 없게 된다. 닉은 개츠비가 빛이 영원히 사라져버렸음을 느꼈으리라고 추측한다. 비로 상징되는 현실이 불가피하게 침투하게 되므로 개츠비의 꿈은 이루어질 수 없다. 개츠비가 환상 속에 있을 때는 '빛'이, 그 환상을 덮치려는 듯 개츠비의 꿈의 세계에 가차 없이 현실이 비집고 들어올 때면 '어둠'의 이미지가 등장한다. 이렇게 '빛'과 '어둠'이 교차하는 것은 낭만적이고 환상적인 외양과 타락한 현실 사이의 간극을 부각시키는 효과를 거둔다. '환상과 현실의 괴리'는 '미국의 꿈과 그 변질'을 상징하는 '개츠비의 꿈과 그 좌절'을 설명하는데 핵심적인 요소이다.

아이러니하게도 개츠비에게 빛을 상징하던 데이지는 개츠비의 빛을 앗아가는 역할을 한다. 머틀의 자동차 사고 후 데이지가 보내줄 신호를 애타게 기다리면서 불침번을 서던 개츠비는 데이지가 불을 끄고 사라지는 것을 보고 돌아오는데 이 장면은 개츠비의 데이지를 향한 꿈이 결국 무참히 무너지게 됨을 상징한다.

개츠비의 꿈과 그 몰락을 상징하는 또 하나의 이미지로는 "고장 난 시계"(107)를 들 수 있다. 개츠비가 데이지와 재회할 때 닉의 집 벽난로 선반 위에 놓여 있는 고장 난 시계는 과거의 어느 순간에 시간을 멈춰

서게 한 개츠비의 환상을 상징한다. 개츠비의 머리에 닿아 시계가 위험하게 옆으로 기울어지자 그는 시계를 붙잡아 제자리에 올려놓는다. 이는 데이지와 헤어져 지낸 5년간의 시간을 지워버리고 그녀와 함께 했던 과거로 되돌아가고 싶어 하는 개츠비의 절실한 바람을 상징한다. 닉이 보기에 당황한 개츠비가 시계를 붙잡을 때 모두들 시계가 바닥에 떨어져 산산조각이 났다고 여긴 듯했다. 이 부분은 개츠비가 품었던 꿈이 앞으로 데이지라는 현실 앞에서 무참히 깨뜨려질 것임을 전조한다.

개츠비의 꿈이나 환상을 상징하는 또 하나의 이미지는 달빛이다. 개츠비가 데이지에게 키스하자 그녀는 꽃으로 피어올라 개츠비의 꿈을 구현하는 "화신"(135)이 되는데 이때 배경을 이루는 것이 달빛이다. 달빛 아래에서는 모든 것이 희미해지는데 이는 보는 사람들로 하여금 무한한 공상에 빠지게 한다. 달빛으로 조성된 꿈꾸는 듯한 몽롱한 분위기는 개츠비의 환상에 잘 어울린다. 달은 빛을 반사할 뿐 스스로 빛나지는 못한다는 점에서 달빛은 개츠비가 꾸는 꿈의 환상적이고 비현실적인 면을 나타낸다.

녹색 불빛으로 상징되는 '미국의 꿈'과 대조되게도 '미국의 악몽'을 상징하는 이미지는 "재의 계곡"(Valley of Ashes)이다. "재의 계곡"은 웨스트 에그와 뉴욕 시 사이의 중간 지대로서 타락하고 황량한 사회의 실상을 적나라하게 집약적으로 보여주는 곳이다. 산업화의 폐기물과 먼지로 뒤덮인 쓰레기장 같은 이 장소는 먼 옛날 네덜란드 선원들이 보았던 "신선한 녹색의"(216) 아메리카 대륙의 모습과 극단적으로 대조된다. 현대 산업문명사회는 끝없는 물질적 욕망을 충족시키기 위해 수많은 쓰레기를 소비해서 폐기하는 가운데 세상을 '재의 계곡'으로 바꾸어 놓고 있다는 의미를 시사한다. "재의 계곡"은 현대 사회의 메마

름과 황량함 그리고 불모성을 주제로 한 엘리엇(T. S. Eliot)의 시 『황무지』(*The Waste Land*, 1922)를 연상시킨다.

"재의 계곡"에 사는 노동자 윌슨(Wilson)의 "잿빛 먼지로 뒤덮인"(32) 얼굴로 상징되는 희망 없는 삶과, 무료함을 느낄 만큼 과도하게 풍요로운 톰과 데이지의 삶 및 개츠비 집에서의 지나치게 화려한 파티의 극단적인 대비에서 당시 미국 사회의 양극화된 상황이 적나라하게 재현된다. 1차 대전 이후인 1920년대에 미국은 급속한 경제적 활황기를 맞았지만 소득의 격차가 매우 크게 벌어졌다. 그런데 "재의 계곡"은 하층민들의 고된 노동의 현장에 그치지 않고, 상류층의 부도덕한 쾌락 추구와 그 파국이 벌어지는 현장이자 뉴욕에 가려면 계층에 관계없이 모든 사람들이 반드시 거쳐야만 하는 장소이다. 이 사실은 상류계층과 하류계층을 포함한 사회 전체가 유기적으로 엮어져 있음을 생생하게 보여준다. "재의 계곡"은 "미국 그 자체의 소우주"(Moyer 275)인 것이다.

"쓰레기 하치장"(30)인 "재의 계곡"은 속이 텅 비어 있는 재가 산마루, 언덕, 정원, 집, 굴뚝, 잿빛 사람 등 여러 가지 형상을 기괴하게 재현하는 환상적인 곳이다. 이는 실체가 없이 속이 텅 비어 있는 재가 실재인양 가장하고 행세할 수 있다는 의미를 함축하면서 '외양과 실재의 괴리' 및 이로 인한 혼돈이라는 이 소설의 주제와 연관된다. 급격한 산업화를 이룬 현대 사회가 번지르르한 외양과는 달리 실제 내면에서는 공허감과 혼돈 속에 황폐화되고 있음이 시사되는 것이다.

"재의 계곡"의 세계가 상징적으로 함축하고 있는 혼돈 및 공허감은 톰과 데이지의 내면 상황이기도 하다. 톰과 데이지의 외양은 우아하고 화려하지만 그 내면 세계는 "재의 계곡"과 흡사하다는 점에서 "재의 계곡"은 그들 내면세계의 객관적 상관물이라 할 수 있다. 실제 거주자인 윌슨 부부 뿐 아니라 최상류 계층인 톰과 데이지도 실제로는 이곳의 거주자인 것이다. 이로써 1920년대 뉴욕으로 대표되는 화려하고 풍요로운 물질문명 사회가 실상은 더러운 먼지와 잿더미로 가득한 "황무지"(31)에 불과하다는 사실이 시사된다.

T. J. 에클버그(Eckelberg)라는 한 안과의사가 "재의 계곡"에 세워 놓은 얼굴은 없고 거대한 눈만 있는 광고판은 현대 물질주의 사회의 세태를 풍자하는 중요 이미지이다. 이 광고판의 눈은 환락을 쫓는 상류층의 도덕적 타락상 뿐 아니라 하층민들의 고달픈 삶까지 사회 전체를 생각에 잠긴 듯 엄숙하게 내려다본다. 진실을 알고 있는 듯한 모습을 줄곧 하고 있는 이 광고판의 눈은 머틀을 친 사고의 경위도 신처럼 내려다본다. 복수하기 위해 총을 챙기는 윌슨은 그 눈을 바라보며 신은 모든 것을 보고 있다고 중얼거린다. 하지만 실제로 이 눈은 상업 광고판에 불과하다. 윌슨은 전통적 의미에서의 신이 아닌 광고판의 눈을 신의 눈으로 간주하고 있는 것이다. 전통적인 신의 자리를 대신 차지하고 있는 듯한 광고판의 눈은 "신성에 대한 패러디"(Kelly 7)로서, 전통적인 신이 부재한 세태를 풍자한다고 할 수 있다.

다른 한편 광고판의 눈은 물질만능주의에 젖어 사는 현대인들의 삶에 적극적으로 개입하지 못한 채 그곳에서 벌어지는 비극을 단지 슬프게 바라볼 수밖에 없는 무력한 신의 모습을 상징한다고도 할 수 있다. 그 눈은 아무런 정신적 도움이나 위안을 주지 않은 채 그저 바라보고만 있기 때문이다.

이 소설에서는 색깔의 이미지도 빈번하게 사용된다. 가령 감미로운 칵테일 음악이 황금빛 돈을 연상시키는 "노란"(51) 색깔의 이미지로 표현된다. "무심코 위를 올려다보는 사람들에게 인간의 비밀을 나누어주고 있"(45)는 뉴욕 아파트 창문들의 색깔도 노란 색이다. 개츠비의 차 또한 노란 색이다. 노란색 음악이나 황금빛 도시는 황금만능주의에 젖어 있는 당대의 모습을, 개츠비가 모는 노란색 쿠페 차는 물질적인 부를 과시하면 데이지를 되찾을 수 있을 거라 착각했던 개츠비의 환상을 암시한다.

흰색은 데이지와 조던의 내면을 상징하는 색깔 이미지이다. 개츠비를 매혹시킨 젊은 시절의 데이지는 흰 색 옷을 입고 흰색 차를 모는 공주 같은 존재이다. 더러움을 잘 타는 흰색은 노동을 하지 않아도 되는 상류계층의 배타성을 함축한다. 둥둥 떠다닐 듯 하늘거리는 데이지와 조던의 흰색 옷 또한 현실에서 저 멀리 떨어져 있는 고고함을 시사한다. 더 나아가 그것은 도덕적으로 텅 비어 있는 그들의 내면세계를 상징한다.

이 밖에 인물들을 묘사할 때 쓰이는 특징적인 제스처나 외모에도 그들의 성격이나 내면 상태가 함축된다. 가령 개츠비는 핑크 색 옷을 입고 조심스럽게 언어를 선택하며 손과 발을 불안하게 움직이는 긴장한 모습, 톰은 꿈틀거리는 듯이 우람한 근육질 육체와 거만한 눈을 거칠고 도전적으로 굴리는 태도, 데이지는 반짝이며 찰랑대는 돈처럼 오르락내리락 속삭거리며 듣는 사람을 흥분시키는 목소리, 조던은 감정에 연루되지 않고 거리를 유지하면서 균형을 잡으려는 도도하고 냉소적인 자세, 머틀은 터져 나올 듯이 생동감 있는 육체와 거들먹거리는 태도, 윌슨은 공허하고 기력 없는 시선으로 소개된다.

개츠비와 데이지의 5년 만의 어색한 재회 후에 이어지는 장면은 개츠비의 엄청난 부의 과시에 적극 반응하는 데이지의 속물적인 면을 함축적으로 보여준다. 개츠비의 웅장하고 화려한 집에서 값진 물건들을 확인한 데이지의 기분은 크게 고양된다. 그 기분은 개츠비가 수북이 쌓인 화려한 셔츠를 하나씩 공중으로 집어던질 때 절정에 달한다. 데이지는 그처럼 아름다운 셔츠를 본 적이 없어 슬프다면서 갑자기 울음을 터뜨리기 시작한다. 데이지가 개츠비의 셔츠에 이러한 반응을 보인 것은 개츠비가 아닌 그가 소유한 상품 더미에 더 많은 관심을 갖고 있음을 드러낸다. 데이지는 개츠비의 변치 않은 진정한 사랑보다는 그가 가진 엄청난 부에 더 감동한 것이다. 그렇기에 개츠비가 밀매로 돈을 번 졸부에 불과하다는 톰의 폭로는 개츠비의 부나 개츠비라는 인물에 대해 데이지가 품었던 환상을 단숨에 허물어버린다.

자동차와 운전 이미지는 그 소유자들의 도덕성의 수준을 함축하는 은유로 사용된다. 닉의 고전적인 구식 차는 전통적인 가치를 수호하려는 그의 도덕성을 나타낸다. 과시를 위한 듯 사치스러운 개츠비의 차는 그의 이상주의가 겉만 번지르르한 저속함으로 변질되었음을 시사한다. 데이지와 조던으로 대표되는 나쁜 운전자의 은유 또한 도덕성의 정도를 암시한다. 데이지는 머틀을 친 차 사고를 내고도 책임지려 하지 않는다. 조던은 부주의한 운전을 무용담쯤으로 여긴다. 조던 베이커의 이름이 1920년대 두 개의 자동차 브랜드의 이름을 결합시킨 것이라는 점에서 그녀의 운전 습관은 당대 부자들의 부도덕한 자동차 문화를 상징한다고 할 수 있다. 반복되는 나쁜 운전자의 모티브는 데이지, 조던을 포함한 부자들의 무책임성과 무심함을 드러낸다.

거주지의 상징성은 상류층의 가치관을 보여주는 이스트 에그, 신흥 부자들의 생활 태도를 드러내는 웨스트 에그, 미국 전체의 소우주라고 할 수 있는 "재의 계곡" 뿐만 아니라 미국 전역으로도 확대된다. 뉴욕으로 대표되는 동부는 도덕적 타락과 냉소주의, 미네소타와 같은 중서부를 포함한 서부는 전통적인 사회 가치 및 이상과 연관된다. 닉이 결국 고향인 중서부로 돌아오는 것은 보다 도덕적이고 견고한 가치로의 회귀이다.

더위와 열기 등의 날씨도 상징적인 의미를 함축한다. 개츠비와 톰의 갈등이 최고도에 이르러 결국 파국으로 치닫게 되는 7장에는 숨이 막힐 듯한 더위와 열기가 수차례 반복적으로 언급된다. 이글거리는 태양, 무자비하게 쏟아지는 더위, 푹푹 찌는, 지글지글 끓는, 꽉 눌려있던 열기 등의 언급이 그 예이다. 여기에 기차 교환원의 "아휴 더워! 더워! 너무 더워!"(139)라는 외침이 더해진다. 이처럼 엄청난 더위는 제정신을 못 차릴 정도로 사람들을 혼란스럽고 불안하게 만든다. 더위와 열기에 비례해서 인물들 사이의 팽팽한 긴장감이 금방이라도 터져 나올 것 같은 위기감이 조성된다. 억눌린 채 부글부글 끓다가 이내 폭발할 것 같은 갈등 상황에서 데이지는 안절부절 못하고 톰과 개츠비는 한 치도 물러설 수 없는 정면 대결을 벌인다. 이처럼 인물들 사이의 폭발 일보 직전의 대립 상황에 상응하는 기후가 자연스러운 배경을 이루면서 그 효과를 극대화한다.

『위대한 개츠비』는 이상에서 확인했듯이 이미지와 상징이 풍성한 소설이다. 주요 이미지는 반복적으로 나타나 작품 전체에 유기적인 의미망을 구축하면서 주제를 뒷받침하고 작품의 깊이를 더한다. 이와 함께 풍부한 의미가 담겨 있는 단어와 구절로 인해 마치 함축적인 한 편의 시와 같다는 느낌을 준다. 『위대한 개츠비』가 길지 않은 분량임에도 불구하고 끊임없이 연상을 일으키고 생각거리를 제공해주는 알찬 소설인 것은 이 때문이라고 할 수 있다.

III. 평가와 의의

『위대한 개츠비』는 제 1차 세계대전 직후 광란의 재즈 시대를 배경으로 미국 사회의 가치관 및 그 전반에 근본적인 의문을 제기한 작품이다. 피츠제럴드는 낭만적 이상주의자이자 냉철한 도덕가로서, 재즈 시대를 대표하는 화려하고 흥청망청한 삶을 살기도 했고 다른 한편 거기에 극심한 환멸을 겪기도 했다. 그렇기에 이 시대에 대한 피츠제럴드의 성찰과 비판은 생생하고 설득력 있게 전달될 수 있게 된다. 여기에 예술적인 형상화가 더해졌기 때문에 이 소설은 20세기 가장 위대한 미국 소설 중의 하나로 평가받고 있다. 엘리엇은 이 작품이 "헨리 제임스(Henry James) 이후 미국 소설이 내디딘 첫 걸음"(Kazin 93-94 재인용)이라고 극찬을 하기도 했다.

피츠제럴드는 개츠비의 정체성에 대한 꿈이나 데이지를 향한 그의 꿈의 본질 및 성격, 그리고 그녀를 되찾으려는 꿈에 함축된 의미를 탐색한다. 데이지를 향한 개츠비의 꿈은 미국의 꿈에 내포된 문제 즉 실재와 환상 사이의 괴리, 그리고 더 나아가 보편적인 인간 삶의 통찰에까지 이어지면서 그 의미가 확장된다. 이와 함께 피츠제럴드는 '개츠비 꿈의 붕괴'를 '변질된 미국의 꿈'과 연관 짓는다. 개츠비의 이상주의는 물질주의를 그 수단으로 삼았고 그렇기에 변질되고 타락한다. 신대륙 미국에 건너왔던 청교도들이 가슴에 품었던 미국의 꿈이 물질주의와 손을 잡으면서 점점 변질되고 타락할 수밖에 없었던 것과 같다. 이렇게 피츠제럴드는 '미국의 꿈'을 미국 건국부터의 역사라는 큰 맥락 속에서 반성해보도록 인도한다. 개츠비의 실패가 단지 한 개인의 실패가 아니라 미국의 꿈의 실패로 보이게 만듦으로써 개츠비의 인생이 미국 사회라는 큰 틀 속에서 어떤 의미를 지니고 있는지를 살펴보는 것이다.

『위대한 개츠비』의 의미는 여기에 머무르지 않는다. 현대의 독자로 하여금 자신이 살고 있는 '지금, 현재'를 되돌아보고 성찰하게 한다. 1920년대에 부상한 문제, 즉 과도한 물질의 추구와 이로 이한 공허감과 불안, 그리고 왜곡된 열망으로 초래된 비극 등의 문제가 현재까지도 이어지고 있기 때문이다. 이 작품이 갖는 시의성과 현재성은 여기에 있다.

Endnotes

1 '재즈 시대'는 피츠제럴드가 1920년대를 지칭하기 위해 직접 만든 용어이다.

2 F. Scott. Fitzgerald, *The Great Gatsby* (1925; rpt. 서울 : 경문사, 2010), 120-21. 이후 소설의 본문 인용은 이 책에 의거하며 면수만 표기한다.

3 헤이즈(Hays)는 개츠비의 비극이 부분적으로는 "계층 없는 사회"(classless society)라는 미국의 신화 즉 그가 부를 쌓으면 세습부자인 톰과 동등해지리라는 순진한 믿음에 있었다고 본다. 217.

4 이에 대한 본격적인 논의는 졸고 「'위대한' 개츠비로의 자리매김」, 『미국소설과 서술기법』 (서울: 신아사, 2014) 참고.

5 톰이 완전히 신체적인 묘사를 통해 소개되는 반면, 개츠비는 색깔과 빛으로 전달되는 인상을 통해 소개된다. Fegley 130.

인용문헌

Doherty, Thomas. "The Great Gatsby." *Cineaste* 38.4 (2013): 45-47.

Fegley, Jonathan P. "If I couldn't Be Perfect I Wouldn't Be Anything: Teaching Becoming and Being in *The Great Gatsby*." *Approaches to Teaching Fitzgerald's The Great Gatsby*. Eds. Jackson R. Bryer, and Nancy P. VanArsdale. New York:

The Modern Language Association of America, 2009. 126-38.

Fitzgerald, F. Scott. *The Great Gatsby*. 1925; rpt. 서울 : 경문사, 2010.

Hays, Peter. "Class Differences in Fitzgerald's Works." *F. Scott Fitzgerald in Context*. Ed. Bryant Mangum. New York: Cambridge UP, 2013. 215-23.

Kazin, Alfred. ed. *F. Scott Fitzgerald: The Man and His Work*. New York: Collier Books, 1962.

Kelly, David. "The Lyricism of Nick Carraway." *Sydney Studies in English 25* (1999): 1-15.

Lehan, Richard. "Seeing and Misseeing: Narrative Unfolding." *The Great Gatsby: The Limits of Wonder*. Boston: Twayne Publishers, 1990. 111-24.

Mizener, Arthur. "F. Scott Fitzgerald: The Poet of Borrowed Time." *Critiques and Essays on Modern Fiction, 1920-1951*. Ed. John W. Aldridge. New York: Ronald, 1952. 286-302.

Moyer, Kermit W. "*The Great Gatsby*: Fitzgerald's Meditation on American History." *F. Scott Fitzgerald's The Great Gatsby: A Documentary Volume*. Ed. Matthew J. Bruccoli. Detroit: A Bruccoli Clark Layman Book, 2000. 271-78.

출처 : 이 글은 저자의 「'위대한' 개츠비를 위한 서술기법」 (『근대영미소설』 19권 1호 (2012): 5-32), 「『위대한 개츠비』(*The Great Gatsby*)의 현대적 각색: 변용의 양상과 그 의미」 (『근대영미소설』 25권 1호 (2018): 5-27)를 참고하되, 대폭 수정하고 내용을 새로 첨가하여 보완했다.

플래너리 오코너와 『착한 사람은 찾기 어렵다』

최인순

I. 작가와 작품세계

"가톨릭교도가 아니라면 글을 쓸 이유가 없다"(*The Habit of Being* 114, 이하 *HB*)라며 문학과 가톨릭 신앙의 불가분한 관계를 천명한 플래너리 오코너(Mary Flannery O'Connor, 1925-1964)는 미국 남부 조지아주 서배너에서 아일랜드계의 독실한 가톨릭 가정에서 태어나, 39세 되던 1964년 불치의 유전병인 홍반성 낭창(lupus)으로 타계할 때까지 2편의 장편소설과 32편의 단편소설을 남겼다. 그녀의 때 이른 죽음에 대해 오우츠(Joyce Carol Oates)는 "현 시대의 가장 위대한 종교적 작가들 중 한 사람의 생애의 끝"(144)이라고 애도하며 안타까움을 표현하였다.

오코너는 자신의 문학에 대한 종교적 해석을 담은 수많은 에세이와 서한문 등을 통하여 가톨릭 작가로서의 입장을 거듭 밝힌다.『신비와 풍속』(*Mystery and Manners,* 이하 *MM*)에 실린 에세이들의 제목들(「교회와 소설」,「소설가와 신앙인」,「가톨릭 소설가와 독자들」,「개신교 남부의 가톨릭 소설가」)만 보아도 문학과 종교의 상관관계에 대하여 그녀가 얼마나 고심하였는지 엿볼 수 있다. "기독교 교리의 믿음이 작가에게 장애가 된다"(*MM*, 31)고 주장하며 그녀의 예술성에 회의를 품는 비평가들을 향하여 "나는 가톨릭 신자이기 때문에 예술가가 될 수밖에 없다"(*MM*, 146)라고 역으로 반박하며, 자신의 기독교적 가치관과 예술은 결코 분리될 수 없음을 강조한다. 자칭 "예술지상주의에 대한 불신자"로서, 이른바 "두 세트의 눈들 (작가의 눈과 교회의 눈) 사이의 갈등"(*MM*, 180)으로부터 자신의 가톨릭 신앙과 예술적 미학의 조화를 이루고자 한 것은 오코너가 스스로에게 부여한 종교적 작가로서 평생에 걸친 숙명적 과제였을 것이다.

이른바 성서 지대(Bible Belt)라고 일컬어질 정도로 개신교 근본주의가 맹위를 떨치는 미국 남부에서 가톨릭 신자이자 작가라는 특수한 정체성을 표방하며, 짧은 생을 병마와 싸우며 치열하게 살았던 오코너에게 죽음과 구원의 종교적 주제는 고갈되지 않는 문학적 상상력의 원천이 되었다. 그녀가 "그 어떤 미국 작가보다 더 깊은 혈연감을 느낀다"(*HB*, 457)고 지목한 작가는 바로 19세기 뉴잉글랜드의 퓨리턴, 나다니엘 호손(Nathaniel Hawthorne, 1804-1864)이다. "오코너에 미친 호손의 영향은 주로 기술적이었다"(Driskell & Brittain, 16)는 일부 비평가들의 주장과는 달리, 시대적, 지역적, 종교적으로 너무나 동떨어진 이들을 잇는 연결고리는 그들의 문학적 상상력에 깊숙이 뿌리내리고 있는 추락과 구원의 오랜 기독교적 주제이다. 자칭 "호손의 후예"(*HB*, 407)인 오코너는 자신의 문학적 조상인 호손과 함께 인간 내면의 '어두운 동굴'을 직시하고, 추락한 인간의 타고난 사악함과 그로 인하여 타락한 세상의 묘사를 일관된 작품 소재로 다룬다. 도덕적으로 예정된 세상에서 한없이 나빠지고, 한없이 커지는 죄의 사이클을 관조하는 호손의 암울한 캘빈주의적 비전과는 대조적으로, 가톨릭 작가 오코너는 구제될 수 없는 죄를 필연적으로 저지르도록 "미리 예정된 세상에서의 문학은 불가능함"(*HB*, 489)을 천명한다.

오코너 문학은 "신의 노여움에도 불구하고 자유의지에 의해"(*MM*, 192) 결연히 죄를 짓고 떨어진 추락의 깊이만큼 비상하여 가톨릭 신앙의 펠릭스 쿨파(felix culpa)의 기적을 몸소 실행하는 인물들을 주인공으로 내세워, "신성한 죄인의 전통"(Stephens, 223)을 구축한다. 첫 장편 『현명한 피』(*Wise Blood*)의 주인공 헤이즐 모츠(Hazel Motes)를 선두로 하여 미스핏(Misfit), 맨리 포인터(Manley Pointer), 루퍼스 존슨(Lufus Johnson), 그리고 마지막 장편인 『난폭한 자가 지고 가리라』(*The*

Violent will Bear It Away)의 타워터(Tarwater)에 이르기까지 소위 "신성한 죄인"들의 계보를 오코너의 전 작품세계를 통하여 추적할 수 있다.

오코너의 작가로서의 생애는 조지아 여자대학을 졸업한 1945년부터 생을 마감하는 1964년까지 주요 작품을 중심으로 대략 다음의 네 단계로 구분할 수 있다.

1단계 : 조지아 여자대학 학사학위 (1945, 영어와 사회과학 전공)
아이오와 대학원 석사학위 (1947, 문예창작 전공)
뉴욕 주 사라토가 스프링스 소재 예술가 공동체 야도(Yaddo),
코네티컷 주 리지필드의 로버트 피츠제럴드 부부의 집에 체류
석사학위집에 포함된 6편의 단편소설 중 「제라늄」("The Geranium") 발표 (1946)
『현명한 피』(Wise Blood) 초고 작업
Nathaniel Hawthorne, Edgar Allan Poe, Nathanael West 등의 문학적 영향

2단계 : 루푸스 진단 뒤, 조지아 주 밀지빌(Milledgeville) 소재 안달루시아 농장 이주 『현명한 피』(1952)
풍자, 블랙 유머, 그로테스크 등 고딕 요소가 지배적인 시기.
Jacques Maritain 의 영향

3단계 : 『착한 사람은 찾기 어렵다』(*A Good Man is Hard to Find*) (1955)
『난폭한 자가 지고 가리라』(The Violent Bear It Away) (1960)
가톨릭 신비주의에 몰입
Friedrich von Hügel, Thomist 학파의 영향

4단계 : 『오르는 것은 모두 모인다』(*Everything that Rises Must Converge*) (1965)
진화론적 우주관으로 문학적 상상력의 도약

Pierre Teilhard de Chardin, Dostoevski의 영향

사후 편집저작물 : *Mystery and Manners: Occasional Prose* (1969)
Flannery O'Connor: The Complete Stories (1971)
The Habit of Being: Letters of Flannery O'Connor (1979)
The Presence of Grace: and Other Book Reviews (1983)
Flannery O'Connor: Collected Works (1988)
Flannery O'Connor: The Cartoons (2012)
A Prayer Journal (2013)

II. 『착한 사람은 찾기 어렵다』 읽기

1. 서론: 오코너의 악마

엘리엇(T. S. Eliot)은 보들레르에 관한 에세이에서 악과 선의 행위를 인간 존재의 기본 조건으로 제시하고 있다: "인간으로 있는 한, 우리가 행하는 것은 악하거나 착한 것이다; 악하거나 착한 행위를 하는 한 우리는 인간적인 것이다; 그리고, 모순되게도, 아무것도 하지 않는 것보다는 악을 행하는 편이 낫다; 최소한 우리는 존재하기 때문이다. 인간의 영광은 구원을 받아들일 수용력에 있다는 것은 진실이다; 또한 인간의 영광은 저주를 향한 수용력이라고 말하는 것 또한 진실이다" ("Baudelaire," 373). 악을 행하는 것이 아무것도 하지 않는 것보다 차라리 존재론적 우위라는 엘리엇의 모순된 주장은 선과 악의 주제를 절대

적인 문학적 관심사와 주제로 다루고 있는 플래너리 오코너의 작품 세계로 들어가는 입구로 우리를 인도한다.

첫 단편집의 표제, 『착한 사람은 찾기 어렵다』(*A Good Man is Hard to Find*)가 시사하듯이 착한 사람은 찾기 어려운 반면, 악한 이들로 가득 찬 이 세상을 "악마가 지배하는 영역"이라 정의하며(*MM, 116*), "악마의 가장 큰 흉계는, 보들레르의 말대로, 악마가 존재하지 않는다고 우리를 확신시키는 것"이라고 경고한다(*MM*, 112). 오코너는 "자신의 악마에 대한 감각은 강렬하며"(*HB*, 92), "악마는 악마로서 인정하고, 단순히 이러저러한 심리적 성향으로 받아들이지 말 것"(*HB*, 360)을 촉구한다. 오코너의 악마는 "이름과 역사와 구체적인 계획까지 가지고 있는" 실존적 존재로서 하나님의 적대자 사탄임을 분명히 하고 있다: "그의 이름은 루시퍼이다, 그는 추방된 천사이다, 그의 죄는 자만심이며, 그의 목적은 하나님의 계획을 파괴하는 것이다"(*HB,* 456).

오코너가 "신이 부재한 현실에 대한 소위 그녀의 진실한 (혹은 정확한) 비전이라 부를 수 있는 것에 대한 풍자의 도구로써 악마의 목소리를 사용"한다는 존 호크스(John Hawkes)의 주장에 대해, 자신의 악마에 대한 견해는 호크스의 생각과는 사뭇 다르다고 피력한다: "그[호크스]의 악마는 모든 좋은 문학을 책임지는 완벽한 문학적 정신이다. … 그는 좋은 친구이고 그와 여러 번 논의했으나 소용없었다"(*HB*, 507). 호크스와 그의 추종자들이 주장하는 결정론적 허무주의의 문학적 대변인이자 문학적 정신으로써의 악마와는 달리, 오코너의 악마는 "단순한 비유나 문학적 기질"이 아니라, 실제로 존재하는 하나님의 적대자, 사탄으로 이해하고 수용하기를 작가는 재차 촉구한다.

오코너의 악마관을 비롯한 확고한 종교적 신념에 비추어 그녀의 작품 세계를 이해하려는 시도에 반발하는 비평가들의 다양한 부정적 견해에도 불구하고, 작가의 신학적 관점과 예술의 분리는 가능하지 않을 뿐더러 바람직하지도 않을 것이다. 이에 대한 작가의 입장은 실로 명확하고 단호하여 두 번째이자 마지막 장편 소설『난폭한 자가 지고 가리라』는 "오직 종교적인 용어로서만 이해할 수 있다"고 단언한다("An Interview with Flannery O'Connor" *Censer* 1960, 이하 인터뷰). 이러한 작가의 주장은 그녀의 전반적 작품세계에 일관되게 적용될 수 있을 것이다. 오코너는 자신의 의도와 상충할지도 모르는 독자의 반응에 대한 불편한 심경을 토로하면서, 수많은 에세이와 서한문, 강의 등을 통하여 자신의 작품들에 대한 종교적 해석과 함께 가톨릭 작가로서의 자신의 입장을 거듭 밝힌다. 따라서 "이야기의 화자가 아닌, 이야기를 믿으라"고 경고한 로렌스(D. H. Lawrence)의 유명한 금언에도 불구하고, 신학적 맥락 안에서 오코너 읽기는 그녀가 구현하고자 하는 소위 "부가적 차원의 실재"(*MM,* 150)와 "어떤 인간적 공식으로도 설명할 수 없는 신비의 관념"(*MM*, 153)으로의 접근을 가능하게 할 것이다.

따라서 본 강의는 오코너의 작품 곳곳에서 출몰하는 악마를 보았을 때 독자가 그를 알아차릴 수 있도록 하는 기본 역할에 충실할 것이다. 로렌스가 "비평가의 정당한 기능은 이야기를 창조한 예술가로부터 이야기를 구하는 일"이라고 역설한 것에 반하여, 본 강의는 스스로를 가톨릭 작가라고 지칭한 오코너가 자신의 작품과 관련하여 남긴 수많은 종교적 관점의 작품 해설에 대해 비판적이고 부정적인 비평가들로부터 그녀의 작품세계를 구하는 일에 치중할 것이다. 그녀는 소설가의 책무에 대해 "소설가는 다만 우리의 부서진 상태와 그것을 통해 우리를 사로잡는 악마의 얼굴을 비추는 일을 할 뿐"이고, 그것이 소설가의 "겸허하지만 어쩌면 필연적인 업적"이라고 피력하고 있다(*MM*, 168). 오코너의 가톨릭 종교관에 비친 악마의 얼굴을 자세히 들여다보고, 악마가 벌이는 "위선 뚫기"의 작업을 통하여 스스로 은총의 "본의 아닌 도구"(the unwilling instrument of grace)가 되어가는 치열한 과정을『착한 사람은 찾기 어렵다』에 수록된 10 편의 단편소설들을 중심으로 추적하기로 한다.

2. 악마의 "위선 뚫기"

오코너의 악마는 신이 부재한 세상을 지배하는 실재하는 존재로서 그녀의 거의 전 작품들에 등장하며, 때로는 노골적으로 때로는 은밀하게 그 가공할 모습을 다양한 형태로 위장하고 착한 사람을 찾기 어려운 이 세상을 배회한다. 악마의 배회의 목적인 소위 "위선 뚫기(piercing pretensions)"(*HB*, 443)의 행태는 파멸이나 죽음 같은 끔찍한 결과를 가져오지만, 오코너의 묵시록적 비전(anagogical vision)에 비추어볼 때 시간이 정지되는 죽음의 순간은 주인공들이 가장 온전한 자신을 만나는 찰나의 순간이자 동시에 그들의 진정한 휴머니티가 시작되는, 이른바 은총의 시점이 된다. 따라서 "그리스도의 왕국"을 찾아 "파라다이스"라는 아이러니한 이름의 악마를 뿌리치고 강으로 뛰어든「강」("The River")의 어린 주인공 해리(Harry)의 익사와 같이 독자의 분개를 불러일으키기 충분한 어처구니없는 죽음 또한 오코너에게는 인터뷰에서 밝힌 바와 같이 "좋은 결말"인 것이다. "악마는 자아발견에 이르는 대부분의 레슨을 가르친다"(*HB*, 439)는 작가의 주장대로 폭력적인 극한 상황으로 치닫는 악마의 "위선 뚫기"는 자아발견의 결정적 기폭제가 된다. 오코너에게 "폭력은 결코 그 자체로써 목적이 아니다. 우리의 본질을 가장 잘 드러내는 것은 바로 극한 상황인 것이다"(*MM*, 113).

의심의 여지없이 확고한 선함과 지적, 물질적 우월감에 사로잡혀 자아도취에 빠진 다양한 인물들과 그들의 "위선 뚫기"를 목표로 배회하는 악마의 운명적 조우는 오코너 서사의 중심 뼈대가 된다. 피상적인 합리주의나 이성에 대한 맹신으로 인하여 불가지한 영역과 존재를 철저히 부인하면서, 토지소유권이나 박사학위와 같은 세상적인 잣대로 자신의 절대적 우월감을 확신하고 자기중심적인 이기적 영역의 빗장을 굳건히 걸어 잠근 이들이야말로, 집어삼킬 대상을 찾아 배회하는 악마의 침입을 받게 될 확실한 후보자들이다. 신비한 침입자인 오코너의 악마는 자기만족과 오만에 빠져있는 이들의 유아독존적 영역에 교묘한 방식으로 침입한 후, 엄청난 파괴력으로 그들을 죽음에 이르게 하거나, 그들의 가장 소중한 소유물을 강탈하고 유유히 사라진다. 지적 우월의식으로 단단히 무장하고 자신의 신체적 열패감을 억누르고 사는 「착한 시골 사람들」("Good Country People")의 노처녀 헐가 호프웰 박사(Hulga Hopewell)와 시골뜨기 성경 외판원 맨리 포인터(Manley Pointer), 근거 없는 귀부인 우월의식에 빠진 「착한 사람은 찾기 어렵다」("A Good Man is Hard to Find")의 할머니와 연쇄 살인범 미스핏(Misfit), 쓰러져가는 농장의 소유권을 이용해 백치 딸의 남편감을 찾고자하는 「당신이 구하는 생명은 당신 자신일지도」("The Life You Save May be Your Own")의 크레이터 부인(Mrs. Crater)과 외팔이 부랑자 쉬프트릿(Shiftlet), 이들 각자의 만남은 자아도취적 위선자와 악마의 치명적 조우의 대표적 실례가 될 것이다.

비록 오코너는 "미스핏과 악마를 동일시하고 싶지 않다"(*MM*, 112)고 하였으나, 뚜렷한 이유 없이 갓난아기를 포함한 다섯 명의 일가족을 총살하고 마지막 남은 할머니마저 살해하기 직전의 미스핏에게서 우리는 분명 악마의 "으르렁거리는 소리"(snarl)를 듣는다: "남겨진 몇

분을 최선을 다해서 즐기는 것 말고는 할 일이 없어… 누군가를 죽이거나 그의 집을 태워 없애거나 다른 야비한 짓을 하면서 말이지. 즐거움은 없고 야비함만 있을 뿐이야"(28).[1] 일가족 전원 몰살이 완료된 직후, 살인마 미스핏은 인생에 진정한 즐거움이란 없다는 파괴적 메시지를 던짐으로써 충격에 사로잡힌 독자를 향하여 최후의 일격을 가한다: "닥쳐… 인생에 진짜 즐거움은 없는 거야"(29). 살인도 방화도 즐거움이 아닌 오로지 야비함 그 자체를 위하여 행한다는 미스핏은 이유 없이 저지르는 순전한 악행으로 인하여 오코너의 "악마의 등급"(hierarchy of devils)(*HB,* 443)의 가장 윗자리에 올라갈 악마임에 틀림없을 것이다.

한편 "그의 내면의 어느 것도 악마에 저항하지 않는다는 이유"(*HB*, 367)로 작가가 악마라고 규정한 쉬프트릿은 "불쌍한 불구에다 친구도 없는 떠돌이"라는 자신의 약점을 이용하여 백치 딸에겐 남편을, 다 쓰러져가는 농장에는 일꾼을 취하려하는 크레이터 부인의 세상적 욕심을 사기행각의 기회로 삼는다. "불 때문에 잠이 깬 지친 뱀의 미소"를 머금은 뱀 같은 이 사기꾼은 "하나님의 천사"인 백치소녀 루시넬(Lucynell)을 범하고 그녀를 신혼여행 길에 버린다. 평생 소망하던 자동차를 갈취하여 길을 떠나지만, 즐거움은 없고 야비함만 남은 미스핏과 마찬가지로 그 또한 "홀로 운전하고 가면서 어느 때보다 심한 우울감에 사로잡힌다"(66). 그의 "카인의 징표"가 "구원의 빗물"로 말미암아 깨끗이 씻겨나갈 것이라 주장하며 그를 "가능성의 인물"이라 지칭한 헤가티(Charles Hegarty, 37)의 견해와는 달리, "운전 조심하세요. 당신이 구하는 생명은 당신 자신의 생명일 수 있어요"(66)라는 도로 표지의 경고를 무시하고 장대 같은 빗속을 질주하는 쉬프트릿은 생명의 구원이 아닌 파괴를 초래하는 악마인 것이다.

"날뛰는 소나기" 속을 무작정 질주하는 쉬프트릿에 비해 「착한 시골 사람들」의 성경 외판원 맨리 포인터는 훨씬 자신감이 넘치는 악마이다. 그는 모든 작업이 끝난 직후 쓰러진 피해자를 향하여 "내가 어디로 갈지 나는 알아!"(195)라며 당당하게 한마디를 던진다. 그가 갈취한 다양한 "재미있는 것들"은 실제로 그가 어디로 가는지, 가는 길에 누구를 어떻게 집어삼킬지를 너무나 잘 아는 매우 유능한 떠돌이 사기꾼임을 입증한다. 오코너가 자주 인용한 베드로 전서 5장8절의 성경 구절, "근신하라, 깨어라! 너희 대적 악마가 우는 사자처럼 두루 다니며 삼킬 자를 찾나니"에 등장하는 삼킬 대상을 찾아 배회하는 "대적 악마"의 형상이 바로 성경외판원 맨리 포인터인 것이다. "너무나 성실하고, 너무나 순수하고 진지한" 외판원의 촌스럽고 천진한 외모와 태도는 상대방으로 하여금 단단히 걸어 잠근 자아의 빗장을 스스로 열어 무장해제하게 하는 효과적인 수단이 된다. 익명의 한 여성이 의안을 내놨듯이, 자신을 철저한 이성의 소유자라고 믿는 헐가 호프웰 박사마저 "진짜 순수함"의 화신이라 믿어 의심치 않는 포인터와 함께 평생 의족을 탈부착하는 사랑의 게임을 하리라는 유아적인 꿈에 빠져 자신의 가장 은밀한 소유물인 의족을 내놓는다. 문제는 "나는 가는 곳마다 다른 이름을 사용하고 한 장소에 오래 머물지 않아"(195)라며 먹잇감을 찾아 헤매는 악마적 속성을 자랑하는 그를 결코 잡을 수 없다는 것이다. 결국 오코너의 악마는 "해결되어야 할 문제가 아니라 견뎌야 할 신비"(*HB*, 443)의 존재이기 때문이다.

할머니와 일가족 전체의 목숨을, 크레이터 부인의 자동차와 외동딸을, 헐가의 의족을 삼키고도 여전히 허기진 악마의 배를 채울 대상자들의 공통적 특징을 살펴보기로 한다. 삼킬 대상을 찾아 배회하는 악마의 전형적 표적물은 그들이 소유한 세상적 소유물, 예컨대 학위나

토지소유권 등의 잣대로 타인과의 비교 평가에서 스스로를 우위에 올려놓고 독선적 자기만족과 우월감에 사로잡힌 인물들이다. 그들 중 고등교육을 받은 헐가 호프웰이나 『난폭한 자가 지고 가리라』의 레이버(Rayber)와 같은 인물들은 지적 진보주의와 합리주의를 표방하며 종교적 신념에 대한 경멸과 냉소로 일관한다. 또한 별다른 교육을 안 받은 할머니, 크레이터 부인, 「난민」("The Displaced Person")의 메킨타이어 부인(Mrs. McInyre), 「원형의 불」("The Circle in the Fire")의 코프 부인(Mrs. Cope) 등은 물질적인 소유와 체면을 지키기 위하여 부단한 노력을 기울이며 그들이 속한 지역사회 내의 존중받는 위치를 확보하였다고 자축하는 인물들이다. 겉으로 그들은 질서와 법규를 존중하는 훌륭한 사회의 구성원으로서 대부분 낙천적 기질과 성품의 소유자이나, 이들 내면 깊숙이 감춰진 자기중심적 우월의식에서 풍기는 위선의 냄새는 "눈이 밝은 악마, 가슴 속 수심을 재는 자"(「절름발이가 먼저 들어가리라」"The Lame shall Enter First")의 본능적 후각을 자극한다.

"자신을 아는 것은, 무엇보다도, 자신이 무엇이 부족한지 아는 것이다"라는 오코너의 역설(*MM*, 35)과는 반대로, 이들 인물들은 자신이 부족한 것이 아니라 자신만이 가지고 있다고 믿는 물질적인 기준의 잣대로 허울뿐인 우월적 자아정체성을 확립한다. 이들은 소위 배운 자, 가진 자의 위치에서 그렇지 못한 이들을 내려다보며, 그들에게 이따금 은혜라도 베푸는 듯 선행을 함으로써 스스로를 "착한 사람" 이라 단정한다. 『착한 사람은 찾기 어렵다』는 "착한 사람"에 관한 이야기들이 아니라 "원죄에 관한 이야기들"(*HB*, 90)이라는 작가의 주장대로, 진정 착한 사람은 찾기 어려움에도 불구하고 대부분 등장인물들은 자신은 물론, 필요와 상황에 따라 타인을 "착한 사람"이라 호칭하는 것에 대해 일말의 망설임이 없다. 할머니는 타워라는 이름의 쓰러져가는 식당

주인 레드 새미 버츠(Red Sammy Butts) 뿐 아니라 연쇄살인범 미스핏까지 "착한 사람" 라고 지칭함으로써 필요시 그들의 환심을 사려 애쓰고, 맨리 포인터의 악마적 실체에 경악한 헐가는 "너 그냥 착한 시골사람 아니니?"라고 외치며 극한 상황의 절박한 순간에 그의 마음을 돌리려 애쓴다.

실상 오코너의 등장인물들은 선인과 악인, 혹은 죄 없는 자와 죄인과 같은 이분법적 흑백논리로 분류될 수 없을 것이다. 백치 루시넬이나 해리와 같은 어린아이를 제외한 그들 모두는 자만심, 즉 휴부리스(hubris)의 원죄로부터 자유롭지 못한 죄인임에도 불구하고 자신을 "착한 사람"이라 착각하며 자기기만과 위선의 유아독존적 세계에 스스로를 가두고 겉으로는 평범한 일상을 살아간다. "의지의 행위로 눈멈을 이루고 그것을 지키고자 하는 인물"로 묘사되는 헐가 호프웰과 같이 고집스러운 자기기만자들의 위선의 벽은 악마의 엄청난 파괴력으로 인하여 무참히 무너진다. 악마의 위선 뚫기의 작업으로 인하여 오코너의 작품세계는 이들과 악마 간의 격렬한 싸움터가 된다.

3. 악마: "은총의 본의 아닌 도구"

『착한 사람은 찾기 어렵다』의 서문으로 오코너가 선택한 예루살렘의 성 시릴(St. Cyril of Jerusalem)에서 따온 인용문을 보자: "괴물(the dragon)은 지나가는 사람들을 지켜보면서 길가에 앉아있다. 그에게 삼켜지지 않도록 조심하여라. 우리는 영혼의 아버지에게로 간다, 그러나 괴물을 지나가는 것이 필요하다." 여기서 "괴물"이 누구를 의미하는지를 파악하는 것은 어려운 일이 아닐 것이다. 그는 앞에서 밝혀진 대로, 때로는 끔찍하고 때로는 유혹적인 다양한 이름과 형태로 위장하여 삼킬 대상자를 찾아 배회하는 어둠의 악마적 힘, 즉 본고의 주제인 악마임에 틀림없다. 서문에서 예고하듯이, 『착한 사람은 찾기 어렵다』는 "영혼의 아버지"에게로 향하는 여정의 이야기들이며, 등장인물들이 여정 도중에 겪어야하는 악마와의 조우는 그들이 반드시 거쳐야하는 통과의례이다. "영혼의 아버지"의 나라는 "기독교적 확신을 가진 작가가 영원하고 절대적이라고 생각하는 참된 나라"(*MM*, 27)이며, 작가가 이야기의 등장인물들을 도달시키기 위해 고군분투하는 궁극적 목표점이 된다.

그러나 "나[오코너]는 우리가 궁극적으로 신을 향하지만, 이 여행은 감정으로 인하여 자주 지연된다"(*MM*, 27)라고 염려하듯이, 오코너의 주인공들은 하나같이 세상적 소유물에 대한 맹목적인 집착과 우월적 자만심이라는 소모적 감정 때문에 "참된 나라"(the true country)로 가는 여행을 끝까지 고집스럽게 지연하는 인물들이다. 결국 그들이 맹신하는 소유물의 파괴와 자만심의 전복이 그들의 신을 향한 여정의 선행조건이 되며, 이것은 아이러니하게도 충격적인 파괴력을 지닌 악마에게 주어진 역할인 것이다. 왜냐하면 "그들의 머리는 너무나 고집스러워서 그 어떤 다른 것도 그 일을 할 수 없기 때문이다"(*MM*, 112). 그들은 악마와의 치명적 조우의 결과로 인하여 위선적으로 부풀어진 자기정체성의 껍데기가 벗겨지고, 추악하고 보잘 것 없는 진정한 자아의 실체를 정면으로 마주하게 된다. "나 혼자서도 잘하고 있어"(「착한 사람은 찾기 어렵다」 26)라는 식의 인간의 헛된 자만심이 산산조각으로 부서지며, 신 앞에 아무 것도 아닌 자신을 발견하는 고통의 순간은 "비록 독자가 그 순간을 감지 못할지라도 은총의 존재가 느껴지는 순간"(*MM*, 118)과 일치한다.

“나의 소설의 주제는 악마가 지배하는 영역에서 은총의 작용이다”(*MM*, 118)라고 단언한 바와 같이, 가톨릭 작가 오코너에게 은총의 순간은 절대적 관심사이다. 오코너는 “자체적으로 불완전하며, 악의 경향이 있으나, 그 자신의 노력이 은총의 도움을 받을 때 구원될 수 있는”(*MM*, 197) 존재라고 인간을 정의하며, “은총은 우리를 변화시키고, 변화는 고통스럽기 때문에 모든 인간의 본성은 격렬하게 은총을 거부한다”(*HB*, 307)고 일갈한다. 악마의 파괴적 위선 뚫기의 작업으로 드러난 끔찍한 자기발견의 순간은 고통스러운 변화의 순간이며, 이는 은총의 서막으로 연결된다. 이로써 “은총이 시행되기 전에 필요한 상당한 토대”를 이루는 오코너의 악마는 “은총의 본의 아닌 도구”가 되어(*MM*, 117-8), 주인공들의 자아도취 상태의 유아독존적 영역에 침입하여 그들을 유혹하고, 파괴하고, 그리고 가르친다.

악마는 “구역에서 가장 잘 가꿔진 땅”의 소유권을 자랑하는 「원형의 불」의 코프 부인과 같은 물질주의자들에게는 “숲과 그녀도 다 하나님 거야”(145)라는 레슨을, 또한 헐가 호프웰 철학박사와 같이 지적우월감에 도취된 이들에게는 “너 그렇게 똑똑하지 않아. 난 태어나서부터 아무것도 안 믿었어”(195)라는 레슨을 최후의 일격으로 가하고 사라진다. 악마가 사라지고난 다음 모든 것을 잃고 처절하게 쓰러진 헐가의 “요동치는 얼굴”이 암시하듯이, 주인공들의 엄청난 자의식의 파괴와 고통스러운 변화, 이에 따른 은총의 예견으로 대부분의 이야기들이 끝을 맺는다. 이야기의 말미에 헐가의 흐릿한 시야에 비친 유유히 사라지는 악마의 뒷모습과 물위를 걷는 예수의 모습이 겹쳐지는 영상은 가히 오코너 특유의 아이러니의 절정이다: “그녀는 그의 푸른 형상이 초록 반점 찍힌 호수 위를 성공적으로 힘겹게 가는 것을 보았다”(195). 악마와 예수의 이미지가 중첩된 이 파격적인 영상을 통하여 은총의 전조자로서의 악마의 모습이 정면으로 부각된다. 어떤 의미에서는 헐가의 눈에 비친 구세주의 형상을 한 악마의 마지막 모습은 완전히 부조리한 것은 아닐 것이다. 헐가의 지적 우월주의의 망상을 파괴함으로써 성경외판원은 자신도 모르는 사이 그녀의 구원을 위한 은총의 기초를 깔은 것이기 때문이다.

한편, "계산된 비열함으로 가득 차서" 미쳐 날뛰며 남의 숲에 방화를 저지르는 「원형의 불」의 작은 악마들 또한 "불타는 용광로 안에서, 천사가 그들을 위해 깨끗이 치워놓은 원 안에서, 춤추는 선지자들"(154)에 아이러니하게 비유된다. 자신의 이름처럼 세상의 어떤 문제도 해결할 수 있다는 자신감에 넘치는 코프 부인(Mrs. Cope)은 너무나 놀랍게도 세상에는 자신이 해결할 수 없는 것이 있다는 것을 소년들의 악마적 파괴 행위를 통해 배운다. 앞서 헐가의 "요동치는 얼굴"처럼, 자기만족과 자만심으로 당당했던 코프 부인의 얼굴이 "어떤 누구의 얼굴도 될 수 있는 것처럼 … 새로운 비참함의 얼굴"로 변모하는 마지막 장면은 그녀가 오만으로 잃었던 인간성의 회복을 예고한다. 소년 악마들도 본의 아니게 코프 부인을 위한 은총의 기초를 닦은 것이다.

주인공이 비참한 죽음을 맞는 절체절명의 극한 상황에 은총이나 구원과 같은 단어의 대비는 실로 무색해질 수밖에 없을 것이다. 표제 스토리인 「착한 사람은 찾기 어렵다」의 충격적인 결말에 관하여, 오코너의 종교적 예술관에 대해 비교적 우호적인 입장을 견지하고 있는 비평가마저도 "목에 가시가 걸린다."(William Doxey, 10)고 어려움을 토로할 정도로, "피 웅덩이" 에 앉은 할머니의 마지막 모습에서 은총을 포착하는 것은 결코 쉬운 일이 아닐 것이다. 표제 스토리를 "신의 은총의 작용에 관한 이야기"로 적극 수용하는 또 다른 비평가 또한 "오코너가 아무리 그녀의 이야기들의 의도적 일관성을 주장하더라도, 그것들은 추론할 수 없는 불확실성과 해결할 수 없는 모순들로 가득 차 있다"고 불평한다(André Bleikasten, 59).

독시 교수의 목에 걸린 가시를 제거하기 위하여, 블레카스텐이 불평하는 "불확실성"과 "모순들"을 해결하기 위하여, 작가 자신의 작품 의도와 해설을 좀 더 자세히 살펴보기로 한다. 오코너는 물질주의적 현대사회에 대하여 "우리 시대는 거의 감지되지 않는 은총의 개입들을 볼 수 있는 날카로운 눈을 가지지 못했을 뿐더러, 그 이전과 이후에 오는 폭력의 본성에 대한 느낌을 더 이상 가지고 있지 않다"(*MM*, 112)라고 진단내린 뒤, "이야기꾼에게서 고개를 돌리지 말고" 독자의 수준을 "신비적 단계, 즉 신성한 삶과 그 안에서 우리의 참여와 관련된 단계"(*MM*, 111)로 조율할 것을 적극 조언한다. 특히 작가는 「착한 사람은 찾기 어렵다」를 정통적 기독교 세계관으로 집필하였음을 "노골적으로" 표명하면서, 독자는 여기에 "시야를 바꾸어야한다"고 역설하고 있다.

> 「착한 사람」은 정통적 기독교 세계관으로 매우 노골적으로 씌어졌다. 이런 소설을 읽기위해 얼마나 신중하게 우리의 시야를 바꾸어야하는지 거의 깨닫지 못한다고 생각한다. 그것은 현대인의 생각과 특히 감수성에는 거슬리는 세계관이다. 그것은 육신의 생명이 영혼의 생명보다 중요하지 않으며 개인의 행복은 진실의 준수와 자비의 행함의 부차적인 것이라고 보는 세계관이다. (인터뷰, Stephens 35-36 재인용)

오코너의 처방대로 죽음을 통하여 영원한 생명을 얻을 수 있다는 기독교 교리의 중심적인 패러독스와 "신비적"(anagogical) 관점을 수용하였을 때, 비로소 목의 가시를 제거하고 할머니의 끔찍한 죽음이 구원을 향한 은총의 순간이라는 작가의 주장을 받아들일 수 있을 것이다. 왜냐면 이것은 "어떤 인간적 공식으로 설명할 수 없는 신비감" (*MM*, 153)"의 영역이기 때문이다. 할머니의 최후의 순간에 대한 작가의 확고한 입장을 그녀의 서신에서 다시 찾을 수 있다.

> 대부분의 이야기에는 은총의 순간이 있다 … 할머니가 미스핏을 자기 자식들 중 하나로 인지하고 손을 뻗쳐 그를 만지려 할 때처럼. 그것은 그녀에게 은총의 순간이다 … 이 은총의 순간은 악마를 광기로 자극한다. (Martin 135, 재인용)

도대체 할머니의 무엇이 악마의 광기를 자극하였을까? 이에 대한 대답은 할머니의 마지막 웅얼거림, "아, 너는 내 아기야. 너는 내 자식이야!"(29)에서 찾을 수 있을 것이다. "가까이 다가와 울듯이 뒤틀어진 남자의 얼굴"에서 공포와 증오의 살인마가 아니라 실존적 불안과 불확실성으로 고통 받는 한 인간을 발견하는 이 결정적 순간, 할머니의 헛된 자만심으로 끊어졌던 인간 사슬의 전류가 솟구치듯 통하게 되고, 이에 마치 감전된 듯 미스핏은 분노의 총포를 할머니를 향하여 발사한다.

단편집의 표제가 시사하듯이 그토록 찾기 어려운 "착한 사람"은 어디에 있을까? "당신은 속을 들여다보고 당신이 아닌 것을 본 적이 있나요?"라는 헐가의 속 터치는 외침처럼 오만과 자기기만의 눈가리개를 쓰고 참된 자기정체성의 진실을 보지 못하는 할머니, 헐가, 코프 부인 등으로 대표되는 인간 군상 속에서 "착한 사람"을 찾기는 실로 어려울 것이다. 오코너에게 있어서 구원의 선행 조건인 선함의 기본은 추락한 죄인인 자신을 꿰뚫어보고 삶의 유한성과 인간의 나약함을 인정하는 진정한 겸허함에서 시작되기 때문이다. 자칭 "기독교적 확신을 가진 작가"인 오코너는 "본질적으로 불완전하며 악의 경향을 가진" 인간에게 구원의 가능성의 문은 열려있지만, 구원은 "그의 노력이 은총의 도움을 받았을 때" 비로소 이루어진다고 역설 한다: "가톨릭 소설은 인간이 본질적으로 불완전하며 악의 경향을 가지나, 그의 노력이 은총의 도움을 받았을 때 구원이 이루어진다고 본다"(*MM,* 196).

은총은 구원의 전제이고, "은총의 본의 아닌 도구"로써의 악마의 기능을 인정한다면 악마의 폭력은 "착한 사람" 만들기를 위하여 "견디어야 하는 신비"(*MM*, 209) 인 것이다. 오코너는 "폭력은 이상하게도 나의 인물들이 현실로 돌아가서 은총의 순간을 받아들일 준비를 할 수 있게 한다"(*MM*, 112-3)고 주장하며, 폭력과 은총의 필연적 관계를 거듭 강조한다. "사는 동안 매 분마다 그녀를 쏠 누군가가 거기 있었더라면 … 착한 여자가 되었을 거야"(29)라는 할머니를 향한 미스핏의 마지막 일갈은 작가의 이러한 입장을 고스란히 반영한다. 할머니처럼 끔찍한 폭력에 의한 죽음 정도의 치명적 경지를 경험하여야만 은총을 수용할 수 있는 "착한 사람"이 비로소 될 수 있다는 것이다. 그것도 매 분마다! 가장 추악한 범죄자를 향하여 자비와 동정의 손길을 뻗는 할머니의 행위는, 작가의 말을 빌리면, "신비와 접촉하는 제스처"(*MM,* 115)이며 그녀의 "은총의 수용"(*MM*, 118)을 의미한다. 작가는 할머니의 주검을 어린 아이와 같은 자세와 "구름 없는 하늘을 향하여 미소 지은 얼굴"로 묘사하여, 그녀의 죽음이 좋은 죽음이었음을 거듭 시사한다. 이에 살인범 미스핏 또한 "은총의 본의 아닌 도구"가 된 것이다.

4. 결론: 악마, 극적 필연성

브라우닝(Robert Browning)은 "그녀가 쓰는 모든 것의 배경을 제공하는 인간 추락의 드라마 말고는 단 하나의 오코너 스토리가 없다"고 단정한다(16). 보다 구체적으로, 단 하나의 오코너 스토리는 추락한 인간과 가공할 폭력을 휘두르는 악마와의 치명적 조우의 드라마인 것이다. 오코너 소설의 반복적인 기독교적 주제와 극적 패턴은 카하네(Claire Kahane)가 주장한대로 "신학적 관점을 가진 비평가들이 깨닫지 못하는 듯한 한계"(46)가 아니라, 작가가 자신의 종교적 비전을 극대화하기 위하여 스스로 부여한 한계인 것이다.

오코너는 "악마를 그 자체로 존재함과 동시에 작가를 위한 극적 필연성으로 인지하지 않는 분위기에서 문학은 번성할 수 없다"고 피력하며(*MM*, 117), 자신의 문학적 상상력의 중심에 악마의 존재가 극적 필연성으로써 자리하고 있음을 분명히 한다. 오코너의 가톨릭 신앙에 근거한 은총과 구원을 향한 본의 아닌 도구인 악마의 어둠의 힘은 그녀의 문학적 조상 호손이 한 세기 전에 미국의 혼으로써 간파한 "칠흑의 위대한 힘"(this great power of blackness)의 계보를 잇는다. 자신의 종교적 비전에 대해 "적대적인 청중"(*MM*, 185), 다시 말해 "은총이나 악마를 믿지 않는 청중"(*MM*, 118)을 향하여 그들이 용기를 내어 이야기꾼으로부터 고개 돌리지 말 것을 당부하는 작가의 말을 끝으로 들어 본다.

> 깊이 있는 이야기들이 항상 관심 두고 말해야 하는 것은, 괴물이 어떤 형태를 취하던 상관없이, 그것을 지나가거나 혹은 그것의 아가리 속으로 들어가는 이 신비한 통과에 관한 것이고, 이러한 이유로 이야기꾼으로부터 고개 돌리지 않는 것은 어느 때, 어느 곳이던지 상당한 용기가 필요한 것이다. (*MM*, 35)

III. 평가와 의의

“만약 현대 독자가 너무나 비기독교화(de-Christianized) 되었다면 … 이 책[*Wise Blood*]이 수용될 수 있을지 두렵다”고 작가로서의 불편한 심경을 토로하였듯이(*HB*, 361), 오코너 문학에 대한 비평가들의 수용은 발표 직후 그다지 우호적이지는 않았다. 그러나 불과 39년의 짧고 치열한 작가의 생애 내내 병마와 싸우며 전달하고자 했던 오코너적인, 너무나 오코너적인 인간의 추락과 구원의 기독교적 주제의 씨앗은 이후 고통스럽게 발아하여 오코너 특유의 종교적 작품세계를 구축한다. 인간의 본성과 죄악에 대한 예리한 통찰을 치밀한 구성과 절제된 언어로 이야기에 담아낸 오코너는 대표적 남부 고딕 작가, 혹은 가톨릭 작가라는 분류를 뛰어넘어, 해롤드 블룸(Harold Bloom)에 따르면 “헤밍웨이 이래 가장 독창적인 작가”(51)로 미국문학사에 자리매김한다.

오코너의 전 작품을 지배하는 묵직한 주제의식에도 불구하고, 기괴한 해학과 충격적 결말로 허를 찌르는 이야기 전개에 의한 전복적인 소설적 장치는 독자를 이야기 속으로 빠져들게 한다. 감정적으로 충격적이고, 지적으로 혼란스럽고, 육체적으로는 진을 빼는 오코너의 ‘잔혹도덕극’에 가까운 작품세계로 용감하게 진입한 독자는 환상의 달콤한 잠에서 벌떡 깨어나, 오코너 인물들의 그로테스크하게 뒤틀어진 얼굴에 반사된 추악한 자신의 실체와 정면으로 마주하게 된다. 그러나 오코너의 "궁극적 비전"은 악몽이 아니라, “악을 넘어서 선을 보아야하는 희망의 비전”(*MM*, 179)이다. 이것이 요절로 인한 비교적 적은 작품 분량에도 불구하고, 주요 미국문학가의 반열에 올라간 오코너 문학의 힘이다.

오코너의 단편소설들은 미국을 비롯한 각국 대학들의 미국문학 커리큘럼에 대부분 포함되어있고, 미국 대학입학자격시험(SAT) 위원회 추천도서로 지정되어, 이른바 미국문학의 고전으로써 확고한 자리매김을 하고 있다. 오코너의 모든 저작물은 사후 50년이 지난 지금까지도 재출간을 반복하고 있고, 특히 작품성을 인정받는 단편작품들은 『미국 대표 단편소설 선집』(*The Best American Short Stories*)과 『수상단편집』(*Prize Stories*)을 비롯한 주요 문학선집들에 수록되어 있다. 오코너의 문학적 성취는 학문적으로 높은 인정을 받을 뿐 아니라, 2009년 온라인 여론조사에서 전미도서상을 수상한 작품들 중 최고의 작품으로 선정되어 문학적 완성도와 더불어 대중성 또한 입증되었다. 오코너의 첫 장편소설인 『현명한 피』(*Wise Blood*)는 존 휴스톤(John Houston) 감독에 의하여 영화로 만들어졌으며, 2015년 미국 우정국은 오코너 우표를 30번 째 문예 시리즈로 발행하여 기념한 바 있다.

1971년 사후 출간된 단편 전집 *Flannery O'Connor: The Complete Stories*의 서문에 의하면, "오코너의 몇 권 안 되는 책들은 미국 문학에 길이길이 살아남을 것이다. 그녀의 작품세계는 좁다고 하겠으나, 분명하고 단단하고 생생하며, 열두 권 이상의 시집보다 더 많이 리얼한 시적 감흥을 담은 묘사와 문구와 기이한 통찰로 가득 차있다." 이듬해인 1972년, 사후 출간된 작품으로는 드물게, 오코너는 이 단편 전집으로 인하여 1957년 수상한 오 헨리 단편문학상(O. Henry Award)에 이어, 전미 도서상(The National Book Award)을 수상한다.

오늘날 그녀의 고향 조지아 소재 조지아 대학에서는 1972년 이후 학술지 플래너리 오코너 블러튼(Flannery O'Connor Bulletin)을 매년 발행하고 있고, 또한 1983년 이후 매년 우수 단편소설을 선정하여 플래너리 오코너 단편문학상(Flannery O'Connor Award for Short Fiction)을 수상하고 있다. 조지아 서배나에 있는 오코너 박물관인 플래너리 오코너 차일드후드 홈에서는 작가를 기념하는 이벤트와 강연 등을 정기적으로 개최하고 있다.

Endnotes

1 Flannery O'Connor, *A Good Man is Hard to Find* (New York: HBJ Book, 1983)에서 인용. 이후 쪽수는 본문에 표기함. 본문 인용은 우리말로 번역하여, 인용한다.

인용문헌

Bleikasten, André. "Beginnings and Endings in Flannery O'Connor." *Mississippi Quarterly* 59 (2005): 177-86.

Bloom, Harold. *How to Read and Why*. New York: Scribner, 2001.

Browning, Preston M. *Flannery O'Connor*. Carbondale: Southern Illinois UP, 1974.

Donahoo, Robert. "Everything that Rises Does not Converge: The State of O'Connor Criticism." *Flannery O'Connor in the Age of Terrorism: Essays on Violence and Grace*. Eds. Hewitt and Donahoo. Knoxville: U of Tennessee P, 2010. 230-247.

Doxey, William S. "A Dissenting Opinion of Flannery O'Connor's 'A Good Man is Hard to Find.'" *Studies in Short Fiction* 10 (1973): 199-204.

Driskell, Leon & Joan Brittain. *The Eternal Crossroads: The Art of Flannery O'Connor.* Kentucky: UP of Kentucky, 1971.

Eliot, T. S. *Selected Essays*. New York: Random House, 1950.

Fugin, Katherine, Faye Rivard, and Margaret Sieh. "An Interview with Flannery O'Connor." *Censer* [College of St. Teresa, Winona Minnesota]. Fall, 1960.

Giannone, Richard. *Flannery O'Connor and the Mystery of Love*. Urbana: U of Illinois P, 1989.

Hawkes, John. "Flannery O'Connor's Devil." *Critical Essays of Flannery O'Connor.* Eds. Melvin Friedman & Beverly Lyon Clark. Boston: G. K. Hall & Co., 1985. 92-100.

Hawkins, Peter. *The Language of Grace*. Cambridge: Cowley Publications, 1983.

Hegarty, Charles. "A Man Though Not Yet a Whole One: Mr. Shiftlet's Genesis." *Flannery O'Connor Bulletin* 1 (1972): 24-38.

Kahane, Claire. "Flannery O'Connor's Rage of Vision." *American Literature* 46 (1974): 54-67.

Kropf, C. R. "Theme and Setting in 'A Good Man is Hard to Find.'" *Renascence* 26 (1972): 177-180, 206.

Lawrence, D. H. *Studies in Classic American Literature*. New York: Penguin Books, 1964.

Martin, Carter W. *The True Country: Themes in the Fiction of Flannery O'Connor*. Tennessee: Vanderbilt UP, 1968.

Melville, Herman. "Hawthorne and His Mosses." *The Portable Melville*. Ed. Jay Leyda. New York: Viking Press, 1952. 400-422.

Oates, Joyce Carol. *New Heaven, New Earth: The Visionary Experience in Literature*. New York: Vanguard Press, 1974.

O'Connor, Flannery. *A Good Man is Hard to Find*. New York: HBJ Book, 1983.

_____. *The Complete Stories of Flannery O'Connor*. New York: Farrar, Straus & Giroux, 1983.

_____. *Wise Blood*. New York: HBJ Book, 1952.

_____. *The Violent Bear It Away*. New York: Farrar, Straus and Cudahy, 1960.

_____. *Mystery and Manners*. Eds. Sally & Robert Fitzgerald. New York: Farrar, Straus & Giroux, 1983.

_____. *Letters of Flannery O'Connor: The Habit of Being*. Ed. Sally Fitzgerald. New York: Vintage Books, 1979.

Pewinski, David J. "Gone with the Wind in Flannery O'Connor's 'A Good Man is Hard to Find': An Anagogical Biblical Allusion." *English Language Notes* 28 (2001): 73-76.

Stephens, Martha. *The Question of Flannery O'Connor*. Baton Rouge: Louisiana State UP, 1973.

_____. "Flannery O'Connor and the Sanctified Tradition," *The Arizona Quarterly* 24 (1968): 223-39.

출처 : 이 글은 저자의 「현명한 피: 죄와 구원, 그리고 펠릭스 쿨파」 (『문학과 종교』19권 4호 (2014): 67-90), 「플래너리 오코너의 악마: 『착한 사람은 찾기 어렵다』를 중심으로」 (『신영어영문학회』 56권 (2013): 195-213)를 참고하여, 수정 및 보완하였다.

하퍼 리와 『앵무새 죽이기』

김대중

I. 작가와 작품 세계[1]

넬라 하퍼 리(Nella Harper Lee, 1926-2016)는 1926년 4월 28일에 알라바마주에 있는 몬로빌(Monroeville)에서 태어났다. 그녀는 프란시스 커밍햄 핀치 리(Frances Cunningham Finch Lee)와 아마사 콜맨 리(Amasa Coleman Lee) 사이에 난 네 자녀들 중 막내로 태어났다. 형제들 중에는 엘리스(Alice)와 루이지(Lousie)라는 자매들이 있었으며 오빠로 에드윈 콜맨 리(Edwin Coleman Lee)가 있다. 『앵무새 죽이기』 속 젬(Jem)의 원형이 되는 그의 오빠는 1951년에 뇌출혈로 죽는다. 하퍼 리의 아버지인 프란시스 커밍햄은 플로리다에서 태어나고 자라나 1900년대에 몬로빌이 속한 몬로군(Monroe County)으로 이주한다. 아버지는1915년까지 서점 직원으로 일하다 변호사시험을 통과해 변호사로 일을 했다. 아버지는 1926년에서 1938년까지 알라바마 주의회에서 주의원으로 활동하는 등 그녀의 작품들에 나오는 에티커스(Atticus)의 원형이 된다. 어머니인 프란시스 핀치는 『앵무새 죽이기』 속 알라바마 몬로군에 정착한 후 핀치버그(Finchburg)의 마을을 세운 핀치 가문 출신이다. 어머니가 자라난 핀치 가문은 작품 속 아이들의 집안인 핀치가문의 모델이 된다.

하퍼 리에 대해 주변 사람들은 그녀가 대체적으로 친절하고 잘 아는 사람들과 잘 어울렸지만 사적 생활에 대해서는 극도로 비밀을 지키는 사람이었다고 전한다. 1944년 고등학교를 졸업 한 후 여학교인 헌팅던대학(Huntingdon College)을 1년 다닌 후 알라바마 주립대(Universtiy of Alabama)에서 법을 전공했지만 학위를 받지는 못한다. 이후 영국 옥스퍼드 대학에서 일년 동안 교환학생으로 공부한 후 학업을 마치기 6개월 전에 작가가 되기 위해 뉴욕으로 간다. 이후 하퍼 리는 항공사 예약담당 직원 등을 하면서 틈틈이 습작활동을 한다. 그녀의 대표작인 『앵무새 죽이기』(*To Kill a Mockingbird*)는 그녀의 첫 작품이 아니다. 하퍼 리는 『파수꾼』(*Go Set a Watchman*)을 먼저 쓰고 이 작품을 출판시키기 위해 노력하였다. 1957년에 하퍼 리는 자신의 원고를 립핀콧 출판사(J.B. Lippincott Company)에 보내지만 출판사는 그녀가 쓴 소설이 단편소설을 모아 놓은 것처럼 보인다며 출판을 거절하고 다시 쓰기를 요청한다. 이에 실망한 하퍼 리는 『파수꾼』 속 사건들이 일어난 시점 이전 시대를 중심으로 일종의 프리퀄을 쓴다. 하퍼 리는 이러한 과정으로 스카웃(Scout)이라는 별명으로 불리는 작품 속 주인공 진 루이지 핀치(Jean Louise Finch)의 유년시절의 관점에서 쓴 『앵무새 죽이기』를 2년에 걸쳐 완성하여 1960년에 출판한다.

『앵무새 죽이기』는 자전적인 측면이 강하다. 하퍼 리가 태어난 먼로빌은 작품 속 공간인 메이콤(Maycomb)의 모델이 되었다. 그리고 실제로 하퍼 리는 존경받는 변호사이던 아버지 밑에서 사내아이처럼 자라났다. 『앵무새 죽이기』에 은둔자로 나오는 부 레들리(Boo Radley)는 실제 이웃으로 존재한 어떤 인물을 대상으로 한 것으로 알려져 있다. 그리고 작품에서 딜(Dill)로 나오는 키 작은 스카웃의 친구는 미국의 유명한 소설가이자 동성애 등으로 당대에 센세이션을 일으킨 트루만 카포티(Truman Capote)를 모델로 하고 있다. 카포티는 하퍼 리의 유년기와 청소년기에 가장 친한 친구로 지냈으며 하퍼 리의 소설에 직간접으로 조언 등을 통해 많은 영향을 주었다. 하퍼 리는 카포티가 『냉혹한』(*In Cold Blood*)을 쓸 때인 1966년에 그의 작품에 대한 연구 조수 역할을 하기도 한다.

하퍼 리는 『앵무새 죽이기』를 완성한 이후 인터뷰나 대중 강연 등을 거부한다. 평생 결혼을 하지 않고 몬스빌과 뉴욕을 오가며 언니인 앨리스(Alice)와 같이 산다. 일종의 은둔 상태에서 하퍼 리는 자신의 작품이 1962년에 퓰리처 상(Pulitzer Prize)을 받았을 뿐 아니라 현재 미국에서 가장 영향력 있는 소설이 되는 것도 묵묵히 지켜보기만 했다. 작품활동 역시 몇몇 짧은 수필들만 출판했을 뿐 거의 하지 않는다. 물론 하퍼 리는 작가로서의 삶을 포기한 것은 아니었다. 이후에도 몇몇 장편소설들을 쓰려고 했지만 결국 자신의 『앵무새 죽이기』를 뛰어넘을 수 없음을 깨달았는지 미완성으로 남겨두었다. 그러나 『앵무새 죽이기』가 호평만을 이끌어 낸 것은 아니다. 흑백문제가 첨예하던 1960년대에 이 소설은 논란의 중심이었고 상당수 학교들이 이 책을 금서로 하였을 뿐 아니라 많은 이들이 이 소설에서 다루는 인종주의에 불편해했다. 그럼에도 하퍼 리는 1966년에 린든 대통령에 의해 전미예술가위원회의 위원으로 지명되었을 뿐 아니라 2007년에 죠지 부시 대통령에 의해 자유대통령 훈장(Presidential Medal of Freedom)을 수상하였고 2010년에는 오바마 대통령에 의해 미국 정부가 수여하는 최고 훈장인 국가예술 훈장(National Medal of Arts)를 수상했다.

2016년 하퍼 리의 사망 전후로 미국 출판계에 큰 논란을 일으킨 사건이 벌어진다. 다시는 찾을 수 없다고 생각하던 하퍼 리의 『파수꾼』이 그녀의 개인 금고에서 발견되고 이 원고를 하퍼콜린스(HarperCollins) 출판사가 출판한 사건이다. 말년에 치매 등을 겪던 하퍼 리의 출판에 대한 동의가 진짜 그녀의 의도였는지는 의혹의 대상이 되었다. 그러나 이 작품이 많은 독자들의 거부감을 부른 진짜 이유는 『파수꾼』의 내용이 『앵무새 죽이기』와 정면으로 배치되는 내용을 담고 있기 때문이다. 『파수꾼』 속에서 『앵무새 죽이기』의 순수하고 아름다운 소녀인 스카웃은 성인이 되어 메이콤으로 돌아오지만 만인의 연인처럼 미국 국민들의 마음속에 박혀 있던 애티커스는 인종차별주의자가 된 노인으로

180도 바뀌어 나타났기 때문이다. 더구나 스카웃의 오빠인 젬이 전쟁 중 전사한 내용까지 포함하여 이 작품이 과연 출판될 필요가 있었는지에 대한 의문마저 일게 되었다. 그러나 이 모든 논란에도 『앵무새 죽이기』는 미국 문학에서 문학이 어떻게 사회정의를 이룰 수 있는지 보여주는 모범적 예가 되었으며 아직도 전세계에서 많은 이들이 이 작품을 읽고 공감하고 작품 속 주제에 대해 토론하고 있다. 이 글은 작품에 나타난 주제들을 중심으로 정리하고 그 의미를 어떻게 비판적으로 사유하고 토론할 수 있을지 가능성들을 파악하려 한다.

Ⅱ. 『앵무새 죽이기』 읽기

1. 『앵무새 죽이기』 속 인종, 젠더, 계급

실제 남부에서 자라고 인종주의를 목격한 저자 하퍼 리(Harper Lee)의 자전적 삶에 기반한 『앵무새 죽이기』는 출판된 시점이 한참 인종, 계급, 젠더의 기존 질서가 도전받고 혁명적으로 변화하는 시대인 1960년대이지만 작품의 배경은 '대공황'(The Great Depression)이 일어난 1930년대의 미국 남부의 가난한 마을이다. 하퍼 리가 이 작품을 쓰게 된 까닭으로 어린 시절 겪었던 경험의 투영이라는 점도 들 수 있지만, 다른 하나로는 1960년대 민권과 관련된 혁명적 변환기의 시선에서 1930년대에 있던 변화의 씨앗들에 대한 객관적 조망을 원했다는 점도 있다. 『앵무새 죽이기』에서 스카웃(Scout)이라는 예명으로 불리는 화자이자 주인공인 진 루이지 핀치(Jean Louise Finch)는 6세 여아로서 1930년대에 자신이 사는 미국 남부 알라바마주의 작은 도시인 메이콤(Maycomb)에서 일어난 일들을 그려낸다. 메이콤은 "지친 모습의 오래된 마을"이다(6).[2] 일찍 어머니를 여읜 스카웃은 아버지이자 변호사인 에티커스 핀치의 집안 교육을 받으며 스카웃의 오빠인 젬(Jem)이라는 예명으로 불리는 제레미 에티커스 핀치(Jeremy Atticus Finch)와 흑인 하녀인 칼퍼니아(Calpunia)와 함께 산다. 메이콤은 당시 미국 사회, 특히 남부 사회가 갖고 있던 인종주의, 가부장적 여성 차별, 계급문제들을 숨기고 있다.

먼저 작품 속 인종문제를 다루어보자. 『앵무새 죽이기』는 흑인에 대한 백인의 인종폭력구조와 그 기원을 아주 잘 다룬 작품이다. 작품의 주요 사건의 주인공인 톰 로빈슨(Tom Robinson)은 가난하고 사고로 한 팔이 짧은 장애를 지닌 흑인 남성이다. 톰은 '백인 쓰레기'(white trash)계층으로 언급되는 가난한 백인인 유엘 가문의 딸인 메욜라 유웰(Mayella Ewell)의 집을 지나다가 그녀의 유혹을 받지만 이를 거부한다. 톰은 아버지인 밥 유웰(Bob Ewell)을 발견하자 도망가지만 메욜라는 아버지로부터 무지막지한 폭행을 당한다. 딸이 흑인을 유혹하여 자신의 집에 들였다는 사실을 인정할 수 없는 밥 유웰은 톰을 강간죄로 고소한다. 당시 백인들이 가지고 있던 가장 큰 두려움 중 하나는 백인 여성을 강간하는 흑인남성이었다. 이러한 인종주의에 기반한 고정관념 때문에 마을 백인들은 진실과 사법적 판단과 상관없이 톰을 유죄로 판단한다. 작품에서 사건에 관련된 인물들은 대부분 톰이 죄가 없음을 알고 있지만 그가 사법적 판단을 받기도 전에 그를 린치해서 죽이려 한다. 그들에게 흑인은 죄가 있든 없든 상관없이 백인 여성이 유혹했다는 이유만으로도 희생양이 되어야 한다. 또한 흑인의 편에서 변호를 한다는 것은 사법제도라는 공적 판단의 영역을 넘어 백인 사회 전체의 이득을 침해하는 행위로 여겨진다. 법정에서도 톰은 백인 여성이 자신을 유혹했다는 진술을 하는 순간 유죄가 될 수밖에 없다.

톰 역시 이것을 너무 잘 알고 있다. 그는 죄가 없다면 왜 범죄현장에서 도망가야만 했느냐는 검사의 질문에 "만일 당신이 나와 같은 검둥이였다면, 당신 역시 두려워졌을 것입니다"라고 답한다(261).[3] 더구나 톰은 법정에서 남부 백인이 절대로 인정하지 못할 백인 여성인 메욜라에게 "유감을 느낍니다"(feel sorry)라고 말하는 죄를 저지른다(273). 인종문제에 대한 토론에서 또 한 명 다루어진 인물이 칼퍼니아(Calpurnia)이다. 젬과 스카웃의 어머니가 돌아가신 이후 가사를 책임질 뿐 아니라 어머니의 역할을 수행한 칼퍼니아는 인종문제의 복잡성을 잘 보여준다. 흑인 교회를 다니고 글을 읽고 쓸 줄 아는 몇 안 되는 흑인들 중 하나인 칼퍼니아는 아이들에게 흑백을 넘어 공존과 화해의 상징이면서도 백인 밑에서 일해야 하는 흑인들로서의 모순을 지니고 있다. 칼퍼니아가 당시의 타부를 깨고 백인 아이들을 흑인 교회로 데려가서 다른 흑인과 충돌하는 장면은 그녀의 용기를 보여줄 뿐 아니라 흑인 공동체의 일원과 백인 아이들의 가정부라는 그녀가 놓인 이중적 상황을 잘 보여준다.

『앵무새 죽이기』 속 계급(class)이 부의 있고 없음으로 나뉜다면 계층(status)은 타고난 신분으로 나뉜다. 스카웃은 남부 귀족들의 가치를 수호하려는 알렉산드라(Alexandra) 고모의 편견을 통해 "오래된 마을"(173)인 메이콤을 지배하는 계층에 대한 신념을 목격한다. 메이콤 마을을 지배하는 위계질서는 유산계급과 무산계급의 차이로서의 계급만이 아니라 출신신분과 관련된 계층으로 나뉜다. 남북전쟁 이전에 노예의 노동으로 '핀치의 농장'(Finch's Landing)이라는 대규모 농장을 경영했던 가문의 출신으로서 알렉산더 고모는 메이콤의 오래된 귀족가문들과 일반인들이 섞일 수 없다고 생각한다(175). 알렉산더 고모의 믿음에 따르면 남부 사회의 계층은 인도의 카스트 제도처럼 구성되어 있다. 알렉산더 고모는 자신이 속한 핀치 가문과 같은 남부 귀족 가문의 후예와 가난한 농부들이고 글을 읽지도 쓰지도 못하는 커밍햄(Cummingham)가문은 어울릴 수 없다고 본다. 이 계층구조에서 밥 유엘과 같이 쓰레기장에 살면서 어떠한 제도권의 통제도 받지 않는 극빈 백인들도 흑인보다는 계층적으로 우월하다. 아이들 역시 어린 시절부터 교육받은 이러한 카스트제도를 인지하고 있다. 젬은 "세상에는 네 가지 종류의 사람들이 있지. 우리 같이 일반적인 종류의 사람들과 그 이웃들이 있고, 숲에서 사는 커밍햄과 같은 인간들이 있지. 그리고 쓰레기장에서 살아가는 유웰 가문 같은 사람들이 있고, 그리고 그 아래에 흑인들이 있지"라고 말한다(302). 물론 이 인종과 계급이 얽힌 카스트 계층에는 더 아래 계층인 혼혈이 존재한다. 젬은 스카웃에게 혼혈에 대해 "흑인들은 그들이 반은 백인이기 때문에 받아들이려 하지 않고 백인들은 그들이 흑인이라서 받아들이려 하지 않지. 그래서 그들은 양쪽에 낀 사람들이 되었고 어느 곳에도 속하지 못하지"라고 설명해준다(215).

젠더 문제 역시 작품에서 주요하게 다루어진다. 1930년대 미국 남부 여성들에게 '여성다움'이란 복장부터 행동양식과 직업까지 규정되어 있었다. 스카웃은 이 모든 '여성다움'의 기준들에 도전한다. 어머니가 없이 자란 스카웃은 두 명의 여성들로부터 상반되는 젠더 감수성을 배운다. 보수적이고 남부 귀족 여성의 관습을 중시하는 알렉산드라 고모가 스카웃이 치마를 입지 않고 바지를 입는 것부터 시작해서 그녀의 행동이 자신의 보수적 가치관에 맞지 않음을 지적한다. 정기적으로

모이는 마을의 숙녀들은 스카웃이 치마를 입었다는 것을 비웃을 뿐 아니라 여자가 변호사가 될 수도 있다는 사실 자체를 말도 안되는 일로 치부한다(308). 작품 속 정의의 상징인 에티커스조차 여성은 공평한 판단을 내릴 능력이 의심받기 때문에 배심원이 되는 것이 우스운 일이라는 발언을 한다(297-8). 그러나 스카웃의 옆집에 사는 모디양(Miss Maudie)은 스카웃에게 여성이 자신의 성 역할 대로 사는 것이 아니라 편견을 무너뜨리는 것이 중요함을 가르친다.

2. 성장소설로서의 『앵무새 죽이기』 속 공감의 윤리

『앵무새 죽이기』에서의 또 하나의 주요한 주제는 공감의 윤리이다. 『앵무새 죽이기』는 성장소설이라는 틀 속에 성장과 윤리의 문제를 다룬다. 성장소설은 성장하는 주인공이 사회 속 모순과 맞서는 모습을 보여줌으로써 독자로 하여금 자신이 속한 사회 속 정의의 문제를 묻게 한다. 성장소설은 교육의 관점에서 이중적 시선을 지닌다. 성장소설은 작품 속 미성숙한 아이의 성장을 통해 어른들의 복잡한 세계와 역사적 자신의 위치에 대한 깨달음으로 이끌리어지지만 하지만 아이만이 갖는 순수한 시선으로 어른들이 보지 못하는 세상의 진실을 보여주기도 한다. 성장소설 속 미성숙은 교육의 대상이기도 하지만 교육의 목적이 실현되는 토양이기도 하다. 『앵무새 죽이기』는 성장소설이 갖는 이중적 목적을 잘 보여준다.

어떤 측면에서 소설은 공감 윤리의 교육에 필수적이다. 누스바움은 『시적 정의』에서 허구로서의 문학의 근원인 상상력이 현실 세계 속 윤리 문제에 대해 유의미한 해답을 낼 수 있으며 효용성을 가지고 있다고 논한다. 또한 누스바움은 문학 속 감정과 감성이 갖는 타자에 대한 공감과 이해를 높이는 윤리적 가치의 함양과 사회정의와의 실현 사이의 연관성을 증명했다. 누스바움은 우선 "스토리텔링과 문학적 상상은 이성적 논쟁에 반대되지 않으며 오히려 이성적 논의에 소재를 제공할 수 있다"고 논한다(xiii). 아울러 누스바움에 따르면 문학적 상상력은 이성적 판단을 통한 윤리적 판단에 도움을 준다. 문학적 상상력은 "우리 자신에게서 멀리 떨어진 사람들의 선에 대해 우리 자신이 관심을 가지도록 하는 윤리적 입장의 본질적 요소"라는 점에 의의가 있다(xvi). 윤리적 관점은 결국 상상력(imagination)과 공상(fancy)을 통해 현재 이루어지지 않은 사회 정의를 구현해 내는 방식이 된다. 누스바움은 사회정의의 관점에서 문학은 공적 상상력(public imagination)으로 기존의 사회 통념과 다른 도덕적 공감을 이끌어낸다고 본다. 그리고 이 공적 추론에서 감정은 배제의 대상이 아닌 나침반의 역할을 한다. 이러한 공적 상상력과 감정의 공감을 통해 문학적 상상력은 법과 같은 정의 체계에서 "민주적 평등"과 정의로움을 상상하는데 도움을 준다(4).

누스바움에 따르면 소설은 특히 윤리와 공적 논의를 통한 정의의 실현에 다른 장르들보다 구체적(concrete)이다(5). 소설은 "윤리적 논리의 스타일"을 갖기 때문에 시민 사회의 공감능력 향상을 통한 사회정의 교육에 중요한 역할을 수행할 수 있다. 누스바움은 소설이 사회에서 소외된 인간을 단순히 인구의 한 부분이거나 계급의 일원으로 제시하는 것이 아닌 한명의 개인이 갖는 내면의 복잡성과 그 개인의 감정을 추적하게 함으로써 독자가 그들 소수자에게 공감할 수 있게 한다고 논한다. 소설 중에서도 특히 성장소설은 상상력을 통해 독자들이 사회 속 소외된 사람들을 아동의 시각에서 공감하고 상상하게 함으로써 사회 정의를 구현한다. 문학은 상상과 감정을 통해 상대방에 대한 이해를 높이는 역할을 하지만 허구에 기반한 문학만으로 현실의 복잡한 문제를 해결할 수는 없다. 그러나 문학이 제공하는 우리가 알지 못하는 개인들의 삶의 가능성에 대한 궁금증과 그에 대한 감정적 동감은 적어도 분별력 있는 판단의 핵심적 요소이다.『앵무새 죽이기』는 소외된 자들에 대한 소설이며 작품 속 아이들은 자신들이 알지 못한 어른들의 세계가 갖는 모순들을 발견하고 소외된 자들의 세계를 살핌으로써 현실을 깨달아간다. 소설의 세계로부터 도출되는 상상과 감정을 통해 독자는 현실 세계에 대한 보다 분별력 있는 판단을 내릴 수 있다.『앵무새 죽이기』에 나오는 사회 속 소수자들의 모습은 독자들에게 이러한 판단, 특히 윤리적 판단과 감정 공유를 통한 공감이 가능하게 한다.

『앵무새 죽이기』에서 소수자를 대표하는 대표적인 인물이 부 레들리(Boo Radley)라는 별칭으로 불리는 아서 레들리(Arthur Radley)이다. 작품의 처음부터 아이들은 근처에 사는 부 레들리를 무서워하면서도 그의 정체성을 궁금해 한다. 마을에서 "악령"으로 여겨지는 부 레들리의 집 근처를 지나갈 때마다 젬과 스카웃을 비롯한 아이들은 도망치듯 달려 지나간다(10). 스카웃과 젬은 레들리 집안과 부 레들리에 대한 다양한 소문들을 듣고 자란다. 부 레들리 부모는 광신자들로서 외부와 분리되어 은둔한다. 소문에 따르면 어린 시절 부 레들리는 친구들과 범죄를 저질렀고 이를 부끄러워한 부모는 레들리를 집에 감금하고 누구와도 접촉하지 못하게 키운다. 아이들은 부 레들리가 부모를 가위로 공격했다든지 다람쥐를 산채로 먹는다든지 하는 소문들을 듣고 자라면서 부 레들리를 무서워한다. 그러나 실제로 부 레들리는 수호천사처럼 아이들을 도와주고 비밀 선물들을 몰래 나무옹이에 넣어두어서 아이들에게 주기도 하고 모디양의 집에 불이 났을 때 내복 바람에 구경나온 스카웃의 어깨에 담요를 덮어주기도 한다. 그리고 젬과 스카웃이 밥 유엘의 공격을 받았을 때도 은둔을 깨고 나와 상처를 입어가면서 그들을 지켜준다.

작품 속 아이들은 부 레들리의 은둔에 대해 자신의 처지를 반영해 그의 상황을 이해하며 다양한 해석을 내놓고 점점 그의 처지에 공감해 간다. 한 예로 부모로부터 방치되어 자라난 딜(Dill)은 부모님에게서 도망쳐 스카웃의 집에 와서 잠을 자다가 부 레들리가 아마 "그는 어디로 도망갈 곳이 없기"때문에 집에서 은둔하게 되었다고 자신의 입장을 대입해 해석한다(192). 이에 비해 젬은 톰의 유죄 판결을 목격하고 사회에서 소외된 이들이 어떻게 고통 받는지를 보고는 "나는 이제 부 레들리가 왜 집에 스스로 감금되어 살아왔는지 이해할 수 있을 것 같아.… 그건 그가 안에 머물고 싶었기 때문이야"라고 말한다(304). 딜이 부 레들리가 도망가고 싶었다고 생각한다면 젬은 작품 속 부 레들리의 상황이 소외라기보다 부 레들리와 같은 인물을 수용하지 못하는 바깥세계의 편견과 질시에 은둔을 선택했다고 본다. 딜과 젬을 통해 보여지는 이러한 공감능력의 발전은 성장소설에서 타인의 사례를 보고 공감능력을 키워가는 아이들을 보여주는 기법으로 독자들 역시 공감하게 함으로써 성장소설의 교육의 목적을 달성하게 도와준다.

부 레들리는 작품 제목에 나오는 앵무새로 상징된다. 작품에서 모디는 작품의 제목에 나오는 '앵무새'를 언급하며 "앵무새는 아무 것도 하는 것은 없지만 우리를 즐겁게 해주는 음악을 만들어내지. 그들은 사람들의 정원에 있는 것들을 먹지도 않고 옥수수 저장소에 둥지를 틀지도 않지. 그들은 오직 우리를 위해 노래만을 부를 뿐이야. 그것이 앵무새를 죽이는 것이 죄악이 되는 이유지"라고 말한다(119). 앵무새는 타인에게 아무런 해를 끼치지 않지만 늘 폭력에 시달려야 하는 사회적 약자들이나 소수자들을 상징한다. 윤리의 근원에 있는 '공감'은 누구라도 사회적 약자 위치인 '상처 받기 쉬운 존재'(vulnerable being)에 놓일 수 있다는 것을 깨닫는 것에서 시작된다. 이러한 공감을 위해서 필요한 '자신과 상대가 모두 상처입을 수 있는 사람들이라는 것에 대한 이해'에 대해 에티커스는 스카웃에게 "너는 그의 입장에서 일들을 고려하기 전까지 그 사람을 진정으로 이해할 수는 없을 거야.… 그의 피부 속으로 들어가 그 안에서 돌아다니기 전까진 말이지"라며 '역지사지'가 이러한 공감을 이끌어낸다고 말한다(39).

성장해가며 타인에 대한 공감능력을 배운 스카웃은 부 레들리에 대해 생각하며 "나는 때로 레들리의 오랜된 집 옆을 지날 때마다 아서 레들리에게 명백한 고문이 되었을 일에 동참했다는 것에 대한 후회의 아픔을 느낀다"라고 말하고 부 레들리의 고통에 대해 공감하는 모습을 보인다(324). 공감(compassion)은 단순한 연민(pity)이나 동정심(sympathy)과는 다르다. 연민이나 동정심이 타인에 대한 이해보다 자신의 해석에 따른 감정이라면 공감은 자신을 타인의 입장에 대입하고 그 사람의 상황을 느끼면서 나오는 윤리적 태도이다. 공감에 대한 이해는 누스바움이 말한 문학에서의 사회정의의 실현으로 가는 길을 제시한다. 사회적 약자에 대한 윤리적 태도의 기본은 나 역시 그 상황에 처할 수 있음에 대한 공감과 그 사람의 상황에 스스로를 대입시키는 상상력을 통해 이루어질 수 있다. 독자들은 사회적 소외자이던 부 레들리의 정체성을 파악해 가며 타인에 대한 이해를 넓히는 스카웃과 젬의 모습을 통해 타인에 대한 이해에서 비롯되는 윤리 교육의 의의를 파악할 수 있었다.

그러나 『앵무새 죽이기』에 나온 모든 인물들이 부 레들리처럼 명확한 윤리적 입장으로 정리되지 않았다. 독자들은 『앵무새 죽이기』를 비판적으로 해석하고 토론하면서 보다 복잡한 윤리문제를 던지는 인물들에 대해 다각도로 조명할 수 있다. 가령 톰 로빈슨은 사회적 약자로서 누구에게도 해를 주지 않지만 흑인이라는 이유만으로 '앵무새'로 상징되는 희생양이 되어야 하는 입장에 놓인다. 그러나 윤리의 측면에서 톰을 거짓으로 고발한 메욜라의 행위는 선과 악으로 명확히 판단하기 어렵다. 메욜라는 자신의 아버지의 이득과 남부 백인 여성으로서 생존하기 위해 톰을 희생양으로 만들었지만 그녀 역시 아버지로부터 육체적 학대를 받았을 뿐 아니라 성적 학대도 의심되는 희생자이다. 젠더의 관점에서 볼 때 메욜라는 가부장제의 희생자이다. 동생들과 다르게 읽고 쓸 줄을 알지만 쓰레기장 옆에 살면서 각종 질병과 오염 속에서 동생들과 아버지를 돌봐야 하는 메욜라는 흑인이고 한쪽 팔이 짧은 장애인인 톰을 유혹할 정도로 외로웠다. 메욜라는 에티커스가 변론 중에 그녀를 "메욜라 양"(Miss Mayella)이라고 부르자 오히려 자신을 놀린다고 여기고 분노할 정도로 한번도 제대로 된 인간대접을 받아 본 적이 없는 인물이다(245). 그러나 에티커스는 "그녀가 잔인한 가난과 무지의 희생자이지만, 그녀를 동정할 수 없다"라고 말한다(272). 메욜라가 아무리 폭력의 희생자였다고 해도 자신보다 더 약자인 흑인 남성의 목숨을 쉽게 빼앗을 수 있는 권력을 가지고 있다. 메욜라의 사례는 윤리와 정치의 구분이 그다지 명확하지 않을 뿐 아니라 사회적 약자가 자신보다 더 약한 대상을 공격할 수 있다는 현실세계의 모순을 보여준다. 현실의 윤리는 사회 정의의 문제와 연결되면서 더 복잡한 양상을 보여준다.

3.『앵무새 죽이기』와 사회 정의

영미권의 문화적 전통과 역사적 맥락 속에서 사회정의는 작품의 주제이지만 '정의'자체의 개념에 대한 이해가 없이는 이해하기 어려운 측면이 있다. 이 때문에 젠더, 계급, 인종문제와 윤리의 문제로 접근한 사회정의를 넘어 사회정의 자체의 문제를 이론적이고 학문적으로 접근하기 위해서 에티커스의 사례는 중요하다. 에티커스는 버락 오바마 대통령이 퇴임연설에도 언급할 정도로 "그의 시대에 앞서서 인종주의에 대항한 투사로서 미국의 아이콘이 되었다"(Maculuso, 280). 에티커스에게 정의는 공정함에 기반한다. 가령 에티커스는 메이콤에서 가장 뛰어난 사격수이지만 아이들에게 이러한 재능이 어떤 누군가에게는 치명적일 수 있다는 점 때문에 사냥을 하지 않는다. 오직 공적인 목적으로만 자신의 재능을 사용할 뿐 다른 목적으로는 사용하지 않는다. 이에 대해 옆집에 사는 모디양은 "만일 너의 아버지가 그 무엇이라면, 그는 가슴 속까지 시민의식을 지니고 있단다. 명사수의 능력은 분명 신의 선물인 재능이지만, 그것을 완벽하게 만들기 위해서는 연습을 해야겠지. 그러나 총쏘는 것은 피아노를 치거나 하는 것과는 다른 것이란다. 내가 생각하건대 아버지는 신이 그에게 다른 대부분의 살아있는 것에 대한 공평하지 못한 잇점을 주었다는 것을 깨달았을 때 총을 내려놨을 거라고 본다"라고 말한다(130).

모디양이 묘사하는 자신의 재능이 타인과 혹은 다른 생물과의 관계에서 불러 올 수 있는 폭력이나 공정함을 해치는 것을 스스로 자제하는 에티커스의 정의는 현대 미국 사회의 사회정의에 대한 논의를 발전시킨 존 롤스(John Rawls)의 공정(fairness)으로서의 정의로 설명이 가능하다. 롤스에 따르면 '공정함'으로의 정의는 당대에 유행하던 공리주의의 관점에서의 유용함(utility)의 단순비교로 파악될 수 없다.[4] 롤스의 공정함은 첫째 기본적인 권리와 의무의 할당에 있어서의 평등과, 둘째 사회적 경제적 불평등 속에서 가장 소외된 자들의 이익을 보상해주는 것을 통해 정의로 실현된다. 따라서 자신이 태어날 때부터 가진 재능이 그 사람의 성공과 사회적 영향력에 너무 큰 요인이 되지 않도록 하는 것이 공정함이다. 사회적 평등은 자유로운 경쟁만으로 이루어질 수 없으며 기계적 공정함으로 흘러갈 공리주의로도 이루어질 수 없다. 에티커스는 사회적 공정함으로서의 정의는 더 취약한 계층이나 사람에 대한 배려와 자신이 가진 재능이나 능력이나 배경을 스스로 한계 지움으로서 가능함을 보여준다.

에티커스의 '공정함'을 통한 정의의 행위들은 젬과 스카웃과 딜에게 진정한 산교육이 된다. 학교에서의 정해진 교육과정을 통한 교육이 아닌 실제 사회 현장에서 보여주는 에티커스의 공정함과 정의를 위한 투쟁은 아이들에게 진정한 교육이 된다. 가령 톰 로빈슨을 린치 하기 위해 몰려드는 백인 무리들에 대항해 톰이 갇힌 감옥 앞을 지키는 에티커스의 용기는 약자의 권익 보호가 그 사회의 공정함과 정의의 문제임을 몸소 보여줄 뿐 아니라 그 어려움 역시 잘 보여준다. 작품에서 가장 강렬한 장면인 법정 변론에서도 에티커스의 공정함으로서의 사회정의는 잘 드러난다. 에티커스는 "우리는 누군가 우리가 그렇게 믿기를 바라는 것과 다르게 모든 인간들이 평등하게 창조되지 않았다는 것을 알고 있습니다….몇몇 사람들은 대부분의 사람들이 가진 것들의 범위를 넘어 재능을 지닌 채 태어났습니다…그러나 모든 사람들이 평등하게 태어난 것으로 여겨지는 곳이 미국에 단 한 군데 있고….그 제도가, 신사숙녀 여러분, 법정입니다"라고 최후변론을 한다(274). 에티커스는 현실 세계에서 절대적 평등이란 존재하지 않음을 인정해야 한다고 본다. 사회 공간에서의 정의는 단순히 공리주의의 해석대로 불공정한 조건에서 모든 이들의 쾌와 불쾌의 수치에 대한 인위적 균형과 평가로는 이루어질 수 없다. 사안에 따라서는 완벽한 평등은 불가능하고 약간의 불평등(가령 천재의 재능 등)은 사회에서 더 큰 이득을 가져다줄 수 있다. 에티커스는 그러나 정의의 측면에서 형식적 평등이 아닌 '민주주의적 평등'이 필요하며 그 중심에는 사법제도가 있다고 호소한다.

그러나 에티커스의 공정함으로서의 정의는 한계가 있다. 에티커스는 사법제도가 평형추로서 작용할 수 있을지에 대해 확신하지 못한다. 톰은 몇몇 배심원들이 무죄로 돌아섰음에도 불구하고 결국 다수결에 따라 유죄로 판결된다. 판결에 분노하고 눈물을 흘리는 젬 앞에서 에티커스는 "나도 왜 그랬는지 잘 모르겠다만은 그들이 그렇게 했구나. 그들은 이전에도 그렇게 했고 오늘밤도 그렇게 했으며 다시 또 그렇게 할 것이란다. 그리고 그들이 그렇게 할 때 오직 아이들만이 울게 되겠지"(285)라고 말한다. 이에 대해 젬은 "우리는 배심원제를 없애야 해요"라고 말한다(294). 에티커스 역시 "우리의 법정들에서, 백인의 말이 흑인의 말에 반대될 때, 늘 백인만이 이긴단다"라고 인정한다(295). 에티커스 자신도 인정하듯 상식과 사법정의를 통한 공정함으로서의 정의는 한계를 가지고 있다.

사법정의는 사회정의의 범위 안에 있고 사회가 정의롭지 못할 경우 사법 정의 역시 영향을 받을 수밖에 없다. 결국 톰은 교도소에서 도망치다 17발의 총을 맞고 처참하게 죽는다. 동네 백인들은 이에 대해 톰이 흑인에 대한 고정관념대로 생각 없이 무모하게 저항하다 죽었다고 비웃는다(322). 그러나 에티커스는 "내가 생각하기에 톰은 백인들이 제공한다고 했던 기회들에 질려버렸기 때문에 스스로 자신의 기회를 만들려고 했던 것 같다"라고 하며 톰에게 유일하게 남은 선택은 도주밖에 없었다고 밝힌다(315). 그리고 이 죽음에 대해 마을 신문사를 운영하는 언더우드씨(Mr. Underwood)는 기사에서 "장애인을 죽이는 것은 명백히 죄라고 밝힌다….그는 톰의 죽음을 사냥꾼과 아이들에 의해 노래부르는 새를 아무 의미 없이 죽이는 것과 비교한다"(323). 에티커스 스스로도 자신이 믿는 공정함과 사회정의의 한계를 체험한다. 밥 유엘이 공격을 했을 때 자신의 아들인 젬이나 부 레들리가 그를 찔렀다는 의심을 갖고 그들을 사법처리에 맡기려던 에티커스도 결국 밥 유엘이 스스로 넘어지면서 자신의 칼에 찔려 죽었다는 테이트(Tate) 보안관의 완강한 주장에 따르기로 한다.

에티커스가 어른들의 세계 속 정의를 대변한다면 스카웃과 젬은 아이들의 세계에서만 가능한 정의를 보여준다. 에티커스는 톰의 린치를 막아내기 위해 백인 무리들 앞에서 톰이 있는 감옥을 지키며 맞선다. 몰래 에티커스를 따라나온 스카웃은 에티커스가 위험에 처하자 백인 무리들 안에서 자신이 한때 무시하고 괴롭혔지만 자신의 집에 초청해 식사를 대접한 급우인 월터 커밍햄(Walter Cummingham)의 아버지를 발견한다. 스카웃은 백인 남성 무리들 앞에 서서 자신과 월터가 친한 친구임을 말하며 월터 커밍햄이 물러나도록 설득해 낸다. 스카웃의 이 무모한 용기는 어른들의 세계에서 불가능한 정의가 오히려 아이들의 세계에서 실현될 수 있음을 잘 보여줄 뿐 아니라 작품이 씌어진 1960년대를 감안한다면 스카웃의 무모함은 1960년대 성난 젊은이들의 저항과 혁명들을 생각하게 한다.

III. 평가와 의의

『앵무새 죽이기』는 작품이 출간되고 나서 미국 중고등학교 혹은 대학교육에서 교재로 가장 많이 쓰인 작품이다. 마이크 피터스(Mike Peters)에 따르면 2006년에 영국의 도서관 사서들이 뽑은 죽기 전에 읽어야 할 작품으로 성서가 아닌 『앵무새 죽이기』가 1등으로 뽑혔다고 한다(34). 오프라 윈프리(Oprah Winfrey)는 『앵무새 죽이기』에 대해 "우리의 국가적 소설입니다. 만일 국가 소설상이 있다면 이 작품이 미국의 상을 받아야겠죠"라고 말했다(Macaluso, 279). 물론 피터스에 따르면 작품이 나온 이후 작품 속 인종문제에 대한 작가의 해석과 흑인에 대한 묘사 때문에 흑과 백 양쪽 진영으로부터 많은 비판을 받았고 많은 미국의 학교에서 "비도덕적"이라는 이유로 교재에서 배제되기도 했다(35). 그러나 여러 논란에도 불구하고 『앵무새 죽이기』는 영어권 국가들에서 가장 많이 논의되고 읽힌 작품들 중 하나이다.

『앵무새 죽이기』는 전세계 문학 교육에서 늘 다루어지는 작품이다. 가령 잔 수지나(Jan Susina)는 실제로 알라바마로 이주해서 읽었던 『앵무새 죽이기』가 자신의 어린 시절 교육에 얼마나 큰 영향을 주었는지를 설명하고 그 경험을 자신이 현재 대학 수업에서 가르치는 입장과 비교하면서 작품이 갖는 교육적 효용성을 강조한다. 조나산 래핑(Jonathan A. Rapping)은 법대 교수로서 작품 속 에티커스의 법정 장면과 인종문제를 법의 관점에서 비판적으로 재조명하고 에티커스를 통해 공적 변호인(public defender)이 가져야 할 소명의식과 그 한계에 대한 인식, 그리고 용기에 대해 배워야 한다고 주장한다. 정의의 문제는 기술발달과 상관없이 전세계 사회에 가장 첨예하게 부딪치는 부분인 것만은 틀림없다.『앵무새 죽이기』는 이미 고전의 반열에 들어갔고 1930년대 미국의 상황을 지금 한국의 상황에 직접 대입할 수는 없다. 그러나 인류 보편의 문제에 대한 문제제기는 여전히 유효하며 현재 뉴스를 도배하고 있는 혐오범죄와 미국과 한국의 정의로움에 반하는 폭력사태들은 이 작품이 왜 아직도 읽혀야 하는지를 보여주고 있다. 그리고 집단따돌림과 소수자에 대한 다양한 억압이 항존하는 대한민국에서 이 작품은 중고등학교에서 다루어져야 할 만큼 유의미하다고 생각한다.

Endnotes

1 작가에 대한 해설은 『클리피노츠: 리의 『앵무새 죽이기』』(Cliffnotes: On Lee's To Kill a Mockingbird)를 많이 참조했으며 일부 인터넷 상의 정보 역시 사용하였다.

2 이후 『앵무새 죽이기』의 인용은 쪽수만 표기함.

3 이후 『앵무새 죽이기』 본문 번역은 본인 번역임.

4 최대다수의 최대행복이라는 공리주의를 따를 경우 우리는 소수의 노예를 통해 다수의 시민들의 행복이 증진되는 상황을 승인할 수밖에 없다. 롤스는 사회 정의에 대한 판단을 위해 무지의 베일(a veil of ignorance)로부터 가능한 원초적 상황(original position)을 상상해보기를 요구한다. 이 판단의 주체가 노예가 될지 주인이 될지를 알지 못한다면 노예제를 공정한 사회정의의 사회체계라고 인정할 수 없게 된다. 롤스는 사회의 다수에게 더 큰 이득이 생긴다고 해도 소수의 자유를 빼앗아서는 안 된다는 것을 논증한다.

인용문헌

Lee, Harper. *To Kill a Mockingbird*. New York: Grand Central Pubulishing, 1982.

______. *Go Set a Watchman*. New York: HarperCollins, 2015.

Macaluso, Michael. "Teaching To Kill a Mockingbird Today: Coming to Terms with

Race, Racism, and America's Novels." *Journal of Adolescent & Adult Literacy* 61.3 (2017): 279-287.

Nussbaum, Martha C. *Poetic Justice: The Literary Imagination and Public Life.* Boston, Mass: Beacon Press, 1995.

Peters, Mike. "Examining a Set Text—*To Kill a Mockingbird Fifity Years* On." *NATE Classroom* 12 (2010): 34-35.

Plato, *The Republic.* Cambridge: Cambridge UP, 2000.

Rapping, Jonathan. "It's a Sin to Kill a Mockingbird: the Need for Idealism in the Legal Profession." *Michigan Law Review* 114.6 (2016): 847-65.

Rawls, John, *A Theory of Justice.* Cambridge, Mass.: Belknap Press of Harvard UP, 1971.

Sandel, Michael J. *Justice: What's the Right Thing to Do?* New York: Farrar, Straus and Giroux, 2009.

Susina, Jan. "Alabama Bound: Reading Harper Lee's *To Kill a Mockingbird* While Southern." *Southern Quarterly* 54 (2017): 62-74.

Castleman, Tamara. *CliffNotes: On Lee's* To Kill a Mockingbird. New York: Houghton Mifflin Harcourt, 2000. Print.

출처: 이 글은「저자의 예비교사들의 영어 쓰기 교육 사례 연구:『앵무새 죽이기』을 통한 사회정의와 관계의 교육학」(『영미문학교육』 제22집 3호 (2018) 5-29)에 나온 내용을 바탕으로 작성되었습니다.

토머스 핀천과 『제49호 품목의 경매』

이정희

I. 토머스 핀천의 생애와 작품세계

토머스 핀천(Thomas Pynchon, 1937)은 대표적인 포스트모던 작가로서 방대하고 복잡한 소설을 쓰는 것으로 잘 알려져 있다. 그의 소설과 논픽션 글쓰기는 역사, 음악, 과학, 수학을 포함해서 광범위한 소재, 장르, 주제를 포함한다. 핀천은 롱아일랜드 출신으로, 미국 해군에서 2년 동안 복무했고, 코넬 대학교에서 영문학 학위를 받았다. 1950년대 말과 1960년 초에 몇 개의 단편을 발표한 후에, 그는『브이』(*V.* 1963),『제 49호 품목의 경매』(*The Crying of Lot 49*, 1966),『중력의 무지개』(*Gravity's Rainbow*, 1973)를 썼다. 핀천은 대중에게 공적으로 얼굴을 드러내지 않는 은둔 작가로 잘 알려져 있다. 그에 관한 사진도 거의 발표되지 않았고 인터뷰도 하지 않으므로, 그의 실제 정체와 주거지에 관한 소문만이 1960년대 이후 계속 나돌고 있다. 포스트모던 작가로서 핀천은 작품에서 실제로 탈중심화를 보여줌으로써 독자가 작품을 탐색하는 과정에서 다수의 의미를 이해하게 한다. 그의 탈중심적인 자세는 작품의 근간을 이루는 편집증과 음모이론의 관심을 증폭시킴으로써 그의 소설 분위기를 한층 더 고조시키는 역할을 한다. 초기소설 이후『바인랜드』(*Vineland*, 1990),『메이슨 & 딕슨』(*Mason & Dixon*, 1997),『어겐스트 더 데이』(*Against the Day*, 2006),『인헤런트 바이스』(*Inherent Vice*, 2009)가 있으며, 가장 최근 소설『블리딩 엣지』(*Bleeding Edge*)는 2013년에 발표되었다.

핀천의 조상은 1630년에 매사추세츠로 이주하여 초기미국 설립에 기여한 윌리엄 핀천(William Pynchon)이다. 핀천은 그 유서 깊은 가문의 일원으로서 토머스 러글즈 핀천(Thomas Ruggles Pynchon Sr. 1907-

1995)과 캐더린 프랜시스 베넷(Katheirne Francis Bennett 1909-1996)의 세 자녀 중 한 사람으로 1937년 뉴욕주 롱아일랜드에서 태어났다. 1955년 16세에 고등학교를 졸업한 후, 핀천은 코넬 대학교에서 공학물리학을 공부했지만, 미국 해군에 복무하기 위해 2학년 말에 떠났다. 1957년 코넬대로 돌아와 영문학을 전공했다. 1959년 3월『코넬 라이터』(*Cornell Writer*)에 나온 첫 번째 단편소설「작은 비」("The Small Rain")는 해군에서 복무한 친구의 실제 경험을 서술한다. 그 후에, 핀천의 소설 전체를 통해 나오는 에피소드와 등장인물들은 해군에서 그 자신의 경험에 의한 것임이 잘 나타난다.

코넬대 졸업 후, 핀천은 그의 첫 번째 소설『브이』를 집필하기 시작했다. 1960년 2월부터 1962년 9월까지, 그는 시애틀의 보잉사에서 기술자료를 쓰는 테크니컬 라이터로서 일을 했다. 보잉사에서 그의 경험은『브이』와『제 49호 품목의 경매』에서 '요요다인' 회사에 관한 그의 묘사에 영감을 주었다, 그리고 그가 보잉사에서 물리학과 기술에 관한 글쓰기 업무에서 얻은 경험은『중력의 무지개』를 위한 많은 소재를 제공해 주었다. 1963년에 출판되었을 때,『브이』는 그해의 소설로서 윌리엄 포크너 재단상을 받았다. 보잉사를 사퇴한 후, 핀천은 캘리포니아 주 맨해튼 비치(Manhattan Beach)의 작은 아파트에서 1960-1970년대에 거주하면서 그에게 전미 도서상을 수상하게 해준『중력의 무지개』를 집필했다.

핀천의 두 번째 소설『제 49호 품목의 경매』는 1966년에 출판되었다. 1965년 그의 에이전트인 캔디다 도나디오(Candida Donadio)에게 보내는 편지에서 핀천은 그가 '상업성을 갖는 책'을 집필 중이며, 그것이 '짧은 이야기이지만 장대하면서 복잡성을 갖는 것'이라고 썼다. 이 작품은 발표직후 리처드 로젠탈 재단 상을 받았다. 핀천의 다른 소설들보다 그것의 구조가 정확하고 일직선적일지라도, 미로 같은 플롯은『사자의 비극』이라 알려진 재코비안 시대의(Jacobean) 복수극의 패러디이며, 트리스테로(Tristero)로 알려진 고대의 지하 우편배달 서비스를 탐색하는 것으로 정부의 공식적인 우편배달제도에 대한 편집증과 음모론적 사색을 보여준다. 그것은 주요인물 에디파 마스(Oedipa Maas)가 직면하는 사건들과 유사하게 기이한 계시사이에서 일련의 상호연관성을 제시한다.『브이』처럼, 이 소설은 미국사회와 문화의 쓰레기에 내재하는 과학과 기술, 모호한 역사적 사건에 대한 풍부한 함축적인 의미를 나타낸다.

핀천은 주요인물이 진리를 편집증적으로 추구하는 과정을 탐정소설 기법으로 묘사한다. 핀천은 1950년대 냉전시대의 이분법으로 미국과 소련 양진영이 양극화된 상황이면에 은폐되어 있는 당대 시대의 그림자 같은 불확실한 것을 신경증적인 논조로 은유적으로 바라보는 방식을 수용한다. 특히 핀천은 편집증적 추구방식을 평범하고 일상적인 현대인의 삶을 들여다보는 것으로 사용한다. 그는 가상의 추적자들로부터 자신을 숨기고 도주하며 그의 위치와 개인적인 모습을 미스테리로 만듦으로써, 독자들에게 편집증을 일상적이며, 현대 미국 분위기의 일부이며 미국의 이면을 보다 진지하고 심층적으로 이해하게 하는 것으로 본다.

이 작품은 미스테리 장르와 관련되는 요소들로 시작한다. 부동산 갑부인, 피어스 인버래러티(Pierce Inverarity)는 죽었고, 그의 이전 연인, 에디파 마스는 그의 부동산을 정리하기 위한 일을 맡는다. 여성 탐색자 에디파는 그 과정에서 수많은 수수께끼 같은 사실과 상황을 우연히 만난다. 그 과정에서 그녀는 주위의 사람들, 외견상으로 도움을 주는듯한 사람들을 불신하며, 기이하고 위험한 어떤 것이 이면에 숨어있을 수 있다는 두려움을 갖는다. 핀천의 이야기가 진행할 때, 독자는 불확실성이 정리되고, 미스테리가 해결되고, 일상적인 삶이 정상으로 돌아오길 기대할 것이다. 그러나 그 대신에, 이 작품에는 정반대 상황이 일어난다. 그 미스테리는 더 많은 사람들을 포함하고, 마침내 미국 전체와 수백년에 걸친 숨겨진 이야기를 포괄함으로써 점차 확대된다. 결말로 향할 때 플롯이 긴장감을 갖는 대신에, 핀천은 텍스트에서 점차 모습을 감춘다. 죽은 사람과 그의 부동산은 우리의 큰 관심사가 아니며, 지하우편배달제도에 관련된 음모가 모든 것을 포함하는듯해 보인다. 에디파의 탐색진리는 점점 더 베일에 가려지며 그녀는 트리스테로 집단의 실체에 대한 무수한 실마리와 기호만 발견할 뿐이다.

그러나 이 작품은 이런 음모자들이 권력 혹은 동요를 일으키는 혁명에 관련되지 않듯이, 지극히 평범한 해결책을 제시한다. 그들은 단지 '우편물을 배달하기'를 원하는 것이다. 에디파는 트리스테로 같은 그림자 집단에 의해 운영되는 또 다른 우편제도에 관한 점점 더 증가하는 증거를 발견한다. 그 조직이 실체를 드러내기 위해 사용하는 상징적 기호는 일상적인 우표에 약음기가 달린 나팔의 그림이다. 에디파는 처음에 이 상징을 공중 화장실에서 인식하며, 그것을 그녀가 가는 모든 곳에서 보기 시작한다. 그러나 에디파는 여전히 그것이 무엇을 의미하는지 정확하게 이해할 수 없다. 이윽고, 그녀는 우편나팔의 역사를 비밀집단 트리스테로가 핀천에 의해 차용된 실제의 역사적 실체인 툰과 탁시스(Thurn and Taxis), 유럽의 우세한 독점우편배달 서비스의 통제력에 대해 분투했던 16세기로까지 거슬러 추적하는 것이다.

II. 『제 49호 품목의 경매』 읽기

1. 진정한 커뮤니케이션을 위한 새로운 미국의 발견

토머스 핀천의 『제 49호 품목의 경매』에서 에디파 마스는 진리 탐색에서 해독할 수 없는 역사적인 미스테리와 상징인 트리스테로의 의미를 추구하며 그것이 거대한 음모의 일부가 될 수 있음을 끊임없는 불확실성 속에서 점차 인식해간다. 에디파는 탐색의 주인공이자, 사망한 전 남자친구, 피어스 인버래러티의 지정유언 집행인이다. 굴절되고 왜곡된 진리(veritas)를 보여주는 인버래러티는 진리의 포착 불가능성을 시사해 준다. 에디파가 분류하도록 거대한 미스터리한 부동산을 남겨놓은, 그는 모든 대답을 묵언으로 나타내는 베켓의 고도(Godot)를 연상시킨다. 이 작품은 현재 그리고 여러 세대에 걸쳐서 커뮤니케이션의 좌절에 관한 사색이다. 그것은 역사에서 진정으로 무엇이 일어났는지 혹은 역사적인 텍스트에서 위조된 것으로부터 사실을 구분하는 것은 불가능하다. 이 작품에서 중심 미스테리는 트리스테로 지하우편배달제도와 연관되듯이, 약음기가 부착된 우편나팔의 상징으로 W.A.S.T.E. 체계의 위조우표에서 커뮤니케이션의 단절상황을 의미하는 것으로 나타난다. 에디파는 또한 우편나팔이 신성로마제국의 공식적인 우편배달서비스 툰과 탁시스에 나타나는 것을 발견한다. 이 작품은 사실과 허구를 구분할 수 없는 혼합물로 유희를 보여준다.

에디파가 탐색과정에서 모든 곳에서 약음기가 부착된 나팔 상징을 보는 것은 그녀에게 거대한 지하의 음모가 존재함을 발견하게 한다. 그녀의 탐색은 그녀 자신의 온전한 정신에 의문을 갖도록 이른다. 에디파가 그 나팔의 의미를 찾고자 분투하는 것은 탐색과정에서 정보를 제공해준 남성들이 모두 떠남으로써 그녀가 고립상태에 빠지듯이, 남성우위사회에 대한 탐색이며 남성(Man)의 무지상태를 극화한다. 주요 주제가 세상의 알 수 없음과 커뮤니케이션의 한계이듯이, 핀천은 확실한 대답을 독자에게 제공하지 않으며, 우리가 계속 나아가게 하기 위해 환상의 필요성을 주장하는듯해 보인다. 에디파는 그녀가 발견한 진리의 현실성을 진정으로 확신하지 못할 때 그녀의 환상을 회복하길 원한다. 그러나 끝에서 핀천은 아무런 대답을 제시하지 않으며, 그의 시대의 희비극적인 어두운 자화상, 남성의 좌절된 상황만을 제시할 뿐이다. 이 작품에서 커뮤니케이션 방식은 좌절되거나 혹은 아무런 의미 없는 것으로 드러난다. 에디파는 좌절된 남성우위상황에서 새로운 길을 열어갈 창조적인 여성탐색자의 역할을 맡는다. 에디파는 무질서, 닫힘, 퇴화로 증대되는 엔트로피 상황에서 질서, 열림, 창조로 회복시킬 정보의 분류자로서 중요한 역할을 하는 것이다. 에디파의 탐색의 미스테리는 작가가 해답을 제시하지 않을지라도 에디파와 독자가 그 이면을 바라보도록, 미국을 구성하는 상속권을 박탈당한 집단을 인식하게 한다. 피천은 1960년대에 진보적인 제안으로서 사회가 모든 사람에게 목소리를 주지 않는다면, 진정한 커뮤니케이션의 깊이에 관한 실질적인 논의가 불가능함을 주장한다.

이 작품은 그림 형제의 동화 『라푼젤』의 감금과 구원의 모티프가 해체론적 의미에서 변형, 반복, 확대됨으로써 주제가 강화되는 과정을 보여준다. 에디파는 알 수 없는 마법에 걸려 감금된 자아를 구원해 줄 절대적 의미를 추구하는 과정에서 부단히 노력할지라도 좌절로 끝남을 보여준다. 원작에서 라푼젤은 왕자에 의해 구원을 받고 행복한 결말을 맞는 데 비해, 이 작품에서 에디파는 구원받지 못하듯이 열린 결말로 제시된다. 라푼젤 모티프는 이 작품 속에서 또 다른 독립적인 예술작품들 바로(Remedios Varo)의 <아름다운 흑색 휘장> (“Bordando el Manto Terretre”), 영화 <쫓겨난 자>(*Cashiered*), 화핑거(Richard Wharfinger)의 『사자의 비극』(*The Courier's Tragedy*)으로 변주된다. 라푼젤의 모티프는 에디파가 고립과 감금상태에서 구원받고 모든 것을 질서화시킬 궁극적인 말의 획득이 현실에서 불가능하고, 구원의 순간에 다시 원점으로 돌아가 감금되는 상황으로 되풀이되는 것으로 나타난다. 에디파는 진리에 접근할수록 과다한 정보로 혼란에 빠지지만, 자아를 성찰하고 나아가 자신이 살고 있는 미국을 고찰함으로써 진보와 발전의 화려한 빛과 외양 이면의 어두운 그림자를 탐색하며 진정한 커뮤니케이션과 열림과 다양성의 중요성을 깨닫는 역할을 한다.

라푼젤 모티프와 해체론의 관련성에서, 이 작품에는 감금과 구원의 의미가 반영되어 있다. 에디파는 탑에 감금된 상태에서 피어스 인버래러티를 구원의 기사로 생각하지만, 그는 그녀의 절대적인 구원자가 되지 못한다. 그녀가 기의로 믿는 “로고스는 아버지 그 자체가 아니며, 로고스의 기원이 그것의 아버지”(Derrida, 432: 이후 인용은 D와 페이지 수만 기입함)이므로 인버래러티는 기의가 아니며 기의를 대신하는 것에 불과하다. 그래서 에디파의 인버래러티의 유산 추적 과정은 “뫼비우스 띠의 뒤틀림”(Flaxman, 42)처럼 양면적인 존재인 트리스테로의 탐색이 된다. 동시에 이것은 에디파 자신에 대한 성찰이 된다. 기의로서 트리스테로에 대한 그녀의 탐색은 현실에서는 포착할 수 없으며 정부와 자본주의의 번영, 빛, 낮의 영역인 “아버지, 태양, 생명, 말씀”(D, 435)의 다른 면인 트리스테로의 무정부 집단의 소외, 그림자, 밤의 영역인 “아들, 달, 죽음, 글”(D, 435)의 탐색이 된다. 이 두 영역은 끊임없는 자리바꿈의 유희로서 “이분법적 대립쌍의 매트릭스”(D, 437)로 증식된다.

기의로서 트리스테로는 현실에서는 무수한 기표들로 제시되며 인버래러티의 영역과 부단히 자리바꿈 하면서 파르마콘처럼 "유익한 치료약인 동시에 해로운 독약"(D, 437)으로서 이중성을 보여준다. 인버래러티와 트리스테로가 현실과 환상에서 끊임없는 치환으로 드러나듯이, 에디파는 그녀가 속한 현실이 "위조물을 통해서 다수화되는"(D, 437) 곳임을 인식한다. 그녀는 현실일 수도 있고 환상일 수도 있는 이중성을 수용해야 한다. 에디파의 탐색은 계시의 현현이 일어나기 직전 기다림으로 끝남으로써 그녀의 구원 가능성은 또다시 감금으로 되돌아가는 점진적 확대와 순환의 변주 형식으로 나타난다.

이 작품은 에디파의 몇 주일간의 탐색을 다룬다. 그녀는 예전의 애인 대재벌 인버래러티의 유언집행인으로 임명되자 그녀의 무감각했던 삶에 동요가 일어난다. 그녀의 임무는 L.A.근처 샌나르시소(San Narciso)를 근거지로 하는 인버래러티의 제국을 둘러보고 그의 분산된 유산을 정리하는 일이다. 그 과정에서 그녀는 비밀우편제도 트리스테로의 신비 속으로 깊이 들어간다. 그녀는 트리스테로의 많은 정보를 수집하지만 그것이 실재하는지 조작된 것인지, 현실인지 환상인지 결단을 내리지 못하게 된다. 에디파는 "청교도적인 집요한 탐색"(Hans, 293)으로 자신을 고립에서 구해줄 열쇠로서 트리스테로를 추적한다. 그녀는 중심에 근접해가지만 증폭되는 과다한 정보에 의해 혼란에 빠지며, 끝내 중심을 파악하지 못하므로 "증대되는 편집증의 희생자"(Freese, 171)가 된다. 이 과정에서 그녀는 탐색을 실패하지만, 깨달음의 기회를 갖고 부분적으로 딜레마를 해결한다. 이 작품은 트리스테로의 현존에 대한 수수께끼를 풀지 못한 채 묵시록적 종말의 유보로 끝을 맺지만, 열린 결말은 다양한 해석을 가능하게 한다.

이 작품은 탐색 형식의 로망스가 변형된 형태이다. 에디파의 트리스테로 탐색은 실패로 끝나는 자기 인식의 과정이다. 그녀는 인버래러티의 유산을 둘러보던 중 트리스테로에 대한 의혹을 갖게 되고 그것과 인버래러티의 유산과의 관계를 추적한다. 트리스테로는 "그녀가 결코 도달할 수 없고, 궁극적인 체계를 객관적으로 볼 수 없는 지리학적, 상징적, 역사적 차원을 가진 것"(Gibb, 97)이다. 그녀를 구원해 줄 기의로서의 말(Word)은 끝내 모습을 드러내지 않을 것이므로, 그녀의 탐색은 실패가 전제되어 있다. 트리스테로는 기의에서 방사된 기표로서 에디파의 추적과정에서 여러 형태로 나타난다. 그녀는 그 과정에서 미국의 이상주의인 '미국의 꿈'이 이룩해온 번영의 역사 이면에 무력함 속에서 살아가는 소외계층을 발견한다. 발전의 역사에 가려 있는 소외계층의 좌절된 모습이 또 하나의 미국의 실체이다. 그녀의 탐색은 실패로 끝나지만, 에디파가 소외계층 존재의 확인을 통해 획일성이 아닌 다양성을 수용하게 된다.

에디파는 고대 로망스에서 성배를 찾는 기사처럼 기의를 찾아 캘리포니아의 인공의 초록 네온불빛이 켜진 황무지, 고속도로, 거리를 헤매는 여성 탐색자이다. 트리스테로는 로망스의 탐색에서 신성한 기사가 물리쳐야하는 드래곤 같은 신화적인 대상이다. 그녀의 이름 에디파는 인버래러티의 유산의 의미를 찾는다는 점에서 소포클레스의 고대 비극의 주인공 에디퍼스(Oedipus)를 연상시킨다. 에디퍼스가 아버지의 세계로의 추적을 통해 자신의 정체성을 발견하듯이, 그녀는 자신이 속한 사회를 추적하여 정체성을 확인하고자 애쓰기 때문이다. 마스(Maas)는 형태가 확정되지 않은 '덩어리'(mass), 또한 남아프리카 공용의 네덜란드어로서 '망상조직'(mesh)을 의미한다. 그래서 그녀는 그물망 같은 미로에 갇힌 현실에서 질서의 패턴을 찾는 역할을 수행해야 할 인물임이 잘 나타난다. "상징적인 미로"(Gleason, 84)에 갇힌 그녀가 길을 찾고자하는 모습은 루이스 캐롤의『이상한 나라의 앨리스』(1865)에서 앨리스가 이상한 나라의 악몽 속에서 길을 잃고 헤매고 있을 뿐만 아니라 집으로 돌아가는 길을 찾으려는 것과 일치한다. 미로에서 길을 잃은 에디파는 분류자와 패턴의 형성자로 변형하는 진보를 보인다. 그녀는 '정보를 모으는 사람'에서 '형태를 만드는 사람'으로 변모한다.

에디파는 현실에서 고립되어 있다. 터퍼웨어 파티에서 집에 돌아온 에디파는 뚜껑만 닫으면 완전히 외부와 차단되는 밀폐용기 터퍼웨어처럼 자신이 외부와 차단되어 있음을 느낀다. 에디파는 유언집행인의 임무를 맡기 전까지만 해도 그녀는 남편 웬델 무초 마스(Wendell "Mucho" Maas)를 위해 음식준비를 하는 1960년대 전형적인 미국 중산층의 평범한 주부였다. 그러나 그녀는 인버래러티의 죽음과 함께 그에게서 소환장을 받으며, 유언집행인으로서 어디서부터 일을 시작해야 할지 알지 못한다. 에디파는 이런 혼란에서 벗어나기 위해 자신의 남편 무초, 정신과 의사 힐래리어스(Dr. Hilarius), 변호사 로즈먼(Roseman)에게 조언을 구하지만 그 어느 누구도 그녀를 구원하지 못하며 도움을 주지 못한다. 오히려 그들의 뒤틀려진 모습은 그녀를 둘러싼 남성사회의 무능력함을 상징한다. 그녀의 고립은 그녀를 감금상태의 마법을 풀어주지 못한 남성들의 무능함에 의한 것으로서 정부 우편/남성(mail(male)) 독점제도의 패배를 드러낸다. 그러므로 그녀는 남성중심의 체제(male system)의 실패에 대해 그것의 하나의 짝으로서 여성의 체제(female system)를 주장하는 적극적인 주체로서 탐색을 감행한다. 그녀는 주변의 모든 왜곡된 사람들 중에서 선택된 단 한 사람으로서 탐색자 역할을 수행한다.

에디파는 남편 무초와의 의사전달도 단절되어 있다. 무초는 디스크자키 일을 하기 전에는 중고차 판매원이었다. 그는 현실에 대해 지나칠 정도로 민감해서 자기보다 더 가난한 흑인, 멕시코인, 빈민들이 더 나은 차로 바꾸기 위해 끔찍한 차와 함께 가져오는 것들, "그들 자신과 가족의 기계화, 자동차화, 금속화된 모습, 그들 인생의 전부인 듯한 것들"(13)에 공포감을 느낀다. 그는 낡은 중고차들의 연쇄적인 행렬이 "끝없이 얽혀있는 근친상간"(13)을 범하는 모습과 무생물의 일부처럼 기계화된 모습에 역겨움을 느낀다. 이런 중고판매장 또는 폐차장(lot)의 모습은 핀천의 중요한 은유로서 퇴폐화, 무생물화된 현대사회를 상징한다. 무초는 차를 뜯어낼 때 그들의 인생 찌꺼기만을 보게 되지만 그것의 진정한 의미를 깨닫지 못한다. 이것은 에디파가 탐색을 통해서 그들이 번영의 역사이면에 소외계층으로 외면당했고, 인간 생명체가 물체로 대체되고 획일성의 사회에 동질화됨으로써 인간성을 상실하고 무생물화 되었음을 제시할 것이지만, 무초는 그 의미를 파악하지 못하며 오히려 공포감, 역겨움을 느껴 현실에서 도피해버린다. 무초는 자동차 판매장을 방송실보다 좋아했지만, 방송국 송신실(lot)을 중고 판매장에서 느끼는 공포를 막아주는 완충지대로 생각하여 KUCF 방송국에서 디스크자키로 일한다. 그러나 무초가 디스크자키로서 방송을 내보내는 일도 상호간의 의사소통을 이루는 것이 아니라, 획일화 과정에 참여하는 것일 뿐이다. 그는 "자신이 하는 일이 매일 매일이 실패"(12)라고 회의를 느끼는 인물이다. 이러한 무초는 에디파에게 도움을 주지도 구원을 해주지도 못한다.

정신과 의사 힐래리어스도 그녀를 고립에서 구해내지 못한다. 그는 그녀에게 가정주부들을 대상으로 하는 LSD, 흥분제, 환각제의 마약효과 실험인 '다리'(the bridge: die brucke) 프로젝트에 참여할 것을 권유한다. 그녀는 그것에 참가하지 않으며 그가 진정제라고 하면서 준 LSD도

복용하지 않는다. 그는 그것이 "내면의 세계를 이어주는 다리"(16)라고 하지만, 사실 그것은 인간을 자아와 타자의 구별을 없애고 획일화와 환각상태로 마비시킴으로써 인간의 정체성을 파괴시킬 뿐만 아니라 파멸과 엔트로피의 과정으로 몰아넣는다. 그 프로젝트는 사람들을 체제에 유순하게 순응하는 인간으로 만들려는 의도가 숨어있는 것이다. 그녀의 변호사 로즈먼도 그녀를 구원하지 못한다. 로즈먼은 페리 메이슨(Perry Mason)처럼 유능한 변호사가 되길 원했지만 실패한 사람이다. 이처럼 그녀를 둘러싸고 있는 남성중심 사회는 획일성과 환각상태를 강요하고 그녀를 고립 속으로 몰아넣을 뿐 아무런 도움을 주지 못한다.

그녀의 탐색은 고립상태로 가둔 마법의 수수께끼를 해결하는 것이 아니라 계속적인 고립으로 몰아넣는 과정으로 드러난다. 에디파는 자신의 상황을 마술에 걸려 탑 속에 갇힌 라푼젤의 상황과 같은 것으로 본다. 그녀는 라푼젤이 되어 키너릿(Kinneret) 숲의 높은 탑에 갇혀 있는데 피어스가 왕자처럼 나타나자 그녀는 머리카락을 내려 늘어뜨린다. 그러나 그가 반쯤 올라왔을 때, 그녀의 머리는 사악한 마법에 의해 가발이 되고 그는 떨어지고 만다. 그는 다시 크레딧 카드로 탑의 잠금장치를 열고 나선형의 계단을 올라오고 있는데 어떤 마녀의 교활한 계략으로 그는 다시 원점으로 되돌아가곤 한다. 그들 사이에 있었던 모든 일들은 결코 그 탑의 한계를 벗어나지 못하는 것으로 되풀이된다. 이렇게 라푼젤과 같은 모습으로 에디파를 제시하는 것은 모든 것을 질서화시킬 궁극적인 말에 대한 추구가 부단한 노력에도 불구하고 결국은 실패와 무위로 드러날 것임을 예시한다. 피어스가 에디파를 구하지 못하고 계속 출발점으로 되돌아갔듯이, 자신을 구원해줄 기의에 도달하려는 그녀의 노력은 실패할 수밖에 없는 것으로 암시된다. 에디파의 기의 추구가 '모든 것'인 동시에 '아무 것도 아닌 것'에 불과하다는 것은 작품 속의 독립적인 예술품들인 바로의 그림 <아름다운 흑색 휘장>, 영화 <쫓겨난 자>, 희곡 『사자의 비극』에서 반복적으로 나타난다. 에디파는 작품 속의 예술작품을 봄으로써 자신의 삶을 통찰한다. 탑에 갇혀 구원받지 못하는 라푼젤의 이미지는 에디파가 피어스와 멕시코시티에서 같이 보았던 바로의 <아름다운 흑색 휘장>과 일치한다. 에디파는 3부작 그림의 중앙에 서서 "연약한 소녀들이 원형의 탑 속 꼭대기 방에 갇혀 있는 모습"(20)을 보게 된다. 또한 그녀는 지구상의 모든 건물, 동물, 파도, 숲들이 태피스트리 안에 있으며 그것이 바로 세상임을 인식한다. 그녀는 자신을 탑에 갇힌 소녀들과 일치시킨다. 에디파는 자신을 가둔 탑이 멕시코시티에서 본 그림의 탑과 동일한 것임을 깨닫는다. 그녀는 자신을 거기로 데려온 피어스도 그녀를 구원하지 못할 것이며, 자신을 가둔 자아의 탑이 탈출이 불가능한 곳임을 알게 된다. "형태도 없는 마술"(21)의 힘은 너무도 강력해서, 그녀는 그 의미를 파악할 수 없다. 에디파는 자신을 원형의 탑에 가둔 마술을 풀어 줄 진리로서 기의를 간절하게 추구한다. 그러나 현실에 갇힌 그녀에게 진리는 너무 멀리 있고. 피어스같은 구원의 기사도 그 마술을 풀 수 없었고 자신도 아무 것도 할 수 없었으므로, 그녀도 현실 도피적으로 무초와 결혼한 것이다.

그녀는 미로 같은 세상에서 의미를 찾아야 한다. 그녀는 매듭을 만들고 천을 짜는 사람으로서 자신을 가둔 마술을 풀 패턴을 만들어가야 한다. 언덕에서 샌나르시소를 바라보는 에디파는 그 곳의 광경을 트랜지스터라디오를 처음 열었을 때 본 전기 배선과 일치시켜 생각한다.

> 높은 곳에서 보는 질서 정연한 집들과 거리들은 라디오의 폐쇄회로기판처럼 예측 못할 만큼 놀랍게도 질서정연한 모습을 보여주고 있었다. 그녀가 남부 캘리포니아인들에 대해 라디오만큼이나 몰랐다고 할지라도 두 개의 외형적 패턴은 숨겨진 의미와 의미를 전달하려는 의도가 내포되어 있는 상형문자와 같았다. 그 회로가 그녀에게 하려는 말은 끝이 없는 무한한 것으로 보였다. (24)

그녀는 질서정연한 라디오 폐쇄회로기판과 샌나르시소의 집들과 거리의 모습을 해석해야 할 상형문자로 인식한다. 그녀는 폐쇄회로기판과 같은 샌나르시소는 닫힌 체계이며 커뮤니케이션이 단절된 곳임을 알게 될 것이지만, 그녀는 샌나르시소를 해독해야 할 부호로 생각한다. 그녀는 첫 소감을 "기이한 종교적인 순간"(24)으로 느끼고, 그 상형문자에 대해 수신자로서 임무를 수행하고자 한다. 에디파는 도시 이면에 숨어있는 의미를 적극적으로 해독하고자 한다.

샌 나르시소에서 처음으로 묵는 모텔인 에코 코트(Echo Courts)는 그녀가 탐색할 장소가 얼마나 닫힌 사회이며 인공적인 도시인가를 잘 나타낸다. 샌나르시소는 나르시서스(Narcissus) 신화를 연상시키듯이, 이곳이 물에 반영된 자신의 이미지와 사랑에 빠져 닫힌 체계로서 사멸하고만 것과 동일하게 연결된다. 즉, 나르시서스가 수면에 비친 자신의 이미지와 사랑에 빠져 자아의 탑에 스스로 유폐되어 죽은 것과 같다. 에코 코트도 에코(Echo) 신화를 연상시키듯이 나르시서스와 같은 의미를 나타낸다. 나르시서스가 자신의 외양인 시각적 이미지에 반해 죽었다면, 에코는 자기목소리에 반해 사멸한 인물이다. 그녀는 자기목소리를 자랑스레 여기는 교만함으로 인해 헤라의 노여움으로 남의 말만을 되풀이하는 벌을 받음으로써 자기가 연모한 나르시서스에게 관심을 끌지 못하고 그리움으로 수척해져서 청각적인 목소리로만 남기 때문이다. 이것처럼 샌나르시소와 에코 코트는 닫힌 체계를 암시한다. 에코 코트 앞에는 광고용으로 흰 꽃을 들고 있는 금속판의 님프의 조상이 세워져 있는데, 대낮인데도 네온사인을 켜 놓았을 뿐만 아니라 자연 바람이 아닌 선풍기로 인공 바람을 만들어 님프의 망사 옷을 휘날리게 한 인공적, 비자연적, 기계적인 모습을 보여 준다. 역설적으로 님프의 얼굴이 그녀와 매우 닮은 모습이지만, 에디파는 아직 그것을 인식하지 못한다. 그녀는 겉으로는 화려한 발전을 보여주는 미국이 님프의 조상처럼 공허한 허상일 따름이라는 것을 전혀 인식하지 못한다.

그녀가 그 모텔에서 처음 만나는 모텔 관리인 마일스(Miles)는 '패러노이즈'(Paranoids)라는 전자음악 그룹에 속한 인물이다. '패러노이즈'는 마약에 도취해있는 전자음악그룹이며, 마약, 환각제의 도움으로 반의식과 가사상태로 살아가므로 진리를 진지하게 추구하려는 에디파와 달리 매우 왜곡된 모습을 보여준다. 이들은 에디파가 이 모텔에서 공동유언집행인 메츠거(Metzger)와 만나는 장면 내내 배경음악처럼 노래를 불러줌으로써 그녀의 탐색의 시발점에서 기묘한 분위기를 고조시킨다.

에코 코트에서 메츠거와 보는 영화 <쫓겨난 자>는 이 작품 속의 독립작품으로 감금과 구원의 모티프의 변형을 보여준다. 이 영화는 메츠거가 어렸을 때 아역 배우 베이비 이고르(Baby Igor)로 등장했던 것이다. 영화의 줄거리는 아들인 이고르를 보호하지 못해 죽음으로 몰아넣는 아버지에 관한 것이다. 그의 아버지는 자기 친구의 비겁함을 감추기 위해 자신이 누명을 쓰고 아들과 세인트 버너드 개와 함께 갈리폴리로 가는 연대를 따라간다. 거기서 아버지는 소형 잠수함을 만들고 어뢰로 터키상선을 공격한다. 메츠거는 이들이 폭격을 가하는 터키

군과 격렬한 싸움을 하는 상황에서 이 영화의 결말에 관해 그녀에게 묻는다. 메츠거는 그녀에게 그들이 곤경에서 빠져나갈 수 있을 것인지 내기를 하자고 제안한다. 그녀와 메츠거는 영화의 결말을 알아맞히기 위해 스트립 보티첼리(Strip Boticelli) 게임을 한다. 그녀는 자신이 가지고 간 옷을 모두 껴입고 그들이 잠수함에서 탈출하지 못할 것이라고 내기를 걸지만 그녀는 메츠거의 계략에 빠진다. 그러나 이 게임을 통해 그녀는 자신의 삶에서 새로운 전환점을 갖는다. 이전에는 그녀는 닫힌 세계에서 살면서 자아를 드러내지 않고자 했으나 메츠거와의 내기에서 자아를 드러낸다. 이것은 에디파가 자신의 허울과 아집의 패각을 벗는 것의 상징으로 중요한 의미를 갖는다. 그녀는 메츠거와의 계기를 통해 샌나르시소의 탐색을 시작하게 된다.

그러나 이 내기의 시작부터가 불합리하고 불공평하다. 영화를 처음부터 끝까지 알고 있는 메츠거와 영화에 대해 전혀 모르는 에디파가 내기하는 것부터가 역설이며, 그녀가 이길 가능성이 없다. 메츠거에게 이미 그 영화는 완성된 작품이지만 에디파에게는 아직 종결성을 갖지 못한 상태이다. 헐리우드 영화의 결말은 언제나 해피엔딩이라는 메츠거의 유혹적인 권유로 시작한 내기는 에디파의 처음 예상처럼 실패로 드러난다. 이고르와 개는 잠수함에서 빠져 나오지 못하고 죽으며 아버지가 그것을 자책하는 독백으로 영화는 끝난다. 이것은 에디파 역시 어린 이고르처럼 구원받지 못하고 패배할 것임을 암시한다. 이것은 영화의 끝처럼 에디파의 탐색이 패배로 끝날 것임을 예시한다. 이고르는 에디파와 유사한 상황에 처해 있다. 에디파처럼 순수한 이고르는 악의에 찬 세계에 내던져져 있다. 아버지가 자신의 역할을 충실하게 다하지 못함으로써 이고르는 익사한다. 이것은 이고르처럼 에디파도 구원받지 못할 것임을 암시한다. 이 영화는 TV에 방영되는 동안 실제와 비

실제적인 요소가 뒤섞인다. 이 영화의 방영조차 메츠거의 조작에 의한 것일 수 있다는 의심을 불러일으킨다. '패러노이즈'가 인공 수영장 옆에서 부르는 세레나데는 이고르가 해변에서 부르는 노래와 평행을 이루어 에디파에게 들려온다. 영화에서 기뢰가 터져 이고르가 잠수함에서 곤경을 겪는 것은 에디파가 헤어스프레이 캔이 터져 화장실에서 소동을 겪는 것과 일치됨으로써 영화는 현실과 연결된다. 영화 중간마다 인버래러티의 주택개발사업 팬고소 래군즈(Pangoso Lagoons)를 비롯한 그의 다른 사업들의 요란한 광고가 반복해서 나오며, 메츠거는 이때마다 인버레러티의 사업이며 소유지라고 말한다. 이런 상황에서 에디파는 자신이 음모에 빠져 있다는 강한 의혹을 갖는다.

그녀가 인버래러티의 우표 수집품들을 살펴보는 것은 "트리스테로의 음울하고 불길한 출현"(53)으로 엮어진다. 그녀는 무초로부터 온 편지에 찍힌 소인 옆에 우체국장(Postmaster)이라고 쓰여야 할 곳에 마약국장(Potsmaster)이라고 쓰인 것을 발견함으로써 기이한 경험을 한다. 에디파는 요요다인 회사의 직원들이 자주 가는 술집 스코우프(The Scope)에서 그들이 회사의 내부 우편배달부에 의해 편지를 주고받는 것을 목격한다. 그녀는 화장실 벽에서 사서함 번호와 약음기가 달린 나팔 기호가 그려진 것을 발견한다. 그녀는 팰로피언(Mike Fallopian)과의 대화에서 우편배달사업은 정부의 독점사업이지만 그들은 요요다인 회사의 내부 우편배달제도만 사용함을 알게 된다. 남북전쟁은 1845년경에 일어났던 우편제도 개혁운동과 연관성이 있으며 그것이 1861년 북부연방정부가 사설우편 배달제도를 강경하게 탄압한 것과 연루되어있다는 것을 들음으로써 그녀는 정부독점우편제도에 의혹을 갖는다.

에디파는 팬고소 래군즈에서 인버래러티에게서 뼈 값을 받지 못했다고 주장하는 토니 재규어(Tony Jaguar)가 자기를 쫓아다닌다고 말하는 배우 겸 변호사인 디프레소(Dipresso)를 만난다. 그녀는 이탈리아로부터 뼈들이 미국으로 들어오게 되어 담배 필터 사업에 사용된 이야기를 듣는다. 라고 디 피에타(Lago Di Pieta)호수에서 비극적 전투가 벌어졌고, 미군들이 독일군에 의해 전멸 당해 그 시체들이 모두 호수에 던져졌고, 토니 재규어가 호수에서 건져올려진 그 뼈를 미국의 베이컨필드(Beaconfield) 담배회사에 필터용 뼛가루의 원자재로 팔았다는 것이다. 이러한 내용을 엿들은 '패러노이즈'그룹 사람들은 이 이야기가 재코비언 복수극인『사자의 비극』에 나오는 호수 속에 던져져 사라졌다가 건져올려져 숯으로 변한 병사들의 이야기와 비슷하다고 말한다. 숯으로 변한 뼈에 대한 의혹 때문에 에디파가 보러가는 17세기 화핑거의『사자의 비극』도 바로의 그림과 <쫓겨난 자>처럼 이 소설 속의 또 하나의 예술작품이며, 에디파의 탐색이 무위로 끝날 것임을 라푼젤 모티프의 변형으로 암시한다. 이 극은 트리스테로에 대한 실마리를 제공하며, 죽음과 묵시록적 분위기로 가득 차있다. 이 극에서 사악한 공작 앤젤로(Angelo)는 패지오의 선량한 공작을 살해한다. 패스퀘일(Pasquale)은 적자인 주인공 니콜로(Nicolo)가 성인이 되기까지 대신 섭정의 자리에 오르며, 니콜로를 없애고자 한다. 니콜로는 튠과 탁시스의 사자로 위장하고 앤젤로에게 복수하고자하지만 그가 합법적인 상속자로 복원되기 직전 트리스테로 검은 옷을 입은 암살단에 의해 죽는다. 니콜로가 많은 곤경을 겪고 죽는 것은 이고르의 상황과 유사하다. 니콜로과 이고르의 곤경과 좌절은 에디파가 겪는 상황과 흡사하며, 그녀의 탐색이 실패로 끝날 것임을 예견하게 한다. 이고르와 에디파처럼 "순수한 니콜로"(67)는 음모로 가득한 현실에서 고립되기 때문이다. 니콜로는 적자이면서도 합법적인 지위를 얻지 못함으로써 자신의 세계를 질서로 회복시키는데 실패한다. 니콜로가 합법적인 상속권을 이어받지 못하고 죽는 것은 에디파의 탐색의 실패를 평행적으로 예시하며 마침내 그녀 역시 절멸의 위기 순간에 처하게 됨을 암시한다. <쫓겨난 자>처럼 이 극은 익사 당한 군인들에 대한 묘사를 하며, 이것은 인버래러티 호수에 있는 '뼈들'과 연결된다. 그 극에서의 '뼈들'은 "검정색"(70)으로, 앤젤로가 패스퀘일에게 서신을 쓸 때 사용한 검은 잉크가 된다. 또한 그것은 의사전달 수단으로서 그녀가 청교주의적 신념처럼 집요하게 매달려온 말에 연관된다.

에디파는 이 극을 통해 트리스테로를 처음 대하며, 중심 진리를 얻기 위해 그 극의 원본을 찾고자 한다. 드리블렛(Dribblet)은 그녀의 트리스테로 탐색에서 많은 단서를 제공한다. 그는 그것이 "아무 것도 의미하지 않으며"(77) 많은 음모와 함정이 가득 찬 것이라고 한다. 드리블렛은 우리가 볼 수 있는 것은 원본이 아닌 복사본과 변형본들일 뿐이라고 한다. 그것은 바로의 그림, 영화 <쫓겨난 자>, 『사자의 비극』처럼 모두 하나의 궁극적인 말에서 방사된 다수의 텍스트이며 복사본으로서 다양한 형태일 뿐이다. 드리블렛은 그녀가 추구하는 실재는 파악할 수 없는 것이므로 실제로 아무런 의미가 없을 수도 있다고 한다. 그는 실재는 무수한 의미와 관점을 소유한 풍경과 같은 것이므로 그녀가 지나치게 말이나 텍스트에 의존하지 않길 권고한다. 실재가 머릿속에 있듯이, 그는 진리를 다양한 형태로 비추는 "천체에 존재하는 영사기"(79)라고 한다. 메츠거가 이 극을 "무운시로 쓰인 로드러너 만화 같다"(75)고 말했듯이, 이것은 인간이 로고스를 추구하기 위해 애쓰지만 영원히 포착할 수 없는 것임을 시사한다. 드리블렛은 인간이 진리를 영원히 포착할 수 없으며 투사된 다양성만을 감지할 수 있다고 한다. 드리블렛은 그녀가 트리스테로를 진리의 말처럼 청교주의적인 집착으로 탐색하려 하지만 진리는 유보되어 있어 결코 얻을 수 없다고 한다.

에디파는 정보를 수집할수록 많은 정보가 남아 있다고 생각한다. 그녀는 인버래러티가 유언장에 남겨 놓은 것에 생명을 부여하고자 한다. 에디파는 드리블렛처럼 진리를 투영하는 영사기 역할을 하고자 한다.

2. 진리의 추구와 파편적 서술구조

이 작품은 단순한 진리 탐색의 구조를 사용한다. 여자 지정 유언집행인으로서 에디파의 직무는 그녀에게 일련의 에피소드를 통해 그녀를 데려간다. 그 에피소드는 각각 커뮤니케이션의 주제에 연관될지라도, 이 작품의 전반적인 인상은 통일성을 이루기보다 파편화된다. 그럼에도 이 작품의 분열증적인 서술구조는 파편화된 진리, 역사, 커뮤니케이션의 주제를 좌절된 상황에서 재구성의 가능성을 제시한다. 에디파의 사색은 핀천의 서술에서 묘사되는 다른 담론을 이해하기 위해 주요요소로서 편집증과 상상적인 음모의 존재, 지하우편제도 집단 트리스테로를 분명히 감지하는 것으로 나아간다. 그녀의 존재론적 고독에서, 에디파는 탈중심으로 그녀를 데려가는 인식론적 미로에 자신이 침잠하게 됨을 발견한다. 에디파는 존재할 수도 있고 동시에 부재할 수 있는 트리스테로 탐색의 미로상황에서 길을 찾고자 애쓰는 모습을 보여준다.

에디파의 신체는 더 이상 존재하지 않는 중심점으로 무감각하게 이름으로써 '미로 같은 고독으로 가득 찬 공간'으로서 묘사된다. 그러나 에디파는, 그것이 반복적으로 주장되었듯이 단순한 에디파가 아니다. 에디파는 거울 속에 갇힌 자아가 아니라 그 거울을 깨고 새로운 자아 정체성을 찾아가려는 모습을 보여준다. 그녀는 체계 속의 역할을 갖기 위해 관습적인 진리를 넘어서서 진정한 진리를 추구하기 위한 길을 창조한다. 에디파가 탐색과정에서 어둠의 집단 트리스테로 지하우편제도, 상속받지 못한 타자들이 거대한 미국 이면에 존재함을 인식하듯이, 에디파의 탐색은 다양성과 교류가능성으로 새로운 미국을 열어가는 것으로서 중요성을 갖는다.

그녀는 트리스테로의 탐색에서 여러 남성들을 만난다. 마이크 팰로피언, 랜돌프 드리블렛, 코텍스(Stanley Koteks), 소스(Mr. Thoth), 코헨(Genghis Cohen)은 그녀에게 트리스테로에 근접하는 정보를 제공한다. 팰로피언이 여성의 생식기관인 나팔관을 의미하며, 젱기스 코헨의 젱기스의 어원에는 창조, 탄생, 기원이란 의미가 있듯이, 이들은 탐색에서 트리스테로에 대한 의미 생성과 구체화를 도와주는 역할을 한다. 그러나 에디퍼스가 선왕 라이오스스의 살해범을 찾는 과정에서 사람들이 그에게 범인이 누구인지 진실을 말해주지 않고 회피하듯이, 그녀도 에디퍼스와 같은 상황에 처한다. 그것은 그녀가 탐색에서 만나는 사람들이 진실을 이야기하길 회피하고 그녀를 반복적으로 미궁에 빠뜨리기 때문이다. 에디퍼스의 탐색이 그 자신이 범인으로 드러나듯, 에디파의 추적도 자아탐색 그리고 그녀가 속한 미국 전체의 탐색으로 귀결된다.

스탠리 코텍스가 소개하는 존 니파스티스(John Nefastis)가 발명한 니파스티스 기계를 통해 그녀는 교류를 위한 분류자 역할의 중요성을 인식한다. 그녀는 자신이 '맥스웰의 요정'(Maxwell's Demon)과 동일함을 인식한다. 에디파는 분류자의 역할을 다하고자 하므로, 인버래러티의 유산을 가려내고 질서를 부여하는 일을 그녀의 진지한 임무라고 생각한다. 그러나 그녀의 탐색은 실마리를 푸는 것이 아니라 오히려 점진적으로 매듭으로 얽히는 것이 된다. 그녀는 정보를 모을수록 미로 속에서 빠져들고 고립되기 때문이다.

그녀는 지하의 우편제도와 그것의 기호인 약음기가 달린 나팔, 그것의 배달 방법과 관련하여 미국에서의 실제적인 역사성을 감지한다. 그녀는 팬고소 래군즈 호수 반대편에 있는 청동 묘비에 쓰인 미국의 정규우편제도인 웰즈 파고(Wells, Fargo)의 부하들이 검은 옷을 입고 마스크를 쓴 일단의 약탈자들과 싸웠다는 내용에서 검은 옷을 입은 자들이 트리스테로와 연관성이 있음을 추측한다. 인버래러티가 세운 양로원에 있는 노인인 소스는 그녀에게 그 무정부주의자들에 대한 실마리를 제공한다. 그녀는 그가 골드러쉬 때 포니 익스프레스(Pony Express)의 우편 배달부였던 그의 할아버지에게서 들은 공식 우편제도에 맞섰던 검은 옷을 입고 가짜 인디언의 모습으로 밤에 공격하러온 무정부주의자에 대한 정보를 알게 된다. 그녀는 그의 할아버지가 죽인 무정부주의자의 손가락에서 뽑아낸 반지에서 WASTE의 상징을 보게 됨으로써 무정부주의자와 검은 옷과 WASTE의 상징이 연관성이 있음을 이해한다. 그러나 노인은 트리스테로에 대해서는 잘 모르고 있다.

우표 수집가 젱기스 코헨도 에디파에게 위조우표의 오래된 역사를 알려줌으로써 트리스테로의 정보를 제공한다. 그녀는 유럽의 독점우편배달 서비스였던 툰과 탁시스 독일우표에서 WASTE 기호와 유사한 나팔이 그려져 있음을 발견하고, WASTE 기호가 툰과 탁시스의 나팔과 다른 것은 약음기가 부착된 것임을 알게 된다. 약음기가 부착된 나팔기호는 1940년에 발행된 미국의 포니 익스프레스 기념우표의 위조우표에도 나오므로 유럽독점배달서비스가 미국에도 은밀하게 존재함이 드러난다. "검은 복장, 침묵, 비밀"(97)의 집단으로 귀결되는 존재들의 목적은 툰과 탁시스의 우편 나팔을 침묵시키는 것이며 정규우편제도의 저항세력으로 현재까지도 활발하게 활동하고 있는 것이다. 그녀는 코헨에게 WASTE 우편과 약음기가 부착된 나팔의 관계에 대해 묻지만 그는 갑자기 모른다고 대답을 회피하여, 다시 혼란에 빠진다.

에디파는 니파스티스가 우편물을 받아보는 방법을 알기 위해 샌프란시스코의 밤으로의 탐색을 시작한다. 에디파는 그 탐색을 통해서 미국의 낮의 세계와는 전혀 다른 밤의 세계를 목격한다. 그녀는 질서정연한 미국 이면의 어두운 실체와 고립된 사람들을 대면한다. 그녀는 그 소외된 사람들이 얼마나 무기력한 삶을 살아가는지 목격한다. 니파스티스는 열기관과 커뮤니케이션에 관계되는 엔트로피에 대해 이야기하면서 그 둘의 공통점인 '맥스웰의 요정'에 대해 언급한다. 그는 요정이 뜨거운 분자와 차가운 분자를 분류할 때 그 조직의 엔트로피를 상실하게 하므로 요정의 분류자로서 역할의 중요성을 말하면서도 비정상적으로 살고 있다. 그가 어린이 만화프로그램에 열중해 있는 동안, 그녀는 그 기계를 집중하여 바라보지만 환각 증세만을 체험하게 될 뿐 요정과의 교류는 일어나지 않는다. 에디파는 그가 "커뮤니케이션이 열쇠이다"(104)라고 하면서도 바람직한 교류를 하지 못하고 퇴행적 상태로 사는 모습을 목격한다.

그녀는 트리스테로가 긴 역사를 거쳐 오면서 정통성을 인정받지 못한 소외계층이며, 그들이 자신들만의 비밀우편제도를 통해 은밀하게 의사소통을 하고 있음을 발견한다. 어떤 사람이 그녀에게 아놀드 스냅(Arnold Snab, 111)이라 쓰인 배지를 달아주게 되어, 그녀는 사랑에 빠진 사람들인 '익명의 연인들'(Inamorati Anonymous), I.A.회원 중의 한 사람에 의해 아놀드 스냅으로 불리어진다. 그녀는 그로부터 그들이 사랑에 빠져있다고 자처하지만 고립주의자들이며, I.A.의 우편나팔 상징의 유래를 들음으로써 우편나팔 기호의 실존을 확인한다.

에디파는 밤의 거리를 찾아 헤매며 소외된 사람들과 우편나팔을 계속 발견한다. 그녀는 골든게이트 공원에서 트리스테로와 툰과 탁시스를 연상케 하는 "트리스토, 트리스토 … 택시를 돌려서"(Tristoe, Tristoe, … Turning taxis, 119)라고 노래 부르는 아이들, WASTE우편으로 부쳐져 60년이나 걸려 배달된 무정부주의 노동조합의 신문뭉치를 받은 아라벨(Arrabel), 버스 내부에 그려진 죽음이란 글씨가 새겨진 우편나팔, WASTE를 통해 편지 왕래를 하는 한 소년과 그의 어머니의 모습을 대면함으로써, 약음기 달린 우편나팔을 상징으로 하는 WASTE우편과 트리스테로 집단이 미국에 실존할 수 있음을 인식한다. 그녀는 "엿보는 사람과 귀를 기울이는 사람"(123)으로서 미국의 공식우편제도를 통해 그들의 의사를 전달하지 않기로 선택한 사람들이 얼마나 많은지 확인한다. 그녀는 그것이 그들의 개인적인 선택이며, 거대한 미국이란 기계장치의 공적인 구조에서 물러나기 위한 하나의 방책임을 깨닫는다.

에디파는 손등에 우편나팔의 문신이 새겨진 노인으로부터 프레즈노(Fresno)에 있는 그의 아내에게 WASTE 우편으로 편지를 부쳐달라고 부탁을 받음으로써 실제로 WASTE가 존재함을 확인한다. 에디파는 노선원이 아내에게 돌아가고 싶어 하지만 갈 수 없듯이, 에디파는 그녀의 탐색도 한계성으로 인해 결코 진리에 도달할 수 없을 것이란 절망감에 사로잡힌다. 그녀는 그가 DT(정신착란증세 Delerium Tremens)를 앓고 있음을 알게 된다. 그녀는 일시적으로 현실을 분별해내지 못하는 이 증세를 수학적 기표 dt의 추상적 개념으로 볼 수도 있음을 이해한다. dt는 시차(time differential)로서 "순식간에 사라져 버릴 아주 짧은 시간"(129)을 의미한다. 그녀는 살아있는 모든 것은 결국 소멸할 뿐이라는 것을 깨닫는다. 그녀는 어두운 밤의 거리를 배회하면서 배제된 무리들인 부랑자와 정신병자들을 바라본다. 그녀는 WASTE라고 쓰여 있는 쓰레기통 크기의 깡통을 발견하고 선원이 부탁한 편지를 떨어뜨린다. 그 후 그녀는 지하 우편배달부가 편지들을 수거하는 것을 목격하고 뒤를 밟는다. 그가 도달한 곳은 니파스티스가 살고 있는 장소이다. 그녀는 결국 자신이 출발했던 곳으로 되돌아 온 것이다.

에디파는 밤으로의 탐색을 통해 WASTE 우편이 존재함을 목격한 후, 그것이 현실인지 환상이었는지에 대한 혼란으로 정신과의사 힐래리어스를 찾아간다. 그러나 그녀는 그가 테러리스트들이 그를 추적하고 있다고 믿는 미치광이가 되어버렸음을 알게 된다. 그는 과거에 유태인 학살에 가담했던 과학자로서 유태인들을 대상으로 환각상태에 이르게 하는 실험을 하였으므로, 그 죄책감으로 미쳐버린 것이었다. 또한 그는 자신의 환자들로 하여금 LSD를 복용케 함으로써 인간을 분별력을 잃고 환각상태에 빠지게 하는 연구를 계속했던 것이다. 그의 LSD 실험의 목적은 사람들을 획일화된 환각상태의 병적인 패러노이드로 만드는 것임이 드러난다. 힐래리어스는 에디파가 진정제도 먹지 않고 실험에 참여하지 않은 것은 그녀가 인간 본연의 자아를 잃지 않고자 노력했음을 인정한다. 이것은 에디파의 편집증이 정신분열증처럼 부정적인 것이 아니라 객관성을 가진 것임을 입증한다. 그녀는 힐래리어스같은 지배층이 얼마나 많은 사람들을 동질화 과정 속으로 이끌어 무감각 속에서 살도록 유도했는가를 깨닫는다.

에디파는 힐래리어스 사건을 방송하고 있는 무초를 만남으로써, 그녀가 키너릿을 떠난 후 힐래리어스의 LSD 실험에 참여한 무초가 완전히 변해버린 모습을 발견한다. 그가 힐래리어스 소동에 대해 인터뷰할 때 에디파를 다른 이름인 에드나 모쉬(Edna Mosh, 139)부르고 기계장치를 조절하면 그녀의 이름이 바르게 나온다고 하면서, 그는 인위적으로 인간의 발음까지 조작하는 기계화된 모습을 보여준다. 이미 그는 정체성과 분별력을 상실했고 자아와 타자에 대한 경계선이 허물어진 상태에 있다. 그는 자신을 영점(zero point)으로 잡고 시간과 공간을 확대해 가면 자신의 내부에 수천만 명의 목소리로 가득 채울 수 있다면서, 그는 수천만의 사람들과 동일화된 상태로 살아가고 있다. 그는 자신을 "모든 사람으로서의 나"(143)로 봄으로써 모든 사람과 획일화 속에서 무감각하게 사는 것이다. 그는 LSD를 복용한 이유에 대해 "그것이 세상을 풍요롭게 만들기 때문"(144)이라며, 그것을 그만 둘 수 없다고 한다. 어떤 의미에서 무초는 일반화되어 모든 사람과 함께 잘 지내는 것이지만, 또 다른 의미에서는 그는 인간이 아닌 것이기도 하다. 그러므로 에디파의 탐색은 무초와 다르다. 에디파는 증폭되는 정보의 혼란 속에서 자신의 이름이 아놀드 스냅, 에드나 모쉬, 그레이스 보츠(Grace Bortz, 171)로 지칭되기도 하지만, 긍정적으로 정체성을 잃지 않고 자신과 다른 사람을 구분할 수 있는 "상대적인 편집증"(136)을 지닌 것임이 판명된다. 그녀는 샌나르시소로 가기 위해 무초를 떠났던 바로 그날이 제정신의 그를 보았던 마지막 날이라 생각하고 다시 샌나르시소로 돌아온다.

3. 우편나팔 상징과 타자의 인식

핀천은 우편나팔과 우표의 이미저리를 통해서 현재와 역사에서 커뮤니케이션 문제에 관해 유희를 보여준다. 우편배달은 전보가 시행되기까지 가장 빠른 장거리 통신수단을 나타냈다. 우편배달제도가 유럽의 권력을 이동시킬 수 있는 가장 중요한 통로수단으로 보였듯이, 마찬가지로 핀천의 허구적인 역사를 다루는 소설은 미국정부가 서양에서 싹튼 독자적인 우편제도를 억압했듯이 그것을 중요한 통로수단으로 본 것을 시사한다. 이 작품에서, 어둠(darkness)의 상징은 공적인 유통경로와는 거리가 먼 단지 은밀한 트리스테로 같은 지하집단을 나타낸다. 트리스테로의 탐색에서, 에디파는 이 어둠의 존재를 만난다. 에디파는 공허감(void)에 매료되는 동시에 두려워함을 인식한다. 에디파가 중산층 가정주부의 정체성을 벗어나 피어스의 자산과 트리스테로의 탐색을 하게 될 때 그녀 내부의 어두운 공허감을 채우기 위해 목적과 의미를 찾는다. 그러나 트리스테로는 그녀의 온전한 정체성을 공허감의 어둠속으로 돌입하게 한다.

약음기가 부착된 우편 나팔의 상징은 약음기가 나팔을 소리가 나지 않도록 막는 것이므로, 인정받는 사회로부터 '물러남'을 의미한다. 그 상징은 트리스테로에 의해 창조되어 나중에 지하의 WASTE 우편배달 체계에 의해 사용된다. 에디파는 처음에 WASTE 주소와 함께, 우편나팔의 '상형문자'를 발견하지만, 그것이 무엇을 의미하는지를 나중에까지 모른다. 에디파가 우표전문가 젱기스 코헨으로부터 알게 되듯이, 우편나팔 그 자체는 1300년부터 1867년까지 공식적인 유럽 우편배달 서비스였던 툰과 탁시스의 문장에서 발견된다. 그럼으로써 우편나팔은 공적인 통신수단을 상징한다. 이에 반대해서 트리스테로의 목적이 공적인 통신수단을 방해하는 것이기 때문에, 우편나팔에 부가된 약음기는 그들의 침묵과 은밀함을 상징하는 것이다. 에디파가 그 우편나팔에 관심을 갖게 될 때, 그녀는 그것을 모든 곳에서 보게 된다. 샌프란시스코에서 그것은 그녀에게 수많은 지하집단을 발견하게 한다. 그녀는 미국에 매우 많은 상속권을 박탈당한 사람들의 집단이 있음을 이해하기 시작한다. 그리고 에디파는 트리스테로가 그들에게 목소리와 소속감과 의미의 감정을 주기 위한 방식이 될 수 있음을 이해하게 된다.

탐색에 관한 소명으로 유언집행인 직무에 응답함으로써, 에디파는 그녀의 독립성을 주장해 한걸음 나아간다. 그녀가 트리스테로 존재를 알아내든 혹은 알아내지 못하든, 이 소설의 끝에서 '상형문자 같은 거리이면에는 초월적 의미가 있을 수 있고 혹은 대지 그 자체만 존재할 수 있다'고 사색하듯이, 중요 지점에서 그녀 자신을 발견한다. 에디파는 그들이 존재하지 않는다면, 그녀의 모든 노력은 헛될 것이라고 이해한다. 그러나 그녀는 탐색 여정동안에 수많은 지하집단을 발견했고 그들에게 의미를 가져다 줄 열정을 찾는 수많은 사람들을 바라보았다. 그러므로 핀천은 고립 속의 희망, 진정한 교류를 지향할 때 인간의 진정한 자아뿐만 아니라 본질적인 소속감, 목적, 의미를 발견할 수 있음을 제안한다.

에디파는 트리스테로의 탐색을 통해 부분적으로 딜레마를 풀지만 과다한 실마리에 의해 마침내 혼란에 처한다. 이 작품은 "열린 의미로 가득 찬 닫힌 구조"(Hite, 72)로서 다양성과 불확정성을 확산한다. 샌 나르시소 대학의 에모리 보츠(Emory Bortz) 교수는 트리스테로의 역사성에 대한 정보를 제공하며, 『사자의 비극』의 원본은 변형되어 여러 텍스트를 갖게 되었다고 한다. 이것은 해체론적 의미에서 기의를 획득할 수 없다는 것과 일맥상통한다. 대본의 원본 부재는 중심의 부재와 탈중심화를 의미한다. 그것은 에디파가 진실을 결코 대면하지 못하며 그것의 복사본, 기의에서 파생된 흔적과 기표만 무수히 얻게 될 것임을 예시한다. 서유럽 독점우편제도였던 툰과 탁시스가 현재 침묵의 저항세력으로 남게 된 내력을 알아가는 과정에서 툰과 탁시스는 '가시'(thorn)와 '침묵의'(tacit)란 의미로 연관됨이 드러난다. 트리스테로의 강령은 '침묵의 가시'같은 존재로 행동하는 것이며 상징기호는 약음기가 달린 나팔인 것이다. 1577년 오렌지공 윌리엄은 서유럽의 툰과 탁시스 독점 체신 업무장관이었던 레오나드 1세 후임으로 힝카트(Jan Hinck-art)를 임명했지만 트리스테로가 나타나 자신이 스페인 혈통으로 체신 업무장관이며 합법적인 후계자라고 주장한다. 스페인사람이어서 지지를 받지 못했던 트리스테로는 툰과 탁시스의 독점우편업무는 불안정해진 시기에 트리스테로는 자신의 우편체제를 만든 것으로 나타난다. 트리스테로는 자신을 상속권 박탈자로 자처했고 추종자들에게 그들이 속한 것이 밤이라는 것을 상징하기 위해 검은 마차, 약음기가 달린 우편나팔로 그들의 존재를 나타낸다. 트리스테로는 독점지배세력에게 저항하는 지하세력임이 드러난다. 그것은 밝음과 낮과 반대로 어둠과 밤의 세계에 속한 것이다. 그녀는 오래된 미국우표에서 약음기 달린 나팔과 배를 하늘로 쳐든 오소리와 "우리는 침묵의 트리스테로의 제국을 기다린다"(We Await Silent Tristero's Empire, 174)는 문구를 발견하며 그것의 약자가 W.A.S.T.E.임을 알게 됨으로써, 미국에서의 트리스테로 집단의 존재가능성을 실감한다. 쓰레기(waste)로 취급되고 상속권을 박탈당한 자들이 침묵 속에서 상속권을 인정받길 원하며 기다리고 있음이 드러난다.

트리스테로가 소외계층을 지칭한다고 해서 반드시 선한 존재는 아니다. 트리스테로는 선 일수도 있고 악일 수도 있다. 에디파에게 기의인 트리스테로는 현실에서는 무수한 기표로 드러나며 다수의 의미를 갖는다. 트리스테로는 원래 'Trystero'로서 '밀회'(tryst)와 '공포'(terror)의 복합어로 보여진다. 툰과 탁시스에 의해 상속권을 박탈당했고 우편배달 독점권도 빼앗긴 후 검은 옷을 입은 지하 공포조직의 트리스테로는 미국으로 온 것으로 드러난다. 그들은 1849년 골드러쉬 당시 희망을 가지고 미국으로 왔으나 1854년경 미국 정부는 민영우편연락망을 분쇄시키려는 정규우편제도 포니 익스프레스와 싸웠고, 트리스테로는 침묵 속에서 위조우표를 만든 것으로 나타난다. 트리스테로는 긍정적으로 소외집단으로, 부정적으로 공포와 죽음의 집단으로 묘사되기도 하는 점에서 이중성을 갖는다. 인버래러티도 선한 존재인 동시에 악한 존재일 수 있다. 트리스테로와 인버래러티는 에디파에게 기의에서 방사된 무수한 흔적과 기표일 뿐이다. 트리스테로와 인버래러티는 동전의 양면과 같은 존재들이며, 자리바꿈으로 "부단한 유희"(D, 437)를 생성한다. 이것은 에디파가 트리스테로를 추적하면서 모든 것이 인버래러티가 죽기 전 그녀를 위해 꾸며놓은 속임수일 수도 있다고 생각을 하는 것으로 연결된다. 코헨이 우표목록을 구했고 그녀가 화핑거의 희곡대본 복사본을 구할 수 있었던 자프(Japf)의 헌책방과 화핑거의 희곡을 공연했던 탱크(Tank) 극장까지도 모두 인버래러티의 소유라는 것이 판명되면서, 트리스테로가 인버래러티와 불가분의 관계로 드러난다.

그녀는 보츠교수, 메츠거, 코헨, 드리블렛, 코텍스, 노선원, WASTE 우편배달부를 포함해서 모두가 인버래러티에게 매수된 부하들일 수도 있다고 생각한다. 그녀에게 즐거움, 공포, 혹은 교훈을 주기 위해 그들은 인버래러티가 만들어 놓은 거대한 장난에 충성을 다했을 수도 있는 것이다. 에디파는 WASTE 우편배달부를 확인했지만, 모든 것이 환상 혹은 현실일 수 있음의 끊임없는 양자택일 상황에 놓인다. 트리스테로가 존재하지 않는다면, 그녀는 은밀한 꿈과 환상 속으로 들어갔을 수도 있다. 또는 트리스테로가 존재한다면, 그녀는 미국의 공식 우편(남성 우위)제도 속에서 거짓 일상을 반복하며 정신적 빈곤 상태에서 살고 있으며, 그들의 의사소통의 연락망을 실제로 발견했을 수도 있다. 그래서 그녀의 추구는 단순한 편집증일 수도 있고 진정한 탐색일 수도 있다. 그녀는 극도로 과다한 정보만을 얻게 되고, 기의에 대한 신념을 더 이상 갖지 못한다. 그녀의 추구는 '아무 것도 아닌 것'으로 드러나며, 그녀는 고립상태에 놓인다. 그녀가 진리에 근접해갈수록 트리스테로의 존재는 그녀 주변의 남자들을 빼앗아 가는 것으로 나타난다. 정신과의사 힐래리어스는 유태인의 추적으로 미치게 됐고, 남편 무초는 LSD에 의해 환각상태로 빠져들었고, 메츠거는 '패러노이즈'중의 타락한 소녀와 도망쳐버렸고, 트리스테로로 인도해준 드리블렛은 투신자살을 해버림으로써, 그녀는 홀로 남으며 완전히 길을 잃는다. 마침내 그녀가 코헨으로부터 인버래러티의 트리스테로 위조우표들이 49번째 품목으로 팔리게 되었다는 연락을 받음으로써, 이 작품은 점차 긴장이 고조된다. 모리스 슈리프트(C. Morris Schrift)란 대리인을 통해 트리스테로가 존재한다는 증거가 되는 우표를 다른 사람에게 넘어가지 않도록 되찾아가려 한다는 것이다. '트리스테로가 정말 존재한다'는 사실은 급박한 결말로 치닫게 한다. 그녀는 고립상태에서 완전한 감금상황에 놓이게 된다. 즉 그녀의 트리스테로 탐색은 라푼젤의 감금/구원의 모티프의 변형으로서 감금상태로 되돌아가며, 탐색과정에서 만난 남성들이 구원자 역할을 해주지 못하는 것으로 판명된다.

샌나르시소는 아무 의미 없는 이름에 불과하며 "겉껍질과 외피만으로 되어 있는 미국의 연속성"(177)에 속하는 것으로 나타난다. 고도의 발전이란 미명하에 거대하고 잘 정비된 미국은 화려한 외양만을 갖춘 것에 불과하며, 그 실체는 그 아래에 존재하는 것일 수도 있다는 의미이다. 미국의 자본주의를 구현한 인물인 인버래러티가 남긴 의미는 바로 '미국'임이 드러난다. 피어스 인버래러티 이름의 의미는 '진실을 꿰뚫어 보는 것'(pierce in(to) veracity)'이 될 수도 있다. 그래서 피어스는 에디파가 그가 추구해온 것을 똑바로 꿰뚫어 보도록(pierce) 그의 상속녀로서 그녀에게 임무를 맡긴 것이라고 볼 수 있다. 그는 유언 속에 트리스테로란 암호를 넣고 그녀가 그것을 풀도록 했을 수도 있다. 그는 트리스테로를 발견했고 그녀도 그것을 발견하리라 확신하며 그의 유언 속에 수수께끼 같은 기호로 남겼을 수도 있다. 그의 욕구는 "계속

튀어 오르는 것"(178)으로 부단히 도약하는 것이었지만 그 도약의 끝은 죽음으로 판명된다. 진보와 도약은 겉치레이고 허상으로 드러나는 것이다. 또한 트리스테로가 정말 존재한다면, 그것의 연속성으로서 샌나르시소, 다른 도시, 다른 주, 미합중국 전체 어디에서나 트리스테로를 발견할 수 있게 되는 것이다. 에디파가 밤의 탐색에서 목격한 소외계층, 빈민층, 고립주의자, 동성연애자, 마약중독자, 광인, 무단 거주자, 방랑자들은 미국의 화려한 외피 아래 지하층에 존재하고 타자로서 미국을 구성하는 또 하나의 실체인 것이다. 이 배제된 사람들은 미국의 박탈당한 진정한 상속자일 수도 있다. 이들은 트리스테로를 통해 은밀하게 서로의 연락을 취해온 것이라 할 수 있다.

그러나 핀천은 지금까지 보아온 미국의 양극성에 대해 가능성으로 열어놓으며 어느 한 쪽에만 완전한 주도권을 부여하지 않는다. 트리스테로의 후예라고 할 수 있는 사람들도 더 이상 상속을 받을 것도 없는 무기력과 환각 상태에 놓인 사람들이기 때문이다. 그들은 독단적, 획일적 지배층에 대항하는 건전하고 합법적인 대항세력으로서의 정당성을 잃고 있다. 소외된 사람들도 무감각, 환상 상태에서 '쓰레기'같은 존재로 살고 있으므로 당혹감을 줄뿐이다. 에디파는 비참한 소외계층의 모습을 통해 "한때는 다양성을 위한 기회들이 이곳에서 어떻게 되었는가"(181)라면서 어떻게 축복과 "갈채를 받은 땅"(180)이 이런 악화된 상태로 변질될 수 있는가에 의문을 제기한다. 이것은 과거 신대륙의 이상주의가 추구한 개방성이 지금에 이르러 고립주의, 폐쇄성, 닫힌 체계가 되어버린 것에 대한 한탄과 경악을 표명하는 것이다. 에디파는 결국 미국에 존재하는 양극성의 세계를 둘 다 인정하게 된다. 낮의 정비된 질서의 세계와 밤의 무질서의 세계는 미국의 양면성이며 동시에 다양성인 것이다. 에디파는 자신이 0과 1이 쌍을 이루며 시계추처럼 좌우로 흔들리는 “거대한 컴퓨터의 매트릭스”(181) 속에 존재하고 있음을 인식한다. 그녀는 ‘선택의 균형’의 덫 속에 갇혀있는 것이다. 그녀는 상형문자 같은 거리 이면에 초월적 의미가 숨어 있을 수도 있고 아니면 단지 이 세상만 존재할 수 있다고 느낀다.

> 0과 1들. 그들은 한 쌍으로서 짝을 이룬다. … 명백한 것 뒤에는 또 다른 의미의 형식이 있을 수도 있고 없을 수도 있다. 에디파가 진정한 패러노이아의 선회하는 황홀감 속에 있을 수도 있고, 아니면 정말로 트리스테로가 존재할 수도 있다. 왜냐하면 유산으로 물려받은 미국의 외형 뒤에는 트리스테로가 있을 수도 있고, 아니면 단지 미국만 있을 수도 있다. 만약 트리스테로가 존재하지 않고 단지 미국만 있다면 그녀가 그것과 관계를 맺을 수 있고 지속할 수 있는 유일한 방법은 … 소외된 사람으로서 패러노이아 속으로 들어가는 수밖에 없는 것이다. (182)

양자택일(either/or) 문구의 연속적인 사용은 둘 중 하나의 선택이 아니라 이중성, 다양성, 불확정성을 제시하는 것으로 점증된다. 트리스테로는 존재할 수도 있고 존재하지 않을 수도 있다. 다양성의 의미는 이분법적 대립을 넘어선다. 여기에서 다양성은 ‘이것인 동시에 저것’(both/and)인 다수성 뿐만 아니라 ‘아무 것도 아닌 것’의 의미를 포괄한다. 이분법적 대립에서 다양성을 인정하는 것은 소외계층을 위로 끌어 올려줌으로써 우위계층과 한 쌍을 이루게 하는 것이다. 연쇄적인 양자택일의 구문은 하나의 완결성을 거부하고 끊임없는 상호보충과 변화를 일으킨다. 트리스테로가 존재하지 않는다면 에디파의 탐색은 단순히 편집증적 환상에 불과하지만, 트리스테로가 존재한다면 그것은 그녀의 탐색에서 초월적 의미의 현존을 파악할 수 있는 순간이 된다. 마침내 에디파가 경매장으로 가는 것은 그녀가 추구해온 트리스테로의 현존을 확인하고 자신을 감금에서 구원해줄 열쇠인 말씀을 들을 수 있는 종교적 의미의 최후의 심판과 같은 급박한 순간이 된다. 그러나 작품의 마지막 부분에는 기의의 무한한 지연이 일어남으로써 에디파는 계시의 현현을 기다릴 수밖에 없는 상황에 처한다.

49호 품목의 경매에서 49는 다수의 의미를 갖는다. 성령이 강림한 것을 기념하는 오순절은 부활절 이후 일곱 번째 일요일인 49번째 되는 날이며, 그 말 자체는 희랍어로 50번째를 의미한다. 그러므로 49는 계시의 현현이 일어나기 직전의 순간을 의미한다. 또한 49는 1849-50년 동안 트리스테로 집단이 지하조직을 구축하기 위해 미국으로 온 것과 1849년 서부 캘리포니아에 황금이 발견되었을 때 아메리칸 드림을 가진 수많은 49년의 이주자(Forty Niners)의 골드러쉬(Gold Rush)가 있었던 것과 연관된다. 그래서 이 작품의 마지막 구절은 묵시록적인 계시가 일어나기 직전의 종교적인 분위기이다. 이 마지막은 그녀가 간절하게 추구해온 구원의 말씀을 얻을 수 있는 시간이 임박한 순간이다. 이 작품이 “49호 품목의 경매를 기다리는”(183) 것으로 끝나는 것은 소외된 자들이 황무지의 죽음과 같은 침묵과 순응 상태를 극복하고 자신은 박탈당한 상속권을 되찾기 위한 외침을 드러내야 한다는 것을 암시한다. 그러나 경매장 문의 잠금 장치가 닫히듯이, 그녀는 구원의 열쇠인 진리의 말씀을 얻기 직전에 다시 감금상태에 놓이게 된다. 계시의 현현의 순간이 일어나기 직전에 이 작품은 무수한 다양성의 가능성만을 남긴 채 끝을 맺는다. 기의는 영원히 유보되어 있으므로, 그녀는 진리를 영원히 만날 수는 없을 것이다. 그래서 이 작품은 구조화되어 있지만 탈중심화 된 플롯이 된다. 그녀를 감금에서 구해줄 계시의 현현은 계속 유보되고 다양성의 의미만을 산출하므로, 이 작품은 열린 의

미로 가득 찬 구조가 되는 것이다.

이와 같이 그녀의 탐색이 좌절과 무위로 끝날 것이란 암시는 라푼젤 모티프의 변형인 <아름다운 흑색 휘장>, <쫓겨난 자>, 『사자의 비극』으로 반복적으로 변형과 확대를 이루면서 그 의미가 점증적으로 강화된다. 에디파는 중심에 접근하지만, 정보의 범람 속에서 자신이 보았던 소외계층의 삶이 질서정연한 미국이면의 또 다른 면일 수도 있고 완전한 허구일 수도 있다는 깨달음과 함께 불확정성의 의미를 얻는다. 그녀는 탐색 행로에서 소외계층의 삶이 고립, 환각 속에서 표류하는 어두운 면모를 확인할 뿐이다. 그러나 그녀의 탐색이 주는 진정한 의미는 무기력에서 벗어나 진정한 의사전달을 통한 교류를 이루며 다양성과 개방성을 지향해갈 것을 제안하는 것이다. 에디파는 트리스테로의 추적과정에서 "구원은 커뮤니케이션에 달려있다"(164)는 말처럼 고립과 감금에서 구원해줄 가장 중요한 열쇠는 진정한 의사소통임을 이해하게 된다. 이것은 '커뮤니케이션이 열쇠이다'라는 말의 반향이며 되풀이기도 하다. 핀천이 이 작품에서 메시지와 해결책은 커뮤니케이션이 핵심적인 열쇠라는 것이다. 진정한 커뮤니케이션은 현실 도피적이며 퇴행적인 니파스티스의 비정상적 의사소통의 관계, 환각, 마취, 가사상태가 아닌 생명력을 지닌 인간으로서의 교류를 의미한다. 에디파가 확인했듯이, 트리스테로의 후예인 소외계층들이 환각, 도취, 마취상태로 무력화된 존재로 그대로 있다면 그들은 이미 죽은 것이나 다름없기 때문이다. 핀천은 그들이 미국의 질서정연한 낮의 세계와 동일하게 하나의 짝을 이루는 밤의 세계의 존재로서 건전한 힘을 가져야 함을 제시하는 것이다. 핀천은 그 힘은 낮의 세계를 전복하고 우위에 서서 또 하나의 폭력적인 서열을 만드는 것이 아니라, 상호공존과 보충의 관계를 형성하는 건전한 대항세력이 되어야 함을 주장하는 것이다.

III. 평가와 의의

이 작품에서 에디파는 트리스테로 집단의 탐색과정에서 발견하는 무수한 정보와 기호들에 둘러싸여 진정한 중심 진리를 파악하지 못하게 되므로, 해결책 대신에 함축적인 의미를 갖는 잠재성의 영역에 마침내 이르게 된다. 에디파는 나중에 사색하듯이, 수많은 상징들과 암시적인 의미에서 그녀가 선택을 해야 하는 것이다. 에디파는 미국의 공식적인 정부의 우편배달 시스템 이면에 지하우편배달 제도의 존재 가능성을 이해한다. 그녀는 상속받지 못한 자들이 일상을 반복하며 정신적 빈곤상태에서 합법적인 위치 회복을 갈구하며, 그들만의 커뮤니케이션 수단을 발견했을 수 있음을 알게 된다. 그녀는 미국의 질서정연한 표면 이면에 무질서와 혼란스런 부분이 진정한 미국의 모습임을 발견하는 것이다. 그렇지 않다면, 에디파는 환상과 거대하게 불어난 음모를 바라보고 있을 뿐이므로 다양한 상황에서 선택을 해야 하는 것이다.

에디파는 지하집단의 실체에 대한 극대화된 정보에 놓이게 된다. 핀천은 편집증적 탐색에서 정확한 진단과 해결책이 아니라 많은 징후와 목록을 나열함으로써 다양성과 개방성을 지향하는 인식의 변화를 제안하는 것이다. 1966년으로 거슬러 올라간다면, 이 작품은 JFK 암살 3년 후에, 많은 부정적인 의혹을 가짐으로서 많은 관심을 유발하는 음모론에 관해 듣기 시작하는 독자들에게 호소력을 가졌음에 틀림없다. 따라서 이 작품은 모든 사실과 증거를 깔끔한 해결책으로 연결하는 것이 아니라 거대하고 복잡해서 통제하기 어려운 것으로 관련시키듯이, 케네디의 암살전모에 관한 워런 보고서(Warren Report)에 반대하는 것으로 보인다.

오늘 날 이 소설을 읽는 독자는 후기 밀레니엄 측면에서 거대한 혼란스러움에 공감을 가질 수 있을지 의문을 가질 수 있을 것이다. 과거의 전형적인 편집증의 음모이론은 요즘에는 흥미를 유발하지 않을 수도 있을 것이다. 그럼에도 만약 핀천이 편집증을 명백하게 패러디하고 혹은 교묘하고 기대치 않는 것으로 변형한다면, 현재의 독자는 복잡하게 진행되는 음모이론에 더 많은 인내심을 가지고 작품을 읽어야 할 것이다. 핀천은 1960년대 편집증과 음모론에 관해 글을 쓰는 작가이며, 50여년 이후 새로운 밀레니엄 시대인 현재에도 동일한 글쓰기를 확장시켜 보여주고 있다. 핀천은 2013년『블리딩 엣지』를 발표함으로써, 2001년 당시의 뉴욕을 묘사하는 것에 집중한다. 핀천의 목적은 당시의 뉴욕과 인터넷 기술의 음모론을 집약시켜 묘사하는 것이다. 그는 9/11 이후 미국에 대해 씀으로써 테러에 대한 불안감, 베일에 가져진 현실, 음모론에 관해 글을 쓰고 해결책을 암시하는 것이다. 핀천은 그의 주요 문학적 모티프인 편집증과 음모론을 근간으로 하여 인터넷, IT기술이 오늘날 세계에 어떤 영향을 주었는지를 사색함으로써 현대기술과 인간의 문제를 고찰하는 대작가로서 충분한 역량을 보여주고 있다.

인용문헌

Derrida, Jacques. "Plato's Pharmacy." *Literary Theory*. Eds. Julie Rvikin and Michael Ryan, Massachusetts: Blackwell Publishers, 1998.

Flaxman, Gregory. "Oedipa Crisis: Paranoia and Prohibition in *The Crying of Lot 49*." *Pynchon Notes* 40-41 (Spring-Fall 1997): 41-60.

Freese, Peter. "Surviving the End: Apocalypse, Evolution, and Entropy in Bernard Malamud, Kurt Vonnegut, and Thomas Pynchon." *Critique* 36.3 (1995): 163-76.

Gibb, Robert. "Ideas of Order: The Shapes of Art in *The Crying of Lot 49*."

JML(Journal of Modern Literature) 17.1 (1990): 97-116.

Gleason, William. "The Postmodern Labyrinth of Lot 49." *Critique* 34.2 (1993): 83-99.

Hans, James S. "Emptiness and Plenitude in 'Bartleby the Scrivener' and *The Crying of Lot 49*." *Essay in Literature* 22.2 (1995): 285-99.

Hite, Molly. *Ideas of Order in the Novels of Thomas Pynchon*. Columbus: Ohio State UP, 1983.

McHale, Brian. *Constructing Postmodernism*. New York: Routledge, 1992.

O'Donnell, Patrick. *New Essays on The Crying of Lot 49*. New York: Cambridge UP, 1991.

Pynchon, Thomas. *The Crying of Lot 49*. London: Picador, 1966.

출처: 이 글은 저자의 「토머스 핀천의 『제 49호 품목의 경매』: 감금/구원 모티프의 변주」 (『미국학 논집』 제 35집 1호 (2003): 234-258)를 참고하여 수정하고 보완한 것이다.

커트 보니것과 『제5도살장』

유영종

I. 작가와 작품 세계

사회 비판을 유머와 예술적으로 결합시켰다는 점에서 종종 마크 트웨인(Mark Twain, 1835-1910)에 비교되는 커트 보니것(Kurt Vonnegut, 1922-2007)은 미국 인디애나 주의 독일계 이민자 가정에서 태어났다.

보니것은 1940년부터 뉴욕 주에 있는 코넬 대학교에서 생화학을 전공하며 교내 신문 기자로 활동했다. 이때 보니것은 미국의 2차 세계대전 참전에 반대하는 기사들을 쓰기도 했다. 하지만 일본이 진주만을 공격하자 보니것은 육군에 자원입대한다. 1944년 유럽으로 파병된 보니것은 벌지 전투(The Battle of the Bulge)에서 독일군의 포로가 된다. 그리고 독일 드레스덴(Dresden)에 있는 수용소로 보내진 보니것은 1945년 연합군의 드레스덴 폭격을 현장에서 직접 목격한다. 도시 전체가 불타고, 시민들이 거의 전멸한 이 참사에서 보니것이 살아남을 수 있었던 것은 포로수용소였던 도살장 지하에 대피한 덕분이었다. 2차 세계대전의 경험, 특히 드레스덴 폭격은 『제5도살장』(*Slaughterhouse-Five*, 1969)의 바탕이 된다.

종전 후 소련 군대에 의해 포로에서 해방된 보니것은 1945년 미국으로 돌아와 상이군인훈장(The Purple Heart Medal)을 받는다. 같은 해 결혼을 한 보니것은 시카고 대학교의 인류학 석사과정에 등록한다. 하지만 석사 학위논문이 통과되지 않자 1947년 뉴욕으로 이주하여 제네럴 모터스 연구소(GE Research Lab)에 취직한다. 이곳에서 대외홍보담당으로 일하며 창작을 시작한 보니것은 반전 메시지를 담고 있는 단편소설 「반하우스 효과에 대한 보고서」("Report on the Barnhouse Effect." 1950)를 출판한다. 그리고 이 작품에 대한 호의적인 평가에 힘을 얻은 보니것은 직장을 그만두고 전업 작가가 된다.

전업 작가가 된 후 출판한 첫 장편소설 『자동피아노』(*Player Piano*, 1952)는 미국의 기업 문화와 자동 기계화를 비판한 작품으로 비평가들로부터 대체로 좋은 평가를 받았다. 그 후 20년 동안 보니것은 『타이탄의 마녀들』(*The Sirens of Titan*, 1959), 『마더 나이트』(*Mother Night*, 1961), 『고양이 요람』(*Cat's Cradle*, 1963) 등을 발표하며 많은 수는 아니지만 열광적인 독자층을 갖게 되었다. 『신의 축복이 있기를, 로즈워터 씨』(*God Bless You, Mr. Rosewater*, 1965)의 출판 후에는 아이오와 주립대학(University of Iowa)의 창작문예프로그램(Iowa Writer's Workshop)에 초청되어 학생들을 가르치며 소설의 형식적인 실험에 관심을 갖게 된다.

1967년 예술가들의 창작 활동을 지원하는 구겐하임 펠로우십(Guggenheim Fellowship)을 받은 보니것은 오랫동안 관심을 갖고 있던 드레스덴 폭격에 대한 소설 쓰기에 본격적으로 착수한다. 1969년 출판된 『제5도살장』은 베트남 전쟁을 겪고 있던 미국의 독자들에게 큰 반향을 일으켰고 보니것을 유명 작가로 만들어 주었다. 『제5도살장』은 『뉴욕 타임즈』(The New York Times) 베스트셀러 목록 올랐을 뿐 아니라 미국 SF 판타지 작가협회(SFWA)에서 수여하는 네뷸라 상(The Nebula Awards), SF와 판타지 소설에 수여되는 최고의 상인 휴고 상(The Hugo Awards)에 추천되기도 했다.[1] 비록 이 상들을 받지는 못했지만 보니것은 하인라인(Robert A. Heinlein), 발라드(J. G. Ballard), 젤라즈니(Roger Zelazny) 등 유명 SF 작가들과 같은 반열에 서게 되었다. 『제5도살장』은 아직도 보니것의 최고 걸작이라고 받아들여지고 있다.

1971년 시카고 대학교는 『고양이 요람』을 졸업논문으로 받아들여 보니것에게 석사학위를 수여한다. 『제5도살장』의 성공 이후 보니것은 계속 『챔피온들의 아침식사』(*Breakfast of Champions*, 1973), 『슬랩스틱』(*Slapstick*, 1976), 『제일버드』(*Jailbird*, 1979), 『명사수 딕』(*Deadeye Dick*, 1982), 『갈라파고스』(*Galapagos*, 1985), 그리고 자서전적 성격이 강한 『종려 주일: 자전적인 이야기 모음집』(*Palm Sunday: An Autobiographical Collage*, 1981) 등을 펴냈다. 이 작품들은 비평가들로부터 엇갈리는 평가를 받았으나 그런 평가에 상관없이 보니것의 명성은 계속 커졌다. 보니것의 마지막 소설 『타임퀘이크』(*Timequake*, 1997) 역시 곧바로 베스트셀러가 되었다. 말기에 보니것은 논픽션을 쓰는데 집중하였다. 마지막 작품인 『나라 없는 사람』(*A Man Without a Country*, 2005)은 자신의 정치관과 예술관을 담은 자전적 에세이 모음집이다.

보니것은 2007년 사망했다. 50년이 넘는 시간동안 보니것은 14개의 소설, 3개의 단편소설집, 5개의 희곡과 5개의 논픽션 작품을 발표했고, 사후에도 『아마게돈을 회상하며』(*Armageddon in Retrospect*, 2017) 같이 미발표 원고를 수록한 모음집들이 출판되고 있다. 보니것은 이제 소설가로서 뿐만이 아니라 사회 평론가와 반전 평화 운동가로 미국 문화에 중요하게 자리 잡고 있다.

II.『제5도살장』 읽기

1. 형식의 실험

보니것의 대표작은『제5도살장』이다. 이 작품 이전에 이미 5권의 소설과 2권의 단편소설 모음집을 출판했으나 비평가들에게 큰 인상을 남기지 못했다. 하지만『제5도살장』의 출판은 보니것을 갑자기 전국적인 작가로 만들어 주었다. 그리고 비평가들에게 하위 장르라고 여기던 보니것의 SF 작품들을 학술적인 관점에서 진지하게 재평가하게 만드는 계기가 되었다.

보니것은『제5도살장』을 통해 자신의 삶에서 가장 충격적인 경험을 정면으로 다루었다. 1945년 2월 13일 영국과 미국 연합군은 드레스덴을 공습해 완전히 불태워 버렸다. 군사적인 가치가 거의 없었던 도시 드레스덴은 독일을 항복시켜 종전을 앞당긴다는 명분 아래 무참한 폭격을 당했다. 이 과정에서 13만 명이 넘는 희생자가 생겼는데, 이들은 대부분 평범한 시민이었다. 전쟁 포로로 드레스덴에 수용되어 있던 보니것은 이 참사를 직접 경험하였다.

『제5도살장』의 1장에서 화자로 등장하는 보니것은 전쟁에서 돌아오자마자 줄곧 드레스덴 공습에 대한 소설을 쓰려고 시도했다고 이야기한다.[2] 드레스덴 공습은 엄청난 비극일 뿐 아니라 아직 미국 대중들에게 잘 알려지지 않은 작전이었기 때문에 이것을 소재로 작품을 쓰면 "명작이 되거나, 그렇게까지는 못 되더라도 큰 돈벌이가 될 것"이라 믿었던 것이다(2).[3] 보니것은 "드레스덴 파괴에 대해 쉽게 쓸 수 있을 것"이라 예상했다. 자신이 "목격한 것을 그대로 보고하면 된다"고 생각했기 때문이다(2). 하지만 20년이 넘도록 드레스덴 폭격에 대한 소설 쓰기에 실패한다.

이 실패의 원인은 리얼리즘 미학에 있다. 보니것은 자신을 "클라이맥스와 스릴과 성격 묘사와 멋진 대사와 서스펜스와 갈등을 다루는 전문가"라고 소개한다(5). 이는 지금껏 자신이 리얼리즘 미학에 바탕을 둔 전통적인 형식을 따라 소설을 써왔다는 것을 의미한다. 전통적인 소설은 대부분 직선적인 플롯 전개 구조를 따른다. 다시 말해 이런 소설에서는 주요 사건들이 주로 시간의 흐름에 따라 선형적으로 배치된다. 벽지 두루마리 뒷면에 딸의 크레용으로 플롯의 시작, 중간, 클라이맥스, 끝을 일직선으로 그렸다고 한 것은 자신이 전통적인 방식의 글쓰기를 시도했다는 고백과 다름없다. 하지만 보니것은 이 시도를 결국 포기할 수밖에 없었다. 기존의 소설 작법으로는 드레스덴 공습과 같은 초현실적인 경험을 적절하게 그릴 수 없었기 때문이다. 런퀴스트(James Lundquist)의 주장처럼 "인간의 상상력을 뛰어넘는 현실을 어떻게 묘사할 것인가"라는 것이 보니것의 "미학적 과제"가 된 것이다(71). 따라서 오랜 시도 끝에 완성된 『제5도살장』은 독특한 형식을 가진 소설이 되고 만다.

『제5도살장』에는 시간 전개가 논리적인 연관성을 찾기 힘들 정도로 뒤섞여 있다. 파편적인 사건들이 나열되는 서사는 일관성조차 없어 보인다. 또, 환상적인 행성 여행과 실제 전쟁 경험, 역사적 사료들과 허구의 자료들이 연달아 제시된다. 『제5도살장』을 처음 읽는 독자들은 기존 소설과 다른 낯선 구조와 형식 때문에 당혹감을 느낀다. 따라서 『제5도살장』에 대한 토론은 무엇보다 먼저 소설 형식부터 시작하는 것이 적절하다.

보니것은 『제5도살장』이 "아주 짧고 뒤죽박죽이고 귀에 거슬린다"

고 인정한다(19). 하지만 그런 형식이 우연히 만들어진 것은 아니다. “대량 학살에 대해서는 논리적인 설명을 할 수 없기 때문에” 낯선 형식의 소설이 된 것이다(19). 클린코비츠(Jerome Klinkowitz)는 『제5도살장』의 서사 구조를 바스(John Barth), 바셀미(Donald Barthelme), 핀천(Thomas Pynchon)같은 1960년대 포스트모던 소설가들의 실험과 연결시킨다(51). 그리고 브래드버리(William Bradbury) 역시 실험적인 기법과 상상력을 지적하며 『제5도살장』을 보니것의 가장 포스트모던한 소설이라고 주장한다(169).

1950년대와 1960년대를 거치며 미국소설은 큰 전환점을 맞이한다. 2차 세계대전 중 일어난 핵폭탄 투하와 유대인 학살 등 가공할 만한 현실은 소설가의 상상력을 넘어선다는 생각을 갖게 하였다. 따라서 많은 소설가들이 전통적인 소설 형식으로는 이런 초현실적인 현실을 더 이상 담아낼 수 없다는 사실을 인정하며 “소설의 죽음”에 대해 고민하기 시작했다. 그리고 이런 현실을 반영할 수 있는 새로운 소설 형식을 탐색하였다. 비평가들은 이런 의도로 쓴 실험적인 작품들을 포스트모던 소설이라고 부른다.[4]

작가와 작품마다 다양하고 독특한 경향을 보여주기 때문에 포스트모던 소설을 한마디로 정의하는 것은 불가능하다. 하지만 1960년대에 나타난 미국 포스트모던 소설은 기본적으로 전통적인, 즉 리얼리즘 미학에 기반을 둔 “현실의 재현” 방식을 거부하고, 소설의 “자기반영적”(self-reflexive) 성격을 강조하는 경향이 있다. 자기반영적 글쓰기는 글쓰기 자체를 작품의 소재와 주제로 다루는 것을 말한다. 보니것이 1인칭 화자로 등장해 이 소설의 집필 동기, 작품을 쓰며 겪은 어려움, 제목 선정에 대한 설명 등을 들려주는 『제5도살장』의 1장은 이 작품이 글쓰기 자체를 중요한 소재와 주제로 다루고 있다는 점을 명확히 한다. 흔히 메타픽션(metafiction)이라 불리는 이런 자기반영적 글쓰기는 관습적인 소설 형식을 해체하고 현실과 허구에 대한 경계를 허물기 위한 전략 중 하나이다.

워(Patricia Waugh)는 메타픽션을 "허구와 현실에 대한 문제를 제기하기 위해 하나의 가공물로서의 픽션의 위상에 자의적 혹은 체계적으로 관심을 집중시키는 글쓰기 방식"이라 정의한다(2). 즉, 메타픽션은 소설의 허구성을 감추는 것이 아니라 오히려 강조한다. 작가가 이야기에 개입하거나, 자신이 소설 쓰는 과정 혹은 소설 쓰기에 대한 자신의 생각을 들려줌으로써 독자들에게 자신의 소설이 허구임을 적극적으로 상기시킨다. 소설에서 온전하게 구현된 하나의 세계가 허구임을 전면에 드러냄으로써 메타픽션은 이것이 재현하려 시도하는 외부의 세계 역시 다양한 허구에 의해 구성되었을 수 있다는 가능성을 제시한다. 1장에서 보니것은 뉴욕 세계박람회의 전시관에 들러 과거와 미래의 모습을 본다. 하지만 그 과거와 미래는 객관적인 재현이 아니다. 과거는 포드 자동차 회사와 월트 디즈니 회사가 생각한 모습이고, 미래는 제너럴 모터스 회사가 구상한 것이다(18). 이와 마찬가지로 독자들이 바라보는 세상도 누군가에 의해 재단된 상태로 재현되었을 가능성이 있는 것이다. 예를 들어, 뉴스, 역사, 가치관 등 사람들이 당연하다고 받아들여 왔던 것들이 가치중립적이지 않다는 사실은 이제 상식이 되었다. 대부분의 역사는 승자의 관점에서 서술되었으며, 뉴스는 정치 혹은 사회적인 입장에 따라 다르게 해석되어 제공된다. 우리가 바라보는 세상의 대부분은 특정 집단의 목적에 의해 이미 가공되어 있는 것이다. 따라서 메타픽션의 자기반영성은 현실과 허구의 경계가 모호해진 현대의 상황을 독자들에게 상기시키려는 시도이다.

비슷한 맥락에서 포스트모던 소설은 불확실성(indeterminacy)을 선호하는 경향이 있다. 이것은 서구의 이성주의와 합리주의에서 주장하는 진리 혹은 사실의 자명함(self-evident)과 확실성을 정면으로 부정하는 것이다. 포스트모던 소설은 의미의 불확실성, 해석의 불가능성을 강조함으로써 절대적 진리의 부재 가능성을 암시한다. 같은 상황도 관련자에 따라 다양하게 해석할 수 있다. 드레스덴 폭격도 연합군에게는 전쟁을 끝내기 위한 정당한 작전이었지만 독일 시민들에게는 무참한 살해 행위에 지나지 않았다. 한 나라와 다른 나라, 남성과 여성, 백인과 흑인, 부자와 가난한 이들에게 진리는 다를 수 있다. 포스트모던 시대에 들어 사람들은 이제까지 절대적 진리라고 믿어왔던 것들이 대부분 권력과 지배문화가 담합해 형성한 것이라고 인식하기 시작했다. 포스트모던 소설은 불확실성을 강조함으로써 독자들이 작품 해석에 능동적으로 참여하도록 만든다. 그리고 이런 태도를 실생활에서도 적용시켜 여태껏 당연하게 받아들이던 것들에 대해 질문하도록 권장한다.

『제5도살장』은 불확실성을 강조하는 열린 소설이다. 『제5도살장』에서 강조하는 불확실성은 소설의 속표지부터 강조된다. 이 소설은 메리 오헤어(Mary O'Hare)와 게르하르트 뮐러(Gerhart Müller)에게 헌정되었다. 이 두 인물은 소설의 1장에 등장한다. 서문(Preface)이 아니라 소설의 1장에 등장하는 인물들이기에 독자들은 메리와 뮬러가 실존하는 사람들인지 소설 속 등장인물들인지 확실히 알 수 없다. 더 나아가 1장에서 화자 보니것이 이야기하는 사건들 중 얼마만큼이 실제 일어난 일이고 얼마만큼이 허구인지 역시 알 수 없다. 일반적인 소설은 1장부터 시작되기 때문이다. 따라서 속표지의 헌정사 부분과 1장은 이런 불확실성을 강조하는 장치로 볼 수 있다.

2장부터 본격적으로 시작되는 빌리의 이야기도 실제로 일어난 일인지 아니면 어느 정도 허구가 더해진 것인지 명확하지 않다. 빌리의 끔찍한 전쟁 경험이 대부분 사실이라는 것은 의심할 여지가 없다. 또, 전쟁 후 검안사로 살아 온 빌리의 삶에도 특이한 점은 보이지 않는다. 하지만 빌리의 시간 여행과 트랄파마도어(Tralfamadore) 인들과의 만남은 그렇게 확실하지 않다. 이들 환상적인 시간 그리고 행성 모험이 빌리의 주장처럼 사실일 수도 있다. 실제로 『자동피아노』, 『타이탄의 마녀들』, 『고양이 요람』 같은 보니것의 초기 SF 작품에서는 환상적인 사건들이 당연한 사실로 다루어지고 있다. 하지만 『제5도살장』에는 이 모든 것이 어쩌면 트라우마를 극복하기 위한 빌리의 상상일 수도 있다는 가능성이 곳곳에 암시되어 있다.

빌리가 뉴욕 시의 라디오 심야 대담프로에 출연해 "자신이 시간에서 해방된 것" 그리고 "1967년 비행접시에 납치된 것"에 대해 처음으로 털어놓은 것은 비행기 추락 사고에서 회복된 지 얼마 지나지 않아서이다(25). 이 사고로 자신과 함께 비행기에 탑승했던 장인과 동료 검안사들이 모두 사망했고, 사고 소식에 놀라 급히 병원으로 오던 아내도 자동차 사고로 숨을 거두었다. 그리고 빌리는 "두개골 상부를 가로질러" 큰 상처를 입고 뇌수술까지 받게 되었다(25). 엄청난 충격과 머리 부상은 라디오 프로그램 출연 전 빌리의 정신 상태에 대해 의문을 갖게 만든다. 그래서 딸인 바바라(Barbara Pilgrim)도 빌리에게 "비행기 추락 사고 전에는 왜 이런 이야기를 한마디도 안하셨죠?"하고 따져 묻는다(30).

더욱이 빌리에게 이미 경미한 신경 쇠약(mild mental breakdown)이라는 정신 건강 문제가 있었다는 사실도 밝혀진다. 빌리는 드레스덴으로 이송되기 전에 있던 포로수용소에서도 미친 사람처럼 웃음을 참지 못하는 바람에 모르핀 주사를 맞고 병상에 누워있기도 했다. 그리고 전쟁이 끝난 후에는 뉴욕 주의 재향군인들을 위한 정신병원에 자발적으로 입원한다. 의사들은 빌리의 신경 쇠약 증상이 전쟁과 상관이 없다고 했으나 보니것은 빌리가 유럽 역사상 최대 규모의 학살을 목격했기 때문에 미쳐가고 있었다는 사실을 분명히 한다.

빌리의 환상적인 이야기는 트라우트(Kilgore Trout)가 쓴 SF 작품들의 줄거리와 아주 비슷하다. 빌리는 정신병원에서 입원해 있으며 트라우트의 소설들을 탐독했다. 그중 한 작품은 외계인에게 납치된 지구인 남녀가 먼 행성의 동물원에 전시된 채 살아가고 있다는 내용을 담고 있었다. 또 예수를 만나기 위해 타임머신을 만들어 시간 여행을 한 남자의 이야기도 있었다. 빌리가 이 작품들에서 자신 이야기의 기본적인 얼개를 가져왔을 가능성이 충분하다. 트라우트의 SF 작품들을 빌리에게 소개해 준 것은 정신병원의 같은 방에 입원해 있던 로즈워터(Eliot Rosewater) 대위이다. 로즈워터는 전쟁에서 경험한 충격을 극복하고 삶을 지탱하기 위해서는 "훌륭한 새로운 거짓말"이 필요하다고 주장하는 인물이다(101). 그리고 보니것은 빌리와 로즈워터가 자신들의 우주를 다시 고안하려고 시도하는데 SF가 큰 도움이 되었다고 들려준다. 즉, 빌리의 이야기는 트라우트의 SF와 같은 허구일 수 있는 것이다.

2. 반전 소설

시간 여행과 행성 여행을 다룬 SF처럼 보이는『제5도살장』은 전쟁과 서구문명 비판이라는 심각한 주제를 다루고 있다. 무엇보다『제5도살장』은 뛰어난 반전 소설이다.『제5도살장』의 1장에서 메리가 비판하듯 전쟁을 다룬 기존의 문학, 예술 작품들이 하나같이 전쟁을 낭만적으로 그려왔다. 예를 들어 호메로스의『일리아드』,『오디세우스』같은 이야기는 대의와 명분을 내세워 전쟁과 전쟁 영웅들을 미화시켰다. 또, 존 웨인이나 프랭크 시내트라같은 인기 배우가 나오는 영화들도 선과 악의 대결 구도를 단순화시킴으로써 전쟁에 정당성을 부여해왔다. 메리는 이런 소설과 영화들이 우리에게 훨씬 더 많은 전쟁을 치르도록 부추겨 왔다고 분노한다. 보니것은 메리에게 혹시라도 드레스덴 폭격에 대한 작품을 완성한다면 "그 소설에는 프랭크 시내트라나 존 웨인이 연기할 만한 대목은 하나도 넣지 않겠다"고 맹세한다(15). 전쟁이나 전쟁 영웅들을 낭만적으로 그림으로써 폭력을 합리화시키지 않겠다는 뜻이다. 그리고 그 약속을 굳게 지킨다.

보니것은 전쟁을 낭만적으로 그리지 않을 뿐 아니라 기존 반전 소설의 서사 전략도 따르지 않는다. 반전 소설이나 반전 영화들은 주로 전쟁 속에서 피어나는 따듯한 인간애, 평범한 사람들의 영웅적 행동에 주목해왔다. 이런 서사 전략은 참혹하고 역겨운 전쟁 속에서도 무엇인가 긍정적인 것을 찾을 수 있다는 잘못된 메시지를 던진다. 그 결과 작품의 의도와는 반대로 전쟁이 참을 만 한 것이라는 생각을 갖게 할 수도 있다. 그래서 보니것은 철저하게 전쟁이 어리석고 부조리한 것임을 보인다.

『제5도살장』에는 전투 장면이라고 할 만한 것이 없다. 그래서 포로로 잡힌 미군들 중에 "흥미로운 전쟁 이야기들"을 할 사람은 아무도 없었다(55). 또한 기존 소설과 영화에서 볼 수 있던 전형적인 군인들도 등장하지 않는다. 보니것은 "이 소설에는 대단한 인물이 거의 없으며, 극적인 갈등도 거의 없다. 이 이야기에 등장하는 사람들은 거의 모두가 심하게 병들고 심히 무력한, 거대한 힘의 노리개들이기 때문이다"라고 이야기한다(164). 『제5도살장』은 군인들을 영웅이 아니라 꼭두각시 같은 존재로 그리고 있다. 한쪽 굽이 떨어져 나간 싸구려 민간인 단화를 신고 전쟁터에서 절뚝거리며 걸어가는 빌리의 모습은 이것을 상징적으로 보여준다.

대부분의 등장인물들은 전쟁에 적합하지 않은 사람들이다. 연대 군목의 보조로 유럽에 파견된 빌리는 처음부터 "적군을 헤치거나, 아군에게 도움을 줄 수 있는 힘"을 가진 인물이 아니었다(30). 빌리 앞에서 경험 많은 군인인 척 하는 위어리(Roland Weary)도 이제 겨우 열여덟 살 먹은 "뚱뚱하고 심술궂고 아무리 씻어도 몸에서 베이컨 같은 냄새가 가시지 않는" 애송이에 지나지 않는다(35). 빌리를 포로로 잡은 독일 병사들 또한 마찬가지다. 전쟁이 지긋지긋한 나머지 기회가 되면 바로 적군에 투항하고 싶은 충동을 느끼는 중년의 상병이 네 명의 병사들을 이끌고 있는데, 그들 중 두 명은 10대 초반의 소년들이고 나머지 두 명은 치아가 다 빠진 노인들이다. 더욱이 이들은 군복을 입은 동네 농부였다.

그나마 여태껏 보아왔던 군인과 같은 인물이 "와일드 밥"(Wild Bob)이라고 불리기 원했던 미군 대령과 더비(Edgar Derby)이다. 하지만 와일드 밥과 더비는 전쟁을 낭만적으로 다룬 작품에 기만당한 인물들이다. 고등학교 교사였던 더비는 스티븐 크레인(Stephen Crane)의 『붉은 무공훈장』(*The Red Badge of Courage*, 1895)같은 전쟁 소설에 관심이 많은 사람이다. 중년의 나이에 자원해서 군대에 입대하기 전에도 이 소설을 읽었고, 독일군의 포로가 된 후에도 정신이 이상해진 빌리를 간호하며 이 책을 읽는다. 미국 남북전쟁에 자원입대한 주인공이 용기 있는 군인으로 거듭나는 것을 그린 크레인의 소설은 전쟁과 주인공의 심리를 사실적으로 묘사했다고 알려진 작품이다. 더비는 이 소설의 주인공처럼 행동하려고 노력한다. 그래서 미군 포로들의 대표가 되는 것을 명예롭게 생각한다. 그리고 "자유와 정의와 기회와 모두를 위한 페어플레이"에 대해 "감동적으로" 연설하며 미국인 나치 당원 캠블(Howard W. Campbell, Jr.)에게 용기 있게 맞선다(164). 하지만 "이상을 위해 기꺼이 죽지 않을 사람은 아무도 없다"고 당당히 말하던 더비는 드레스덴 폭격 후 찻주전자 하나를 훔쳤다는 죄목으로 총살당한다(164). 더비의 어이없는 죽음은 전쟁이 용기를 시험할 수 있는 기회가 아니라 추악하고 부조리한 것임을 강조한다. 크레인의 소설 속 전쟁과 실제 전쟁에는 큰 차이가 있다.

연대원을 모두 잃고 포로가 된 와일드 밥은 죽어가면서도 마치 자신 부대원들이 곁에 있기라도 한 듯 "부끄러워 할 이유는 전혀 없다고, 전장에는 451연대라는 말을 다시 듣고 싶지 않는 독일군 시체로 널려 있다"고 희생, 명예, 전우애 등을 강조하는 연설을 한다(67). 하지만 주위에 "실제로 그의 연대에 있었던 사람은 하나도 없었다"(67). 유일한 연대원인 위어리는 자기 발의 통증 때문에 와일드 밥에게 아무런 관심도 기울이지 않았다. 보니것은 와일드 밥을 통해 전쟁 영화에서 감동적으로 그려온 군인들의 마지막 연설 장면을 비꼬고 있다.

『제5도살장』은 영국군 포로들을 통해 전쟁을 견딜만한 것처럼 보이게 만드는 상황과 시도를 비판한다. 2차 세계대전 초기에 독일군에 잡힌 영국군 장교들은 참혹한 전투를 겪지 않고 4년 넘게 안락한 포로수용소에서만 시간을 보냈다. 전쟁 초기에 국제 적십자사가 사무착오로 10배 이상의 엄청난 식량을 보냈기 때문에 이들은 아직까지도 "유럽에서 가장 부유한 층에 들었다"(94). 밖에서는 참사가 벌어지고 있는데도 불구하고 영국군 포로들은 독일군에게 존경을 받을 정도로 규칙적이고 청결한 생활을 하면서 정상적인 삶을 유지한다. 이들 "말쑥하고 열정적이고 의젓하고 튼튼한" 포로들에게 전쟁은 하나의 게임에 지나지 않았다(93). 영화 등에서 흔히 보아온 이런 포로들은 "전쟁을 멋지고 이성적인 것으로, 그리고 재미있는 것으로 보이게 만들었다"(94). 하지만 『제5도살장』은 영국군 포로들이 추하고 소름끼치는 전쟁의 실상을 간과하고 있다는 사실을 지적한다. 이들이 사용하는 양초와 비누가 "유태인, 집시, 동성애자, 공산주의자 등등 독일의 적들에게서 짜낸 기름"으로 만든 것이기 때문이다(96).

『제5도살장』은 전쟁을 낭만적이고 참을만하게 보이게 하는 것들을 해체하는데 그치지 않는다. 『제5도살장』은 부제 "어린이 십자군 전쟁"(*The Children's Crusade*)이 암시하듯 매력적인 명분을 내세워 폭력을 정당화 혹은 합리화시키려는 시도도 비판하고 있다. 거룩한 전쟁이라는 명분으로 어린이들을 끌어 모아 노예로 팔아넘긴 사건을 부제로 사용함으로써, 전쟁을 옹호하고 정당화시키는데 사용되는 추상적인 이념들의 허구성을 폭로하는 것이다. 『제5도살장』은 무엇보다 정의라는 이념과 그것의 바탕이 되는 선과 악의 이분법을 비판한다.

『제5도살장』에서 선과 악의 이분법은 폭력과 학살을 정당화시키기 위한 주장의 기반이 된다. 빌리가 라이언스 클럽(The Lion's Club)에서 만난 해병대 소령은 북베트남이 "이성을 찾기를 거부한다면 폭격을 늘려야 한다. 그곳을 석기시대로 되돌려 놓아야 한다"고 강연한다(60). 이 해병대 소령은 베트남에서 두 번이나 근무하며 "여러 가지 끔찍하고 놀라운 일"들을 보았지만 선과 악의 대결이라는 구도에 눈이 멀어 폭격이 가져 올 인간의 고통을 외면한다(60). 비행기 추락 후 빌리가 병원에서 만난 럼퍼드(Bertram Copeland Rumfoord) 교수 또한 대규모 군사작전을 옹호한다. 예비역 공군 준장이자 공군의 공식 전사 편찬 위원인 럼퍼드는 드레스덴 포격이 "불가피한 일"이었고 "전쟁은 그런 거"라며 항변한다(198). 그리고 그 지옥 같은 경험을 한 빌리에게 "그렇게 까지 할 수 밖에 없었던 사람들의 심정을 이해"하라고 강요한다

(198). 해병대 소령과 럼퍼드는 정의라는 명분을 앞세워 전쟁의 불가피성을 합리화하고 정당화시킨다.

럼퍼드가 전쟁사를 쓰는데 참고하는 역사적 사료들, 특히 이커(Ira C. Eaker)의 서문과 트루먼(Harry S. Truman)의 연설문은 모두 선과 악의 이분법을 바탕으로 전쟁을 정당화시키려 시도한다. 이커는 어빙(David Irving)이 쓴 『드레스덴의 파괴』(*The Destruction of Dresden*)라는 책의 서문에서 독일의 민간인들이 희생된 것에는 울면서 연합군의 용감한 군인들이 죽은 것에는 눈물을 흘리지 않는 영국인과 미국인들을 이해할 수 없다고 비난한다(161). 그리고 13만 명의 드레스덴 시민이 죽은 것은 유감이지만 전쟁을 일으킨 나치 정권을 종식시키기 위해 500만 이상의 연합군이 죽은 것이 더 가슴 아픈 일이라고 주장한다. 이커는 2차 세계대전을 나치 독일의 인종 청소와 같은 악행과 싸운 옳은 전쟁이라고 정당화시킨다. 2차 세계대전 당시 미국 대통령이었던 트루먼도 히로시마 폭격 직후 일본에 대한 핵폭탄 사용 이유에 대해 연설한다. 히로시마 폭격은 일본이 먼저 진주만을 공격했기 때문이며, 일본의 전쟁 수행 능력을 철저하게 없애버리기 위해서 반드시 필요했다는 것이다.

해병대 소령, 럼퍼드, 이커, 트루먼같은 소위 애국자들은 전쟁이 가져오는 비극적 결과를 간과하고 있다. 전쟁이 불러오는 폭력과 파괴를 정의라는 명분으로 정당화하는 이들의 생각은 올더만(Raymond Olderman)의 주장처럼 "전쟁을 불러일으킨 악은 복수가 도덕적이고 정당한 것이 될 수 있다는 환상을 만들고 있다"(216). 보니것은 독일군에게 살해당한 미국 군인부터 드레스덴 폭격으로 죽은 독일 시민까지 양측에서 수많은 희생자가 발생하였음을 강조한다. 또한 전쟁의 당위성을 주장하는 해병대 소령, 럼퍼드를 매정하고 동정심 없는 인물들로 그림으로써 자신이 이들의 생각에 동의하지 않음을 드러낸다.

3. 숙명론과 윤리적 무관심

몇몇 비평가들은『제5도살장』이 전쟁이나 사회악에 대한 수동적인 수용을 옹호하고 있다고 지적한다. 크라이튼(J. Michael Crichton)은『뉴리퍼블릭』(*New Republic*)에 기고한 서평에서 보니것이 "누가 잘못했는지 말하기를 거부하고 … 아무런 비난도 하지 않고 벌을 주지도 않는다"고 주장한다. 태너(Tony Tanner) 역시 보니것이 독자들에게 "윤리적 무관심"을 추천한다고 주장한다(189). 비슷한 관점에서 힙키스(Robert Hipkiss)는 보니것이 트랄파마도어 인들의 숙명론을 받아들였다고 본다(52). 따라서 보니것을 "운명론자", "허무주의자", 그리고 "부조리 작가"로 부르는 사람들도 있다.

이런 비판은 이 소설의 주요 인물인 빌리의 태도 때문에 생겨났다. 빌리는 모든 것을 있는 그대로 수용하는 인물이다. 드레스덴 폭격 현장에서 참사를 목격하고, 비행기 추락 사고를 당하고, 외계인에 납치되었지만 빌리의 생활과 태도에는 특별한 변화가 없다. 영국군 장교가 모르핀에 취해 자고 있는 빌리를 보고 한 말은 빌리의 삶 전체에 적용된다. 빌리는 "아무것도 느끼지 않으면서도 완전히 살아있는 상태에 있다"(105). 마약에 취한 듯 수동적 상태에서 삶의 방관자로 시간을 보내고 있는 것이다.

무관심은 절대 바꿀 수 없는 일들에 맞부딪쳤을 때 나오는 인간의 자연적인 반응이다. 이런 숙명론적 생각은 악에 저항하고 세상을 더 나은 곳으로 만들려는 노력을 방해한다. 빌리의 사무실 벽에는 니부어(Rheinhold Niebuhr)의 "평온을 비는 기도"(The Serenity Prayer)가 달려있다.

주님, 저에게 허락하소서.
내가 바꾸지 못하는 것을 받아들이는
평정심과
내가 바꿀 수 있는 것을 바꾸는
용기와
늘 그 둘을 분별할 수 있는
지혜를 (60)

니부어는 자신의 믿음을 현실 사회에 접목시킨 유명한 신학자이다. 미국의 인종차별주의에 반대하고 노동자들의 권리를 옹호하였으며 나중에는 "정의로운 전쟁 이론"(The Just War Theory)을 지지하였다. 이런 니부어의 기도에는 자신이 할 수 있는 일을 하겠다는 의지가 강조되어 있다. 하지만 빌리는 과거, 현재, 미래 어느 것도 바꿀 수 없다고 굳게 믿는다. 인간은 호박문진 속에 갇힌 벌레와 같은 신세라는 트랄파마도어 인들의 가르침을 받아들인 것이다. 빌리의 숙명론은 아무것도 바꿀 수 없다는 것을 전제로 하기 때문에 "평온을 비는 기도"는 결국 아무 것도 하지 않겠다는 수동성을 합리화시키는 방편으로 변질되어 버린다. 벽에 걸린 기도문은 빌리에게 "생에 대한 열정이 없음에도 그런대로 살아가게 해 주는 방법" 중 하나인 것이다(60).

트랄파마도어 인들로부터 배운 숙명론은 빌리에게 도덕적 책임을 회피할 수 있게 만들어 준다. 어차피 바꿀 수 있는 것은 하나도 없다고 믿기에 빌리는 비인간적인 행위에 분개하거나 죄책감을 느끼지 않는다. 따라서 베트남을 폭격해 황무지로 만들어 버리자는 강연을 듣지만 "자신이 직접 목격한 폭격의 무시무시한 결과들을 생각하며 몸을 떨지도 않았다"(60). 또, 빌리는 어떠한 죽음이나 고통 혹은 비인간적 행위에도 눈을 감는다. 자신인 탄 전세 비행기가 추락해 장인과 스물여

덟 명의 동료들이 죽을 것이라는 것을 알고 있지만 "괜히 그런 말을 해서 놀림감이 되고 싶지 않았기" 때문에 입을 다문다(154). 빌리는 트랄파마도어 인들이 가르쳐 준대로 "삶에서 행복했던 순간들에만 집중하고, 불행했던 순간들은 무시"하며 살아가려 노력한다(195).

숙명론적인 생각은 다시 전쟁이라는 주제와 연결된다. 인류의 역사에서 전쟁은 피할 수 없는 현실이었다. 1장에서 보니것이 반전 소설을 쓰고 있다고 말하자 영화 제작자인 해리슨 스타는 차라리 "반빙하 소설"을 쓰라고 조언한다(3). 빙하가 떠내려 오는 현실을 피할 수 없는 것처럼 전쟁도 결코 막을 수 없기 때문이다. 따라서 반전 소설은 쓴다는 것은 부질없는 짓이다. 이런 숙명론적인 생각은 결국 드레스덴 폭격, 핵폭탄 투하, 유대인 학살 같은 행위를 합리화, 정당화시키는 배경이 된다. 모든 것이 결정되어 있고, 아무 것도 바꿀 수 없기 때문에 어느 누구에게도 잘못을 물을 수 없기 때문이다. 인간의 자유의지를 부정하는 것은 결국 인간의 도덕적 책임을 부정하는 것과 같다.

『제5도살장』이 윤리적 무관심을 조장한다는 비판은 보니것과 빌리의 관점을 동일시하는데서 비롯되었다. 보니것과 빌리는 비슷한 경험을 했고, 많은 부분에서 두 사람의 생각이 일치하기도 한다. 앨런(William Allen)은 작품 내내 반복되는 "다 그런거지"가 "죽음에 대한 태도, 즉 순응, 슬픔, 유머, 분노 등을 나타낸다"고 주장한다(*Understanding* 96). 하지만 이런 감정들은 보니것이 느끼는 것이지 빌리가 느끼는 것이 아니다. 빌리의 반응에는 분노나 슬픔 혹은 유머를 찾아 볼 수 없다. 보니것은 아무런 감정도 느끼지 못하는 빌리를 통해 숙명론의 위험성과 비윤리적인 측면을 경고한다.

숙명론적인 생각은 사람들에게 매력적으로 들릴 수 있다. 윤리적 책임감에서 벗어날 수 있게 해 주기 때문이다. 『제5살장』에서도 빌리의 숙명론은 결국 많은 추종자들을 불러 모은다. 야구장에 빽빽이 들어선 청중들 앞에서 자신이 암살당할 것이고 곧 다시 살아날 것이라 선포하는 빌리는 마치 예수 같은 인물로 보여지기 까지 한다. 하지만 보니것은 숙명론을 믿는 빌리가 결코 행복하지 않음을 분명히 보여준다. 행복하냐는 트랄파마도어 인의 질문에 빌리는 자신이 "거의 지구에 있을 때만큼 행복하다"고 대답한다(114). 하지만 지구에서 빌리는 행복하지 않았다. 세상 모든 일을 있는 그대로 수용해야 함을 사람들에게 가르침에도 불구하고 빌리에게는 삶에 대한 열정이 없었다. 스스로도 "삶을 조금도 좋아하고 있지 않다"고 고백할 정도로 불행했다(102).

보니것은 빌리에게 숙명론을 가르쳐 준 트랄파마도어 인들도 비판적인 시각으로 그리고 있다. 보니것은 발달된 기술력을 지녔고, 지적으로도 우월해 보이는 트랄파마도어 인들을 다양한 방식으로 풍자한다. 트랄파마도어 인들은 "변기 뚫는 기구"(plummer's friend)같이 생겼다(26). 이런 우스꽝스러운 외모는 그들의 생각을 진지하게 받아들이기 힘들게 만든다. 실제로 이들은 액면 그대로 받아들이기 힘든 말들을 하여 신빙성을 떨어트린다. 특히 지구인들의 성별에 대한 설명은 완벽한 "횡설수설"(gibberish)이라 빌리마저도 도저히 이해할 수 없었다고 고백한다(114). 트랄파마도어 인들은 윤리적으로도 무책임하다. 비행접시에 쓸 새로운 연료를 실험하다가 우주의 종말을 가져오지만 아무런 죄책감도 느끼지 않는다. 자신들이 할 수 있는 것은 아무것도 없다며 그냥 무시해 버리고 "즐거운 순간들만 보며" 지낸다(117). 그런 트랄파마도어 인들의 가르침에 대해서도 보니것은 "빌리 필그림이 트랄파마도어 인들에게서 배운 것이 사실이라고 하더라도 … 나는 썩 즐겁지 않다"라고 고백하며 빌리와 다른 태도를 드러낸다(211).

보니것은 빌리가 자신이 아님도 확실히 한다. 소설의 첫 장과 마지막 장에 화자로 등장하기도 하지만 중간에도 3번이나 빌리의 곁에 있었다는 사실을 독자들에게 상기시켜준다. 와일드 밥이 죽어가며 미군 포로들에게 연설할 때 보니것은 자신이 전우이자 메리의 남편이 될 버나드 오헤어(Bernard O'Hare)와 함께 빌리 곁에 있었다고 이야기한다. 또, 포로수용소 화장실에서 설사를 하며 "지옥의 환영"을 경험하는 빌리의 뒤를 이어 화장실 들통에 뇌만 빼고 다 배설했다고 탄식하는 사람이 "나, 이 책의 작가"(109)라고 밝히고, "주일학교에서 본 천국의 사진" 같은 드레스덴을 바라보는 빌리의 뒤에서 "오즈!"하며 말한 사람도 "나"(148)라고 설명한다. 자신과 빌리를 분명하게, 그리고 여러 번 구분시킴으로써 보니것은 자신이 빌리의 생각에 동의하지 않음을 드러낸다.

보니것은 윤리적인 면에서 빌리와 정반대의 태도를 보인다. 1장에서 보니것은 아들들에게도 "어떤 상황에서도 대학살에 가담해서는 안 되며, 적을 대량 학살했다는 소식에 만족감이나 쾌감을 느껴서도 안 된다"고 가르친다(19). 또, "대량 살상 무기를 만드는 회사의 일을 하지 말라"고, 그리고 "그러한 무기가 필요하다고 생각하는 사람들에게 경멸감을 표하라"고 당부한다(19). 그리고 자신도 소설 쓰기를 통해 전쟁에 적극적으로 반대한다. 롯의 아내가 소돔과 고모라에 남겨진 사람들에 대한 연민으로 뒤를 돌아본 후 소금 기둥으로 변한 것처럼, 자신도 고통스러웠지만 뒤를 돌아보며 드레스덴 폭격에 대한 소설을 썼다는 것이다. 이런 차이점들은 보니것이 빌리와 달리 숙명론과 윤리적 무관심을 거부하고 있다는 것을 보여준다. 따라서 보니것을 운명론자, 허무주의자라고 비판하는 것은 옳지 않다.

4. 사회 비판

『제5도살장』은 현대 사회 비판도 중요한 주제로 다루고 있다. 『제5도살장』은 구체적으로 1960년대 서구, 특히 미국 사회를 비판한다. 마지막 장에서 보니것이 들려주듯 미국은 사회적으로 큰 혼란을 겪고 있었다. 케네디(Robert Kennedy) 대통령과 마틴 루터 킹(Martin Luther King, Jr.) 목사가 암살당했고 "매일 베트남에서 군사 과학에 의해 만들어진 시체의 수"에 대한 소식이 들려왔다(210). 이런 혼란의 원인을 보니것은 물질주의, 과학만능주의, 종교의 변질에서 찾는다.

『제5도살장』은 먼저 미국 사회의 천박한 물질주의를 비판한다. 미국 문화는 1장의 뉴욕 세계박람회에 대한 이야기에서 알 수 있듯 대기업과 산업자본들이 지배하고 있었다. 그리고 부자 나라임에도 불구하고 미국인 모두가 물질적인 풍요를 누리는 것도 아니었다. 캠블이 지적하듯 "미국은 세계에서 가장 부유한 나라지만 그 나라 국민은 대부분 가난하고, 가난한 미국인들은 자신을 미워하도록 종용" 받고 있었다(164). 부자와 권력자들에 의해 가난한 사람들이 자신들의 무능을 탓하도록 세뇌되었기 때문이다. 그래서 "인간다운 존엄성을 상실한 대량의 빈곤층"이 생기고 이들은 서로를, 그리고 자신을 미워한다(164). 결국 빌리의 어머니 같은 평범한 미국인들은 "기념품 가게 물건들로 의미 있는 삶을 구성"하려고 한다(39). 하지만 보니것은 물질적인 것들이 정신적인 공허감을 보상해 주지 못한다는 사실을 보여준다. 전쟁에서 돌아 온 후 성공한 중산층이 된 빌리 마저도 "인생이 무의미"하다는 생각에서 벗어나지 못하기 때문이다(101).

『제5도살장』은 『자동 피아노』나 『고양이 요람』처럼 과학과 기술의 위험성에 대해서도 경고하고 있다. 트랄파마도어 인들의 놀랍게 발달한 기술이 결국 우주의 붕괴를 가져왔듯 과학과 기술은 언제든지 파괴의 도구가 될 수 있다. 실제로 2차 세계대전 중 일어난 수많은 참사는 과학과 기술의 발달이 아니면 불가능했다. 강제수용소의 유대인들을 대량 학살하는데 독가스가 사용되었고, 드레스덴을 파괴하는데 무거운 폭탄을 싣고 먼 거리까지 날아갈 수 있는 대형 폭격기들이 동원되었다. 또, 트루먼 대통령의 성명서가 알려주듯 과학 기술의 도움으로 폭탄들의 "파괴력은 새롭고도 혁명적으로 증강"되었다(185). 이런 예들을 통해 보니것은 과학과 기술이 잘못 사용되면 파괴와 죽음을 확산시키고 비인간화를 불러오는 도구가 될 수 있다는 생각을 드러낸다.

『제5도살장』은 기존 종교의 변질 역시 비판한다. 로즈워터의 불평처럼 기존 종교는 더 이상 삶의 의미를 제시하지 못하는 거짓말로 전락하였다. 기존 종교에 대한 비판은 중심 플롯인 빌리의 이야기에서도 다루어지지만, 소설 속 소설로 등장하는 트라우트의 SF에서 더 확실히 볼 수 있다. 『제5도살장』에 나오는 트라우트의 SF들은 보니것이 실제로 쓰거나 구상했던 작품들이다. 트라우트는 보니것의 분신(alter ego)인 것이다. 따라서 『제5도살장』에서 소개되는 트라우트의 SF들은 보니것이 비판하고 있는 미국 사회의 양상을 부연 설명하는 역할을 한다.[5]

보니것은 『외계에서 온 복음서』(*The Gospel from Outer Space*)를 통해 기존 그리스도교가 성서의 본질적인 메시지를 왜곡하고 있다는 생각을 드러낸다. 이 작품에서 외계인들은 성서가 예수를 신의 아들로 제시함으로써 사람들에게 힘과 연줄이 있는 사람들 앞에서는 조심해야 한다는 교훈을 전달하고 있다고 지적한다. 그리고 같은 논리로 "든든한 연줄이 없는 사람들"은 마음대로 박해해도 괜찮다고 믿게 만든다는 것이다(109). 그래서 외계인들이 준 새로운 복음서에서 예수는 정말 보잘 것 없는 인물로 등장한다. 그러나 힘있는 자들이 예수를 박해

해서 죽게 만들자 신은 곧바로 예수를 양아들로 만들고 “이 순간 이후, 아무 연줄이 없는 부랑자를 괴롭히는 자는 누구든 무서운 벌로 다스리겠다!”고 선언한다(110). 이런 새 복음서를 통해 보니것은 사람들에게 자비로워지는 것, 그리고 “낮은 자들 가운데서도 가장 낮은 자”가 되는 것이 그리스도교의 진정한 본질임을 강조한다(108).

III. 평가와 의의

『제5도살장』은 미국에서 가장 많이 금서로 지정되는 소설들의 목록에 꾸준히 이름을 올리고 있다. 실제로 『제5도살장』에는 많은 검열 시도가 있었다. 비속어와 성적 묘사, 미국 군인들에 대한 모독적인 발언, 반종교적 내용들이 주된 비판 대상이었다. 그리고 남성 동성애자를 지칭하는 “요정들”(fairies)같은 단어의 사용도 문제가 되었다. 벳지(Morais Betsy)에 따르면 한 법정은 이 소설이 "비도덕적이고, 음란스럽고, 정신질환적이고, 상스럽고, 반기독교적인 책" 이라고까지 비난하였다.

이런 비판에도 불구하고 『제5도살장』은 『타임』(*TIME*), 그리고 모던 라이브러리(The Modern Library) 출판사 등에서 발표하는 20세기 100대 영어 소설로 선정되는 등 독자와 비평가들로부터 꾸준한 사랑을 받고 있다. 또, 연극과 영화 등으로 각색됨으로써 미국 대중문화의 일부가 되었다. 이 소설이 호평을 받는 이유는 『뉴욕 타임즈 북 리뷰』(*New York Times Book Review*)에 서평을 쓴 스콜스(Robert Scholes)가 잘 설명하고 있다. 스콜스는 보니것의 유머가 “끔찍한 일들을 숨기지 않으면서도 그것들이 견딜만하도록 우리를 위로하고 힘을 준다"고 말한다. 그리고『제5도살장』이 "재미있고, 연민에 가득 차있고, 지혜로운" 소설이여서 우리가 "읽고, 또 다시 읽어야 할 책"이라고 주장한다.

독특한 형식으로 반전 메시지를 전하는『제5도살장』은 진보적인 사람들이 20세기 중반 미국 사회에 대해 지적하던 비판들을 잘 반영하고 있다. 동시대 미국 사회가 당면한 가장 시급한 문제는 베트남 전쟁이었다. 표면적으로는 2차 세계대전을 다루고 있지만『제5도살장』은 분명히 점점 더 악화되어가고 있던 베트남 전쟁과 관련이 있다.『제5도살장』은 미국이 2차 세계대전에서 저질렀던 실수를 반복하지 말아야 한다는 경고를 담고 있다. 또한 이 소설은 미국과 미국 문화가 윤리적으로 천박하며 과도하게 물질적임을 지적하고 있다. 포스트모던 미국 문학의 이정표가 된 이 소설로 보니것은 20세기 후반 미국 "반문화 운동"(counterculture movement)의 우상이 되었다.

보니것은 여러 인터뷰를 통해 "작가는 글쓰기를 통하여 사회를 위해 적극적인 역할을 해야 한다"고 주장했다(Allen, *Conversation* 45). 보니것은 "탄광 속의 카나리아 새 예술론"(the canary bird in the coal mine theory of the arts)을 믿었다. 광부들에게 위험한 상황을 미리 경고하는 카나리아 같은 역할을 예술가가 독자들에게 해야 한다는 것이다(Vonnegut, *Wampeters* 238).『로스앤젤레스 타임스』(*The Los Angeles Times*)의 부고 기사에서 우(Elaine Woo)는 보니것이 자신의 작품들이 명확한 "정치적인 목적"을 가지고 있다고 한 인터뷰 내용을 인용한다. "독자들이 군대 장성들이나 국회의원들, 그리고 대통령이 되기 전에 미리 그들의 마음을 인간애로 오염시키기 위해서, 그래서 그들이 더 나은 세상을 만들라고 촉구하기 위해서" 자신이 소설을 써왔다는 것이다.『제5도살장』은 보니것이 자신의 목표를 달성했음을 증명하고 있다.

Endnotes

1 네뷸라 상과 휴고 상은 결국 르 귄(Ursula Le Guin)의 『어둠의 왼손』(*The Left Hand of Darkness*, 1969)이 받았다.

2 작가 보니것과 『제5도살장』 1장에 등장하는 화자 보니것을 반드시 동일 인물이라 볼 수는 없다. 1장은 이미 소설의 일부이기 때문이다. 그럼에도 불구하고 작가와 화자는 전쟁, 미국 사회 등 많은 주제에 대해 동일한 관점을 보여주고 있다. 따라서 이 글에서는 특별히 구분해야 할 필요가 있을 때가 아니면 화자와 작가를 동일하게 취급한다. 클린코비츠 역시 보니것이 작가와 등장인물의 이중적 역할을 하고 있다고 본다(66).

3 Vonnegut, Kurt. *Slaughterhouse-Five*. New York: Dell, 1969. 앞으로 이 소설로부터 인용은 괄호 안에 쪽수로 표기한다.

4 『제5도살장』에서 빌리는 "소설의 죽음"에 대해 토론하는 라디오 대담 프로그램에 참석한다. 이를 통해 보니것은 자신의 작품이 "소설의 죽음"에 대한 주제를 반영하고 있다는 사실을 암시한다.

5 『대형 게시판』은 주식시장을 풍자하고 있으며, 잎은 20달러 지폐, 꽃은 정부 공채, 열매는 다이아몬드인 "돈 나무"에 몰려가 서로를 죽여 그 시체가 좋은 비료가 되고 있다는 이야기는 배금주의의 파괴성을 드러내고 있다. 또, 『깡통로봇』도 가솔린 연소 폭탄이나 장거리 폭격을 위한 로봇 조종사들을 통해 과학과 기술의 파괴성을 경고하고 있다. 예수를 만나기 위해 타임머신을 만든 한 남자의 이야기도 그리스도교를 하나의 커다란 거짓말처럼 묘사하고 있다.

인용문헌

Allen, William R. *Understanding Kurt Vonnegut*. Columbia: South Carolina UP, 1991.

Allen, William R. ed. *Conversations with Kurt Vonnegut*. Jackson: UP of Mississippi, 1999.

Betsy, Morais. "The Neverending Campaign to Ban 'Slaughterhouse Five.'" *The Atlantic*, August 12, 2011. https://www.theatlantic.com/entertainment/archive/2011/08/the-neverending-campaign-to-ban-slaughterhouse-five/243525/#.

Bradbury, William. *The Modern American Novel*. Oxford: Oxford UP, 1984.

Crichton, Michael. "Read Michael Crichton's 1969 Review of Kurt Vonnegut's 'Slaughterhouse-Five.'" *New Republic*, 24 September 2013. https://newrepublic.com/

article/114833/michael-crichton-sci-fi-and-vonnegut.

Hipkiss, Robert. A. *The American Absurd: Pynchon, Vonnegut, and Barth*. New York: National Publications Associated Faculty Press, Inc, 1984.

Klinkowitz, Jerome. *Literary Subversion: New American Fiction and the Practice of Criticism*. Carbondale: Southern Illinois UP, 1985.

Klinkowitz, Jerome and Donald L. Lawler, eds. *Vonnegut in America: An Introduction to the Life and Work of Kurt Vonnegut*. New York: Dellacorte, 1977.

Lundquist, James. *Kurt Vonnegut*. New York: Frederic Ungar Pub., 1977.

Olderman, Raymond M. *Beyond the Waste Land: A Study of the American Novel in the Nineteen-Sixties*. New Haven: Yale UP, 1977.

Scholes, Robert. "Slaughterhouse-Five; Or the Children's Crusade." *New York Times*, 6 April 1969.

Tanner, Tony. *City of Words: American Fiction(1950-1970)*. New York: Harper and Row, Pub., 1971.

Vonnegut, Kurt. *Slaughterhouse-Five*. New York: Dell, 1969.

_____. *Wampeters, Foma and Granfalloons*. New York: Delacorte, 1976.

Waugh, Patricia. *Metafiction*. London, Metheun, 1984.

Woo, Elaine. "His popular novels blended social criticism, dark humor." *The Los Angels Times*, 12 April 2007. https://www.latimes.com/archives/la-xpm-2007-apr-12-me-vonnegut12-story.html.

토니 모리슨과 『빌러비드』

김미현

I. 작가와 작품 세계

토니 모리슨(Toni Morrison 1931-2019)은 오하이오 주 로레인(Lorain)에서 태어났다. 모리슨의 부모는 남부 출신으로 북부의 공업도시 로레인으로 이주해 아버지는 조선소에서 일을 하며 가족을 부양했다. 모리슨의 원래 이름은 클로이 아델리아 워포드(Chloe Ardelia Wofford)이고 대학 시절부터 토니라는 별명을 사용했다.[1] 모리슨은 하워드 대학(Howard University)에서 영문학을 전공하고 1955년 코넬 대학에서 영문학 석사학위를 받은 후 텍사스 남부 대학(Texas Southern University)과 모교인 하워드 대학에서 가르쳤다. 1958년 자메이카 출신 건축가 해롤드 모리슨(Harold Morrison)과 결혼해 두 아들을 낳았고 1964년 이혼했다. 1965년 뉴욕 주 시라큐스(Syracuse)에서 랜덤 하우스 계열 출판사 편집자로 일하기 시작하여 1968년부터 뉴욕시 랜덤 하우스 출판사 편집자로 일했다. 랜덤 하우스에서 앤젤라 데이비스(Angela Davis), 토니 케이드 밤바라(Toni Cade Bambara), 게일 존스(Gayl Jones) 등 흑인 작가 작품 출판에 주력했다.

모리슨은 39세에 첫 소설 『가장 푸른 눈』(*The Bluest Eye*, 1970)을 발표하며 작가의 길을 걷기 시작했다. 비교적 늦게 작가가 되었다고 할 수 있다. 그는 낯선 도시 시라큐스에서 어린 두 아들을 키우며 직장을 다닌 시기가 매우 외로웠던 때라고 회고하며 저녁에 자기가 할 수 있는 일은 아이들이 잠든 후 글을 쓰는 것이었고 그 때 대학 시절에 써 놓은 어린 여자 아이에 대한 이야기를 손보기 시작했다고 한다(Dowling, 52). 이 이야기가 첫 소설 『가장 푸른 눈』으로 발표되었고 이후 1973년 『술라』(*Sula*)와 1977년 『솔로몬의 노래』(*Song of Solomon*)를 발표하며 문단과 학계의 주목을 받기 시작했다. 비평가들은 『가장 푸른 눈』과 『술라』에 대해 표현이 시적이고 정교하다며 언어에 우선 주목했지만 작품이 거듭될수록 모리슨은 흑인 역사와 경험에 대한 심도 있는 통찰과 상상력 풍부한 스토리텔링으로 주목을 받기 시작했고 20세기 후반 미국 문학의 중요한 작가로 부상했다.

『가장 푸른 눈』과 『술라』는 흑인 사회 속 소녀의 성장을 다룬 작품으로 인종주의를 내면화한 흑인들의 심리적 문제와 가족 갈등, 그리고 흑인 사회의 남녀 갈등을 조명했다. 『솔로몬의 노래』는 밀크맨(Milkman)이라는 흑인 남성의 성장을 다루며 내용과 기법에서 변화를 보이기 시작했다. 『가장 푸른 눈』과 『술라』가 폐쇄적인 흑인 커뮤니티 내에서의 여성의 성장을 다루었다면 『솔로몬의 노래』는 현재, 한 가정, 한 지역 사회를 벗어나 밀크맨의 조부모와 증조부모의 경험으로 거슬러 올라가고, 밀크맨이 조상의 과거를 알아가는 과정은 그가 북부 도시 디트로이트에서 남부 버지니아의 작은 마을을 찾아가는 여정과 겹쳐진다. 모리슨은 노예제 시기로 작품의 시간적 배경을 확장하면서 기억과 역사의 문제를 다루기 시작한다. 또한 잡혀온 노예가 다시 아프리카로 날아간다는 흑인들의 민담을 이용하여 밀크맨의 조상의 이야기를 풀어나가고 전설, 민담, 민요, 유령, 마법 등의 흑인 문화를 개인의 기억과 역사적 기록의 중요한 방법과 내용으로 제시한다. 모리슨의 작품은 일관되게 미국 흑인의 정체성 문제, 심리적 상실과 치유의 문제, 가족과 공동체 관계를 살피며 그들의 깊고 예민한 심리를 탐구한다고 할 수 있는데 『솔로몬의 노래』에서 역사와 기억의 문제가 중요한 주제로 대두되고 이 주제는 『빌러비드』(*Beloved*, 1987)에서 심화된다.

모리슨은 첫 작품 발표 후에도 십여 년 동안 편집, 강의, 글쓰기를 병행했다. 1981년 네 번째 소설 『타르 베이비』(*Tar Baby*) 발표 후 1984

년 뉴욕 주립대(SUNY, Albany)에서 교수로 재직하기 시작하면서 출판계를 떠났다. 1987년 그의 최고 작품이라고 할 수 있는『빌러비드』를 발표했고 이 작품으로 1988년 퓰리처 상(Pulitzer Prize)을 포함하여 다수의 상을 수상했다. 1993년 흑인 여성 처음으로 노벨 문학상을 수상했다.『빌러비드』는 2006년 뉴욕 타임즈에서 지난 25년간 출판된 미국 소설 중 최고의 작품으로 선정되기도 했다. 모리슨이『빌러비드』가 노예 자신, 흑인, 백인 모두 기억하고 싶어 하지 않는 것, "국가적 기억상실"(national amnesia)에 대한 이야기라고 밝히듯이(Angelo 257) 이 작품은 미국 인종주의의 핵심인 노예제도와 흑인의 심리적 상처를 다룬 작품이고 역사에 기록되지 않은 희생자들에 대한 애도의 글이라고 할 수 있다.

모리슨은『빌러비드』이후『재즈』(*Jazz*, 1992),『파라다이스』(*Paradise,* 1997),『러브』(*Love,* 2003),『자비』(*A Mercy*, 2008),『고향』(*Home*, 2012),『신이여 이 아이를 도우소서』(*God Help the Child*, 2015)까지 여섯 편의 소설을 더 발표했다. 이 중『자비』는 미국 건국 이전 시기로 거슬러 올라가 백인 남성의 시각으로 건국 역사가 기록되기 이전 흑인, 여성, 원주민의 시각과 경험을 살피며 역사 다시 쓰기를 시도한 작품이다.[2] 그 외 작품들은 19세기 말에서 20세기 초반, 중반, 현재까지 흑인들의 삶을 따라가며 심리적 상처를 탐구한다. 모리슨은 소설 외에 단편 소설, 희곡, 오페라 대본, 에세이, 평론 등을 발표했고 아들 슬레이드 모리슨(Slade Morrison)과 동화집도 발간했다. 1989년부터 프린스턴 대학에서 문예창작(Creative Writing) 전공 교수로 재직하여 2006년 은퇴했으며 흑인 지성으로서 인종 문제를 포함한 미국의 정치, 사회적 사건과 이슈에 대해 지속적으로 목소리를 냈다.

모리슨의 작품 세계를 간단하게 정리하기는 어렵다. 그는 미국 흑인들의 역사, 사회, 심리를 날카롭고 깊게 통찰하고 상처를 드러내 직시한 작가라고 할 수 있다. 모리슨의 말을 인용해 요약하자면 "인종주의에 물들지 않고 인종에 충실한"(race-specific yet nonracist, "Home" 5) 언어와 시각을 추구한 과정이라고 할 수 있다. 모리슨의 작품은 인종주의에 물든 언어, 인종주의로 점철된 역사, 인종주의로 인한 상처로 왜곡된 의식과 무의식까지 짚어가며 흑인들의 경험을 다룬다. 그리고 그의 글쓰기는 그러한 경험들을 인종주의에 물들지 않은 언어, 의식, 감정으로 표현하는 길을 찾는 과정이었다고 할 수 있다. 그 탐구의 깊이가 깊기 때문에 흑인들만의 작품으로 남지 않고 미국 문학의 고전이 되었고 세계인에게 읽힌다고 할 수 있다. 모리슨은 2019년 8월 5일 뉴욕 시에서 88세의 나이로 세상을 떠났다.

II. 『빌러비드』 읽기

1. 자식을 죽인 어머니

『빌러비드』는 실제 있었던 마가렛 가너(Margaret Garner) 사건에 근거한 소설이다. 이는 1856년 오하이오 신시네티(Cincinnati)에서 발생한 사건으로 남부에서 도망 온 노예 가너가 은신처에 노예 사냥꾼과 보안관 일행이 들이닥치자 두 살 된 자기 딸을 칼로 베어 죽인 사건이다. 가너는 칼을 들고 있는 상태에서 제압당했는데 나머지 세 명의 자녀들도 다친 상태였다(May, 37). 가너는 잡힌 후에도 침착하고 단호했고 자식들이 노예로 끌려가 자기처럼 살게 할 수는 없다고 밝혔다(May, 37). 모리슨은 사진, 신문기사, 특허장 등 다양한 기록물들을 통해 흑인 역사를 개관하는『블랙 북』(*The Black Book,* 1974) 편집 중에 가너 사건 기사를 접하게 되었다(Caldwell, 241). 기사를 읽은 후 머리에서 떠나지 않았던 이 노예 어머니의 얘기에 근거해 딸을 죽인 어머니, 세서(Sethe)와 죽은 딸의 이야기,『빌러비드』를 쓰게 되었고 사건 후 남부로 끌려가 생사를 알 수 없게 된 가너와 달리 세서는 감옥에서 나와 신시네티에서 살고 있다는 설정을 하게 되었다(Naylor, 208). 노예 해방론자들이 가너를 남부로 돌려보내지 않고 북부에서 재판을 받도록 하려고 애썼지만 성공하지 못했고 가너는 남부로 끌려가 뉴올리언즈 노예 시장으로 보내졌다고 추정되나 이후 그녀가 어떻게 되었는지 추적하지 못했다(May, 44). 이 소설은 사건이 일어난 지 18년 후의 시점에서 세서의 기억과 생각을 따라가며 딸을 죽이게 된 세서의 내면과 그 이후의 삶을 보여 준다.

모리슨은 이 작품을 통해서 노예제를 느끼게 하고 싶었다고 하는데 (“The Art of Fiction”, 103) 독자에게 주어진 노예제의 현실은 백인이나 노예 주인이 노예에게 가하는 폭력뿐만 아니라 노예가 자식을 자기 손으로 죽이게 되는 상황도 포함한다. 사랑하는 자식이 노예가 되느니 죽는 것이 낫다고 생각하여 자식의 목을 자르는 것은 독자에게 충격적일 수밖에 없다. 독자는 세서의 기억과 생각을 따라가면서 노예제의 잔인함과 부당함에 대한 공포와 분노도 느끼지만 무엇보다도 노예로 살게 하는 것 보다 딸을 죽이는 게 “안전한 곳에 두는 것”이라고 생각하고(200) 행동에 옮기는 세서의 절망감과 심리적 상처의 깊이를 느끼게 된다. 세서는 딸을 죽인 것이 진정한 사랑에서 나온 행동이기 때문에 옳은 일이라고 생각하면서 동시에 죽은 딸과 대화가 되어 사랑해서 죽인 것임을 납득시키고자 한다(251). 자신을 가장 사랑하는 사람에게 죽임을 당한 딸을 보면서 독자는 그 원망과 슬픔을 추측해볼 뿐이고 이 어머니는 어떻게 용서를 구할 수 있을지, 어떻게 애도하고 살아가야 하는지 질문을 하게 된다.

세서의 행동을 이해하는 과정은 그녀가 생각하는 사랑을 이해하는 것으로 시작할 수 있다. 세서가 생각하는 어머니의 사랑은 노예로 태어나 자란 경험에서 나온 심리적 과정을 거친 것이다. 세서에게 어머니와의 관계는 배고픔, 그리움, 폭력, 죽음으로 점철되어 있었다. 세서는 멀리 논에서 일하는 여러 노예 중 하나인 자기 엄마를 모자로 알아보고 바라보기만 할 뿐 가까이 지내지 못했다. 세서가 엄마의 젖을 먹은 기간은 두, 세 주 뿐이었으며 노예 아이들을 돌보고 젖을 먹이는 여자에게 자랐다. 세서는 백인 아이들이 먹고 남은 젖을 얻어먹어야 했다. 세서는 "내가 먹을 젖이 없다는 것", "젖 달라고 소리치고 싸우는 것"이 무엇인지 너무 잘 알기 때문에 백인 남자들이 자기 젖을 빼앗아 간 후에도 자기 아이를 위한 젖은 지켰다고 한다(200). 어머니가 자신을 안고 젖을 주지 못한 것과 나중에 자신을 두고 탈출을 시도했다는 것은 세서에게 큰 아픔이고 충격이었다. 어머니와의 관계에서 세서가 경험한 것은 강렬한 그리움이고 또한 버림당했다는 느낌이었다.

노예제 속에서 어머니들은 자식을 뺏기거나 버리도록 강요당했다. 같은 농장에 살아도 자식에 대한 권리가 없고 세서의 엄마처럼 관계를 맺을 시간이나 기회가 없었다. 어머니가 가까이 지내거나 다정하게 대하지 못할 뿐만 아니라 사랑하고 소중하게 생각한다는 것을 알게 할 시간도 없었다. 이 절박한 상황에서 아이는 죽음, 이별, 폭력에 대처하는 방법을 배워야 할 뿐이었다. 세서와 같이 있을 수 있었던 짧은 시간 동안 어머니가 세서에게 당부한 말은 얼굴로 엄마를 알아 볼 수 없게 될 경우를 위해 몸의 낙인을 기억하라는 것이었다(61). 하지만 세서는 어머니와의 관계를 포기하거나 무심해지지 않았고 그럴수록 강렬하고 절실한 애착을 갖게 되었다. 세서의 어머니가 탈출하다 처형당했을 때 세서는 어머니의 시체를 알아보았지만 어머니가 죽었다는 사실을 인정하지 못하고 어머니를 찾아 다녔다(201).

또한 세서는 어머니가 노예선에서 낳은 아이들을 다 물에 던져 버리고 자신만 지켰다는 얘기를 듣고(62) 어머니와 자식의 관계를 특별한 소유관계로 이해한다. 어머니가 원하는 남자와의 관계에서 낳은 자기를 지킨 것처럼 자기도 자신이 선택하고 결혼한 남자, 할리(Halle)와의 사이에서 낳은 아이들을 끝까지 지키려고 한다. 딸로서 세서의 경험은 결핍, 상실, 아픔이었고 폭력적이고 잔인한 단절을 겪으면서 어머니에 대한, 그리고 어머니로서 강렬한 사랑과 집착을 갖게 되었다.

그러므로 스위트 홈(Sweet Home) 농장에서 학교선생(schoolteacher)과 조카들이 세서를 채찍질하고 젖을 빼앗은 것은 강간이면서 세서를 인간으로 여기지 않음을 증명한 것이며 동시에 세서에게서 가장 소중한 것을 강탈해 간 것이다. 그들에게 세서는 젖소나 염소 같은 존재였고(200) 마음대로 유린해도 되는 존재였다. 하지만 세서에게 젖은 음식이나 물질이 아니라 어머니로서 존재, 권리, 사랑을 증명하는 것이다. 동물 취급을 받을 수 없음을 보이는 것이고 자신이 충분히 받지 못하고 갈구한 것이기에 자기 자식에게는 꼭 주어야 하는 것이었다. 혼자서 북부 오하이오까지 맨발로 걸어서 도망을 갈 때도 자기를 기다리고 있을 자식들, 젖을 기다리고 있을 아이를 생각하며 견뎌냈다(31). 세서는 어머니에 대한 결핍감과 상실감이 큰 만큼 자식에 대한 애착이 강했고 자신의 경험이 끔찍한 만큼 자식들을 노예제에서 구하려는 마음이 강했다. "머리도 없고 발도 없는 몸통들이 표식만 된 채 나무에 매달려 있을 때 그게 내 남편인지 폴 에이인지, 애국자들이 흑인학교에 불을 질러 부글부글 뜨거운 거품이 나는 여학생들 중에 내 딸이 있는지, 백인 무리가 내 딸의 은밀한 곳을 범하고 허벅지를 더럽히고 마차 밖으로 던져 버리지는 않았는지 하는"(251) 생각들이 원하지 않아도 머릿속에 나타나 괴롭히기 때문에 세서는 자기 딸이 그 장면 속에 있어서도 안 되고 그러한 기억을 가져서도 안 된다고 생각한다.

세서의 자식에 대한 사랑, 애착, 보호심은 자신이 겪은 상실과 폭력에 대한 반응이기도 하면서 짓밟힌 자아를 회복하는 길이기도 하다. 세서는 자식이 "자신의 최고의 것", "더럽혀지지 않은 자신의 일부"라고 생각한다(251). 자신은 배고프고 결핍되고 더렵혀지고 유린되었지만 자신의 최고 부분인 자식은 깨끗하고 사랑받고 노예 농장에서 벗어나야 하고 그럼으로써 자신의 일부가 회복되는 것이다. 모리슨은 세서가 자신을 어머니로만 규정하고 어머니 역할에 자신을 다 바쳤으며 세서에게는 그것이 노예를 인간으로 보지 않는 상황에서 인간이 되는 방법이었다고 평한다(Darling, 252). 세서는 명백히 자식을 자신의 일부로 보고 동일시하고 자식에 대한 애착을 통해서 인간으로서의 자존감, 자유, 힘을 찾았다. 세서는 노예인 상태에서 자기의 아이들이 "내 것이 아니었기에" "제대로" 사랑할 수 없다고 하며 북부로 도망쳐 와서야 원하는 대로, 원하는 만큼 사랑할 수 있게 되었다고 한다(162). 세서는 자식에 대한 이러한 제한 없는 사랑과 자기가 낳았고 자기 힘으로 탈출시켰다는 성취감, 아이들을 품으며 자신이 확장된다는 느낌, 이기심(selfishness), 해방감을 연결시킨다(162).

그러므로 울타리 너머로 자기와 아이들을 잡으러 온 학교선생의 모자가 보였을 때 세서의 생각은 단순하고 단호하게 "안 돼"였다(163). 그 순간 학교선생을 막고 아이들을 구하기 위해 세서는 아이들에게 톱을 든다. 자식을 구할 수 있는 유일한 방법이 죽음뿐이라는 세서의 인식, 그 즉각적인 행동에서 노예 생활의 처절함과 잔인함을 느낄 수 있다. 또한 세서가 노예 생활의 공포와 잔인함, 과거의 상처에 사로 잡혀 있음을 알 수 있다. 18년이 지난 시점에 폴 디(Paul D)는 세서에게 한 아이는 죽고 두 아들은 어머니가 무서워 도망가고 남은 딸은 집 밖으로 한 걸음도 나가지 않는데 그 일이 잘 된 것이냐고 묻는다. 세서는 다시 노예농장으로 끌려가지 않았으니 잘 한 일이라고 한다. 딸이 죽고 다른 아이들에게 피해가 간 것이 더 나쁘지 않은가라는 폴 디의 질문에 세서는 "무엇이 더 나쁜가를 아는 게 내 일이 아니라 내가 끔찍하다고 알고 있는 것으로부터 내 아이들을 구하는 것이 내 일이고 나는 그 일을 했다"라고 대답한다(165). 세서는 자신이 알고 있는 끔찍한 것에서 자식을 구해야 한다는 생각밖에 할 수 없다. 그 행동이 아이에게 또한 폭력이고 해를 가하는 것이라는 생각, 아이의 죽음과 자신의 살해 행위의 결과와 여파에 대해서 생각할 여지가 없고 이는 18년이 지난 후에도 변함이 없다. 그 때 세서의 계획은 아이들과 자신 다 "어머니가 있는 곳으로 데려가려는 것"이었다고 하는데(203) 아이들을 모두 죽이고 자신도 죽으려는 생각에는 다른 방법이나 희망이 없다는 무력감과 절망감 또한 내포되어 있다고 할 수 있다. 세서는 과거 경험의 끔찍함, 그 트라우마 때문에 다른 어떤 생각을 할 수 없는 상태에 있다. 그리고 무엇보다도 세서는 자기가 아이의 삶과 죽음에 대해서 결정을 내릴 사람이라고 믿고 있고 사랑해서 내리는 결정이기 때문에 옳은 결정을 내린 것이라고 생각한다. 그 아이도 다 이해할 것이기에 설명하지 않아도 된다고 생각한다(183). 세서는 자식에 대해 애착이 클 뿐만 아니라 자식과 자신을 분리해서 생각하지 않고 있다. 세서에게 "자식은 언제나 자식"이며 "자식이 자란다는 것은 아무 의미가 없다"(45).

이 작품은 사건이 발생한 지 18년이 흐른 시점에서 기억과 대화로 세서의 과거가 조금씩 밝혀지는 서술 형식을 취한다. 시간은 흘렀지만 세서의 상태는 과거의 기억과 충격에 사로잡혀 어떤 변화도 없이 정체되어 있다. 이 작품은 세서와 열여덟 살이 된 딸, 덴버(Denver)가 사는 집이 아기의 "원한으로 가득 차 있다"라는 말로 시작된다. 이 집에 죽은 아이의 유령이 나타나고 이 모녀는 유령의 괴롭힘을 끝내려고 유령을 불러내어 대화를 하려고 한다(4). 세서는 유령뿐만 아니라 과거의 기억 때문에도 시달린다. "스위트 홈의 나뭇잎 하나만 생각나도 비명을 지르게 되는데" 세서에게 갑자기 "아름다운 플라타너스에 목 매달린 소년들의 시체들" 모습이 떠오른다(6). 세서는 이렇게 자기 의지와 상관없이, 자기가 "생각해 내지 않아도 나타나고", 자기 "머리 밖에 떠다니며 죽어도 나타나는" 기억을 "재기억"(rememory)이라고 한다(36). 세서에게 과거 고통스러운 경험의 기억이 의지와 상관없이 떠오르는 것은 그 충격과 상처가 치유되지 못하고 심리적 문제로 남아있기 때문이라고 볼 수 있다. 동시에 세서는 아기 유령의 존재를 믿으며 또는 유령에게 괴롭힘을 당하며 18년 전의 사건 시점의 심리 상태, 즉 학교선생을 막았고 다시 노예 농장으로 가지 않도록 했다는 것, 그것만이 중요하다는 생각에 머물러 있다. 그 사건이 그 딸에게, 다른 자식들이나 가족에게, 이웃에게 그리고 가장 중요하게 자신에게 어떤 결과를 가져왔는지 돌아볼 수 없고 정체되어 있을 뿐이다. 세서에게 미래는 새로운 일, 새로운 생각, 새로운 관계로 나아가는 것이 아니라 "과거가 오지 않게 막는 것"이고 지금 삶이 나은 이유는 과거가 아니기 때문이다(42).

세서가 딸을 죽인 것은 그 사건을 목격한 이웃이나 가족에게도 충격으로 남았다. 이웃들은 그 사건 이후 세서에게 눈길을 주거나 말을 걸지 않았고 이웃들에게 존경을 받고 정신적인 지도자로 설교를 하던 시어머니 베이비 석스(Baby Suggs)는 자포자기에 빠져 죽음을 기다리다 세상을 떠났다. 살아남은 자식들은 어머니가 자신들을 또 죽이려할지 모른다고 무서워했고 아들들은 유령의 괴롭힘을 견디지 못하고 13세가 되자 집을 나가버렸다. 세서가 미래로 나아가지 못하고 정체되어 있는 것만큼 문제가 되는 것은 또한 고립이다. 세서는 자신을 안내해 시어머니 집으로 데려와 준 스탬프 페이드(Stamp Paid)나 자기를 환영해준 이웃들과의 교류를 끊은 채 철저히 혼자만의 생활을 하고 있다. 덴버도 어머니가 언니를 죽였다는 사실을 학교 친구에게서 들은 이후 집밖으로 한 발짝도 나가지 않고 아버지가 자신을 구하러 올 거라는 상상에 빠져 있다. 어머니를 이해하지도 못하고 어머니에게 그 사건에 대해 묻지도 못하는 덴버도 세서처럼 정신적으로 고립되어 있고 흐르는 시간 속에 있지만 과거 사건의 충격에 사로잡혀 있다고 할 수 있다.

모리슨은 세서의 자식 살해에 대해 판정을 내릴 수 있는 사람은 죽은 딸뿐이라고 한다(Darling, 248). 세서는 딸이 자신을 이해할 것이라고 생각하면서도 자신이 사랑해서 그렇게 했다는 것을 그 딸에게 납득시키려고 한다(251). 하지만 이 사건을 개인적인 것으로 볼 수 없다. 모리슨이 마가렛 가너 사건을 소설화한 이유가 여기에 있다고 할 수 있다. 세서의 행동은 특이한 개인이 저지른 일, 개인적인 사건으로 남을 수 없다. 모리슨이 묘사하는 노예제의 현실은 노예들이 폭력을 당하고 죽임을 당하는 것뿐만 아니라 자해하고 자살하고 자식을 죽이는 극단의 선택도 포함한다. 이에 대한 책임과 속죄의 문제가 우선 있다. 이를 위해 모리슨은 죽은 자의 슬픔과 원망, 남은 자의 기억과 생존의 문제에 먼저 집중하고 그 심리적 문제를 대면하는 공동체의 역할을 제시한다. 세서는 혼자 그 집에서 유령과 함께 계속 살았을 수도 있다. 그러나 스위트 홈을 함께 겪은 폴 디가 찾아오고 남은 딸 덴버가 세서를 구하기 위해 이웃에게 도움을 요청한다. 또한 18년 전 사건을 목격하고 그에 대해 책임을 느끼는 이웃들, 노예의 경험과 기억을 공유하는 이웃들이 세서와 그 가족에게 느끼는 책임이 있었기에 세서의 고통을 더 이상 방관하지 않는다. 신문 기사로만 남고 어떻게 살았는지 죽었는지 알 수 없는 가너와 달리 세서는 노예의 경험을 과거의 일로 치워 놓지 못하는 이들과 같이 살아가게 된다. 모리슨은 노예제 속에 희생된 이들, "6천만 명, 그 이상"에게 이 책을 바치고 또한 이 작품이 기념비 하나 없이 사라져간 이들을 기억하기 위한 것이라고 한다("A Bench by the Road" 44). 노예제의 과거를 기억하는 것이 고통스럽지만 모리슨은 그 희생자와 생존자의 슬픔과 상처에 대한 책임과 기억의 공동체를 만들었다고 할 수 있다.

2. 빌러비드

이 작품의 주된 사건은 세서의 집에 스위트 홈 농장에 같이 있었던 폴 디가 찾아오는 것과 그 며칠 뒤 정체를 알 수 없는 젊은 여성이 나타나는 것이다. 고립되고 정체된 삶을 살던 세서와 덴버에게 이 두 사람은 변화를 가져오는 계기가 된다. 폴 디와 빌러비드 둘 다 세서에게 과거를 상기시키고 과거 기억을 이야기 하게 하는데, 이 두 인물은 세서의 마음에 다른 종류의 움직임을 일으킨다. 세서는 폴 디와 스위트 홈의 기억을 나누고 또한 두 사람은 그 곳을 떠난 후의 각자의 경험을 이야기하게 되면서 과거를 상기하게 된다. 폴 디의 등장으로 세서는 스위트 홈의 기억을 떠올리지만 동시에 자신이 모르던 스위트 홈의 생활도 알게 된다. 세서는 폴 디에게서 남편 할리가 자신이 학교선생과 조카들에게 고문당하고 강간당하는 것을 목격하고 미쳐버렸다는 것을 듣게 되고 그가 살아서 가족을 찾아 올 것이라는 희망을 버리게 된다. 또한 폴 디와 세서는 동거를 하게 되고 폴 디는 그 동네에서 일자리를 잡고 세서와 계속 살려고 한다. 세서는 폴 디와 새로운 가족으로 앞으로 새로운 생활을 할 수 있다는 생각도 하게 된다(42). 세서는 폴 디와 미래를 꿈꾸게 되지만 또한 그와 가까워지는 것은 자신의 비밀, 즉 딸을 죽였다는 사실을 설명해야 하는 시점이 곧 온다는 것을 의미하기도 한다. 이웃에게 외면당하고 자기만의 세계에 갇힌 덴버와 일상생활만 해가면서 세서는 철저히 정체되고 고립되어 있었다. 과거의 사건을 들추어 질문을 하는 사람도 없었고 그에 대한 해명을 할 필요도 없었다. 그러나 폴 디는 결국 스탬프 페이드에게서 18년 전 세서 사건 기사를 받아 보게 되고 세서에게 그 기사 속 인물이 진짜 세서인지 묻게 된다. 세서는 처음으로 자신이 왜 그랬는지 입 밖으로 설명하게 되고 폴 디는 세서의 행동이 옳은 일이 아니었다는 비난을 하게 된다.

폴 디가 세서의 고정된 기억과 확고한 믿음에 의문과 반론을 제기하는 존재라면 빌러비드는 세서의 정신과 마음을 기꺼이 과거로 이끈다. 세서는 덴버가 과거 얘기를 물을 때나 폴 디와 스위트 홈 이야기를 할 때는 고통을 느끼고 단편적으로 대답을 하지만 빌러비드의 질문으로 기억을 얘기할 때는 즐거움을 느낀다(58). 세서는 빌러비드에게 그동안 입 밖으로 내지 않았던 어머니와의 이야기까지 하면서 기꺼이 과거 기억으로 더 빠져들게 되고 18년 전 자신의 결정과 행동을 비난하는 폴 디와 대립하면서 더 확고하게 빌러비드가 자신의 딸이라고 믿게 된다. 빌러비드라는 인물에 대한 해석은 여러 가지가 있을 수 있지만 세서에게는 명백히 죽은 딸의 환생이다. 세서는 자기 손으로 딸을 죽였지만 동시에 딸이 온전하게 자신의 품 안에 있기를 원한다. 빌러비드는 딸과 재회하고 싶은 세서의 욕망이 투영되는 인물이다. 세서에게 죽은 딸과의 기억뿐만 아니라 어머니에 대한 기억을 불러일으킨다는 점에서 빌러비드는 죽은 딸뿐만 아니라 세서의 어머니, 그 어머니의 어머니를 포함하는 존재라는 해석도 가능하다(Horvitz, 163).

대부분의 비평가들이 빌러비드가 세서의 죽은 딸의 환생이라는 해석을 하거나 세서의 회한, 죄책감, 딸을 다시 살리고 싶은 욕망이 투영되는 인물로 보지만 빌러비드를 노예 경험으로 정신적 상처를 입고 우연히 세서 집에 오게 된 젊은 여성이라고 볼 수 있는 근거도 많다(House, 17). 자신이 누구인지 어디서 왔는지 명확하게 표현하지 못하고 단편적인 과거 기억만 되뇌는 빌러비드는 세서뿐만 아니라 작품 속 인물들에게도 노예로 살면서 빼앗기거나 잃은 가족, 사랑하는 사람을 상기 시킨다. 스탬프 페이드는 빌러비드가 근방에서 백인에게 잡혀 지내다 도망 나온 여인일지도 모른다고 추정하며 과거 백인 주인에게 빼앗긴 자기 부인을 떠올린다. 엘라(Ella)도 갇혀서 백인 아버지와 아들에게 지속적으로 강간을 당한 어린 시절을 상기한다. 이 점에서 빌러비드는 과거 노예들의 상처, 상실, 한을 상징하는 인물이라고 할 수 있다.

모리슨은 빌러비드가 세서가 믿는 대로 죽은 딸의 영혼이고 작품에서 그 역할을 해야 한다고 피력하면서 빌러비드가 또한 노예선에서 희생된 인물이라는 의미의 층위가 있다고 강조한다(Darling, 247). 빌러비드는 어떤 여인과 꽃을 따고 있던 기억, 배에서 시체들과 같이 있었던 기억, 배에서 자기가 바라보던 여인이 물로 뛰어든 기억, 어딘가에 감금되어 있었던 기억, 물에 뛰어들었던 기억 등을 단편적으로 얘기하고 어머니로 추정되는 여인을 잃었다는 얘기와 그 여인을 찾는다는 얘기를 반복적으로 한다(214-17). 빌러비드가 얘기하는 배에서의 경험은 노예선 경험으로 추측할 수 있고 노예선 경험은 "중간 항로"(The Middle Passage)라고 불리는 역사적 사건이다. 이 중간 항로는 아프리카인이 노예로 끌려 온 과정을 지칭하며 "아프리카인과 미국계 아프리카인을 가르는 선"이다(Christian, 364). 모리슨은 이 노예선의 경험을 역사의 단절, 아프리카와 미국 흑인의 단절이라고 지적하며 죽음의 경험과 일치시킨다(Darling, 247). 이 점에서 빌러비드는 죽음에서 살아온 존재이자 중간 항로의 증인이다.

모리슨은 세서의 죽은 딸에서 노예제에서 희생된 다수로 빌러비드의 의미를 확장하는 데서 더 나아가 이 인물을 통해 기억과 역사에 포착되지 않은 지점이 있음도 나타낸다. 세서는 빌러비드가 자기 딸이라고 믿으나 그 죽은 딸은 이름도 없었다. 모리슨은 이 불일치를 통해서 노예제 속에서 희생되었으나 명명되지 못하고 기억 또는 기록되지 못한, 역사에서 잊힌 사람들의 존재를 드러내고 구체화했다고 볼 수 있다(Handley, 683). 또한 빌러비드는 노예제의 상처와 상실의 경험을 둘러싼 사랑, 책임, 죄의식, 슬픔의 감정을 구체화하는 인물이다. 빌러비드라는 이름과 말은 세서와 딸이 처한 단절의 상황을 나타낸다. 사랑받은 사람이라는 뜻의 빌러비드라는 말은 세서가 죽은 딸의 장례식에서 목사가 한 말을 듣고 마음에 담고 있었던 것으로 세서는 "그 말이 바로 내가 생각하는 너"(184)라고 하면서 딸의 묘비에 새겼다. 하지만 이는 세서가 죽은 딸에게 전하고 싶었으나 전하지 못한 메시지다. 딸은 이미 죽었고 어머니에게 죽임을 당했기에 자신이 사랑받았다는 사실을 이해하기 더 어렵다. 세서 자신이 자기를 두고 탈출을 시도한 어머니에게서 사랑받았다는 사실을 이해하기 어려운 것처럼 세서의 딸도 자기에게 톱을 든 어머니를 이해하기 어렵다. 세서는 빌러비드라는 이름으로 자기 앞에 나타난 이 여성이 자신의 딸이라고 믿고자 하지만 그 딸은 이름도 없었고 사랑받았다는 이해도 없이 죽임을 당했다. 강한 사랑과 죽음이 합쳐진 상황이고 이 상황에서 어머니의 사랑은 이해되거나 전달될 수 없으며 딸은 차갑고 잔인한 죽음을 당했을 뿐이다.

노예제를 기억하지 않으려는 것은 죄와 책임 회피를 위한 것일 수도 있지만 그 안에서 일어난 일이 이해받기 어렵고 끔찍한 일이었기에 사람들이 외면하고 기억하고자 하지 않았다고 할 수 있다. 이웃들이 세서를 외면하고자 했던 이유도 세서의 극단적인 행위가 자신들이 노예 때 겪었던 끔찍한 경험을 상기시키기 때문이기도 하다. 모리슨이 노예제에 대해 "국가적 기억상실"이라고 지적하는 것은 이러한 회피, 생각하거나 기억하고 싶지 않은 태도를 지칭하는 것이기도 하다. 모리슨은 작품 마지막에 이름도 없기 때문에 잊혔다고도 할 수 없는 존재들, 기억되지 않고 이야기도 없는 존재들을 빌러비드라고 지칭하며(274-75) 이 존재들의 사랑, 그리움, 요구가 전달되지 않고 해소되지 않은 채로 머물러 있음을 지적하고 그런 의미에서 빌러비드가 남은 자들과 독자에게 유령일 수 있음을 보여 준다. 스스로 기억해 낸 것이 아니어도 과거 노예 농장의 잔인한 풍경과 장면이 생생하게 눈앞에 나타나 세서를 괴롭히지만 빌러비드라는 유령은 세서의 그리움과 죄책감이 불러온 것일 수 있다. 유령은 또한 살아남은 자가 그 부름, 요구를 느껴 응답하며 행동하게 되는 이유이기도 하다. 기억되거나 명명되지 못한 이에게 이름을 주고 그가 사랑받지 못했지만 사랑 받았다고 천명하면서 모리슨은 그 존재의 절실한 그리움과 간절한 요구를 독자가 느끼고 공유하게 한다. 모리슨은 빌러비드를 통하여 단절과 상실이 드러나며 "이제까지 아무도 지지 않았던 책임을 느끼는 것이" 가능하다고 한다 (Darling, 247).

3. 기억의 공동체

모리슨이 이 작품을 통해 기억되지 못하고 잊힌 존재를 불러내는 것은 분명하다. 동시에 모리슨은 과거 상처와 상실의 경험을 기억하는 데 있어서 세서와 같이 고립 속에서 자신을 포기하고 희생하는 관계는 파괴적이라는 것을 보여 준다. 세서는 빌러비드가 죽은 딸의 환생이라는 것을 확신하게 되자 자신의 사랑을 증명하기 위해 빌러비드의 이야기를 들어주고 먹여 주는 것에만 몰두하게 된다. 빌러비드는 독백에서 "자기 얼굴을 한 여인"을 잃은 여러 경험을 이야기하는데 세서에게 왜 자기를 떠났냐는 질문을 반복할 뿐(216) 세서의 대답으로 만족을 하지 못한다. 빌러비드는 어린아이처럼 단 것만 먹으며 세서에게 매달리는데 이 관계는 빌러비드가 "세서의 생명을 먹어가면서 커지고 부푸는" 것일 뿐이다(250). 세서는 빌러비드와의 관계에서 더 심한 고립, 지배적 관계, 자기 파괴로 빠져 들어간다.

자식을 죽일 수 있는 어머니가 두려워 언니의 유령, 빌러비드와 한편이라고 생각했던 덴버는 세서가 점점 야위어 가고 생기를 잃어가는 것을 보면서 빌러비드를 보호해야 할 것이 아니라 빌러비드로부터 세서를 구해야 한다는 인식을 하게 된다(243). 덴버의 변화는 과거를 재편하고 반복에서 벗어나는 방법을 제시한다. 덴버는 고립과 자기 파괴로 향하는 세서와 다른 방향으로 움직인다. 덴버는 어머니가 언니를 죽였다는 것을 알게 된 때부터 9년 동안 집 울타리 밖으로 나가지 못하며 아버지나 언니의 유령이 자신을 구해줄 것이라고 상상하며 지냈지만 어머니를 구하기 위해 도움을 요청하러 밖으로 나간다. 덴버의 이러한 변화에는 할머니 베이비 석스에 대한 기억이 중요한 역할을 한다. 베이버 석스는 노예로 살았던 이들에게 내가 생각해내는 은총만을 받을 수 있다고, 생각하지 못하는 은총은 받지 못한다고 설교를 했는데(88) 덴버가 상상한 베이비 석스의 메시지는 어머니가 하루라도 자유롭게 살 수 있게 하기 위해 몸이 휘도록 일한 아버지 할리나 기다리는 자식들을 위해 맨발로 오하이로로 걸어온 어머니 세서의 행동을 기억하라는 것이었다(244). 덴버에게 기억은 과거의 상처와 상실을 반복하는 것이 아니라 앞으로의 생존과 회복을 위한 새로운 해석이다.

덴버가 이웃에게 도움을 청함으로써 이웃들도 과거를 재편할 기회를 갖게 된다. 덴버의 도움 요청에 이웃들은 18년 전에 세서에게 내밀지 않았던 도움의 손길을 내밀고 세서의 행동에 개입한다. 스탬프 페이드가 기억하듯이 이웃들은 베이비 석스가 며느리와 손주들이 무사히 돌아온 것을 축하하는 잔치를 열자 베이비 석스의 행운과 그 많은 잔치 음식을 준비할 수 있음에 질투심을 느꼈고, 이 질투심 때문에 노예 사냥꾼이 이 집을 향해 오고 있는 것을 보고도 미리 알려 주지 않았다(157). 이로써 모리슨은 억압당한 기억과 희생자였다는 공통점만으로 형성된 집단과 집단 정체성이 한계가 있음을 보여준다(Kella, 144). 이웃들은 또한 세서의 행동이 옳지 않았다고 생각한다. 엘라는 "20년 전 헛간에서 보인 세서의 분노는 이해했지만 그녀의 행동은 이해하지 못했다. 그 행동은 교만 가득했고 잘못된 방향으로 향했다"고 생각하면서 세서가 감옥을 나와서 이웃들에게 어떤 행동도 먼저 취하지 않았기 때문에 그녀를 버렸다고 한다(256). 다른 이웃들도 세서의 행동이 자만에 의한 것이라고 해석한다(249, 254). 하지만 세서가 정체 모를 여자와 같이 지내며 거의 죽게 되었다는 것을 알게 된 엘라는 "세서가 저지른 일이 무엇이든 과거의 잘못이 현재를 지배하고 있다는 것은 좋지 않고" "과거는 뒤에 남기는 것"이라고 생각한다(256). 그래서 엘라는 다른 이웃의 여자들과 함께 무리를 지어 세서의 집 마당으로 들어

온다. 이 공동체는 책임을 같이 지고 속죄를 같이 행하고자 하는 목표로 구성된 일시적인 집단이다. 이들 중 유령을 믿는 사람도 있지만 믿지 않는 사람도 있다(257). 각자의 생각이 있고 이들은 다만 과거와 다르게 세서를 도우려고 세서의 집으로 향한다.

작품 종결부에 삼십 명의 이웃 여자들과 세서가 과거 사건을 다르게 반복하는 것은 모리슨이 이들의 심리적 문제와 치유에 집중하는 것을 나타낸다. 자기 집으로 다가오는 백인 남자를 보고 과거 학교선생처럼 자기 아이들을 잡으러 온다는 착각에 빠진 세서는 그때처럼 무기를 집어 든다. 삼십 명의 이웃 여자들, 세서, 에드워드 보드윈(Edward Bodwin)이 만들어 내는 마지막 장면은 우연의 일치라고 할 수 있고 심리적 재연으로 볼 수도 있다. 이 상황에서 세서는 과거와 다르게 자기 딸을 공격하지 않고 다가오는 백인을 공격한다. 이에 빌러비드는 세서가 다시 자신을 버리고 떠난다고 느끼고 세서도 빌러비드가 사라짐으로서 빌러비드를 잃게 된다(262). 이 마지막 장면에서 드러나는 것은 노예 어머니가 처한 출구 없는 상황이다. 자식을 노예제로 돌려보내지 않기 위해 자식을 공격하는 것이나 백인 노예주인을 공격하는 것 모두 어느 한 쪽의 죽음이나 부재로 이어질 뿐 누구를 구하거나 보호하는 결과로 이어지지 못한다. 세서의 어머니가 시체로라도 자신을 찾으라고 하면서 세서를 두고 떠나는 행위도 자식이 이해할 수 없는 모순된 메시지를 주는 것이고 한편으로 잔인한 행위이다. 돌파구가 없는 노예 어머니의 상황이 노예제의 현실이고 이에 대한 이해와 속죄가 과제로 남고 슬픔이 남는다. 그러므로 독자에게도 마음의 짐이 지워지고 독자는 세서의 집에 찾아온 삼십 명의 이웃 여자들처럼 기억과 책임의 공동체가 된다.

III. 평가와 의의

『빌러비드』는 미국인이 직면하기 어려워하는 과거의 죄, 노예제의 현실을 노예들의 시각으로 날카롭고 사실적으로 그렸다는 점에서 그리고 어머니가 자식을 죽이는 잔인한 상황과 깊은 심리적 상처를 짚었다는 점에서 대담한 작품이다. 특히 빌러비드는 이제까지 미국 소설에서 찾아보기 힘든 다층의 상징적 의미를 지닌 인물이고 모리슨이 미국 역사에서 노예제로 인한, 해소되지 않은 슬픔과 죄를 이 인물로 형상화했다고 할 수 있다. 모리슨은 윌리엄 포크너(William Faulkner)가 남부의 인종주의와 그 역사의 모순을 정면으로 바라보고 진지하게 흑인과 인종문제를 다루었다는 뜻에서 "회피하지 않는 응시"(296)를 했다고 하는데 모리슨은 빌러비드라는 인물을 통해서 단호한 응시를 넘어서 역사 속 상처와 죄를 느끼고 그에 대한 윤리적 책임을 통감하고 공유하도록 이끌었다고 할 수 있다. 이 소설이 죽은 아기의 "원한"으로 시작하여 사랑의 "요구"(clamor for a kiss)로 끝을 맺는 것에서 보듯이 빌러비드는 따뜻한 품과 젖을 향한 어린아이의 요구의 절실함과 공포, 아픔, 무거움을 느끼게 하는 유령적 존재이다. 미국, 미국 문화, 미국 문학을 이해하는데 있어서 노예제와 인종주의를 피해 갈 수 없다. 모리슨은 이 작품을 통해 노예제에 대한 정치적 책임과 도덕적 용서의 문제를 직면하기 위해서 그 상처와 죄에 대한 정서적 이해와 엄중한 성찰이 있어야 함을 보여 준다.

Endnotes

1 모리슨은 대학 때 사람들이 "클로이"를 발음하기 어려워해서 토니라는 별명을 사용하기 시작했다고 한다(Dowling 50). "토니"는 그의 세례명 앤쏘니(Anthony)를 줄인 것이고 "모리슨"은 이혼한 남편의 성이다. 첫 소설『가장 푸른 눈』원고를 출판사에 보낼 때 편집자가 자신을 토니 모리슨이라고 알고 있어서 그 이름을 사용했지만(Dreifus 101) 그 때 토니 모리슨이라는 이름을 쓴 것을 후회하고 자신의 이름은 클로이 앤쏘니 워포드라고 한다(Bigsby 28).

2 『자비』에서의 역사 다시 쓰기 관련 논의는 저자의 논문「토니 모리슨의『자비』-서술하는 주체와 관계 안의 주체」참고 바람.

인용문헌

김미현,「토니 모리슨의『자비』-서술하는 주체와 관계 안의 주체」,『영어영문학21』28.2 (2015): 89-113.

Angelo, Bonnie. "The Pain of Being Black: An Interview with Toni Morrison." *Conversations with Toni Morrison.* Ed. Danille Taylor-Guthrie. Jackson: UP of Mississippi, 1994. 255-61.

Bigsby, Christohpher. "Jazz Queen: Toni Morrison in Conversation with Christopher Bigsby." *The Independent on Sunday* 26 April 1992: 28-29.

Caldwell, Gail. "Author Toni Morrison Discusses Her Latest Novel *Beloved*." *Conversations with Toni Morrison.* Ed. Danille Taylor-Guthrie. Jackson: UP of Mississippi, 1994. 239-45.

Christian, Barbara. "Fixing Methodologies: *Beloved*." *Female Subjects in Black and White: Race, Psychoanalysis, Feminism.* Ed. Elizabeth Abel, Barbara Christian, and Helen Moglen. LA: U of California P, 1977. 363-70.

Darling, Marsha. "In the Realm of Responsibility: A Conversation with Toni Morrison." *Conversations with Toni Morrison.* Ed. Danille Taylor-Guthrie. Jackson: UP of Mississippi, 1994. 246-54.

Dowling, Colette. "The Song of Toni Morrison." *Conversations with Toni Morrison.* Ed. Danille Taylor-Guthrie. Jackson: UP of Mississippi, 1994. 48-59.

Dreifus, Claudia. "Chloe Wofford Talks about Toni Morrison." *Toni Morrison: Conversations.*

Ed. Carolyn C. Denard. Jackson: UP of Mississippi. 98-106.

Handley, William R. "The House a Ghost Built: *Nommo,* Allegory, and the Ethics of Reading in Toni Morrison's *Beloved.*" *Contemporary Literature* 36.4 (2001): 676-701.

Horvitz, Deborah. "Nameless Ghosts: Possession and Dispossession in *Beloved.*" *Studies in American Fiction* 17.2 (1989): 157-67.

House, Elizabeth B. "Toni Morrison's Ghost: The Beloved Who is Not Beloved." *Studies in American Fiction* 18.1 (1990): 17-26.

Kella, Elizabeth. "Beloved Communities: Solidarity and Difference in Fiction by Michael Ondaatje, Toni Morrison, and Joy Kogawa." Diss. UPPSALA, 2000.

May, Samuel J. *The Fugitive Slave Law and Its Victims.* New York: American Anti-Slavery Society, 1856.

Morrison, Toni. "The Art of Fiction." *The Paris Review* 128 (1993): 83-125.

_____. *Beloved.* New York: Plume, 1988.

_____. "A Bench by the Road: *Beloved* by Toni Morrison." *Toni Morrison: Conversations.* Ed. Carolyn C. Denard. Jackson: UP of Mississippi. 44-50.

_____. "Faulkner and Women." *Faulkner and Women: Faulkner and Yoknapatwapha, 1985.* Ed. D. Fowler and A. J. Abadie. Jackson: UP of Mississippi, 1986.

_____. "Home." *The House That Race Built.* Ed. W. Lubiano. New York: Random House, 1997. 3-12.

_____. *Playing in the Dark.* New York: Vintage, 1993.

_____. "Rootedness: The Ancestor as Foundation." *Black Women Writers, 1950-1980: A Critical Evaluation.* Ed. M. Evans. New York: Anchor, 1984. 339-45.

Naylor, Gloria. "A Conversation: Gloria Naylor and Toni Morrison." *Conversations with Toni Morrison.* Ed. Danille Taylor-Guthrie. Jackson: UP of Mississippi, 1994. 188-217.

창래 리의 『제스처 라이프』

진주영

I. 작가와 작품 세계

윤리[1]는 한 사회가 공통적으로 추구하는 가치와 이에 반대하거나 위협을 가하는 타자를 어떻게 포섭 또는 배제할 것인가 하는 문제와 밀접한 관련이 있다. 나중에 온 이민자라는 타자로서의 정체성을 지닌 아시아계 미국문학은 공동의 가치를 만드는 정치적 공동체 속의 윤리의 기능과 타자를 배제할지 포함할지를 판단하는 이데올로기로서의 윤리의 양가성을 살펴보는데 특히 적절하다. 1990년대 이후로 미국 문단에서 가장 비평적 성공을 거둔 아시아계 미국문학 작가 중 한 명인 창래 리는 작품 속에서 "내가 속한 사회와 공동체에서는 어떤 삶을 좋은 삶이라고 보는가"라는 윤리적 질문을 던지는 주인공을 그려내 왔다. 창래 리(Chang-rae Lee)는 1995년 한국계 미국인 산업스파이인 헨리를 주인공으로 아시아계 미국인의 정체성을 탐구한 데뷔 소설 『네이티브 스피커』(*Native Speaker*)를 통해 헤밍웨이 상을 수상했으며, 이후 1999년 『제스처 라이프』(*A Gesture Life*)와 2004년 『가족』(*Aloft*)을 출간하며 대표적 아시아계 미국작가로 자리매김하였다. 2010년에 나온 그의 네 번째 소설인 『항복한 자』(*The Surrendered*)는 2011년 퓰리처상 최종후보로 선정되었고 그의 가장 최근작은 2014년에 발표된 『만조의 바다에서』(*On Such a Full Sea*)이다. 창래 리는 작품 속에서 지속적으로 전쟁과 트라우마 문제를 인종화된 정체성과 함께 풀어내고 있다. 그의 소설 속에서 어떤 비밀을 간직하고 이를 지키기 위해 자신의 혈통을 숨기고 이에 따른 트라우마와 윤리적 문제에 시달리는 주인공들을 발견하기란 그리 어려운 일이 아니다. 대표적인 예로는 『네이티브 스피커』의 헨리의 해리성 인격장애(dissociative disorder)와 2차 대전에 한국계 혈통을 가진 일본 군의관으로 참전하여 위안부 여성을 사랑하게 되는 『제스처 라이프』의 하타를 들 수 있다. 냉전 논리와 미국예외주의(American exceptionalism)[2]에 의해 아시아계 미국인의 정체성과 이른바 "모범적 소수 민족 신화"가 구축되었기 때문에 아시아계 미국인은 종종 결코 미국 사회에 완전히 포섭될 수 없는 의뭉한 존재로서 이분법적인 정체성 정치로 인해 미국인지 인종적 조국인지, 즉 동화될 것인지 배제당할 것인지 양자택일을 강요받기 때문이다.

창래 리의 『제스처 라이프』와 『항복한 자』는 전쟁이라는 예외상황을 배경으로 각각 2차 세계대전시 종군 위안부, 6.25사변 전쟁고아라는 여성캐릭터를 중심으로 플롯이 진행된다. 이 두 여성캐릭터가 인간적 가치가 말살되어 생물학적 생명만 남은 호모 사케르(Homo Sacer), 즉 "벌거벗은 생명"이라는 시각으로 접근한다면, 우리는 법 체제 밖에서 "배제에 의한 포함"으로 체제 속에 유령처럼 떠도는 이들의 유배 기간을 윤리적 행위라는 이름으로 연장시키려하는 남성캐릭터들의 시도가 왜 이중의 폭력에 머무르며 윤리의 불가능성만을 재확인 하는지 살펴볼 수 있을 것이다. 이는 동시에 단순한 "도덕상의 선택"과 진정한 의미의 윤리는 별개의 문제라는 점을 우리에게 확인시켜줄 것이다. 도덕이 개인의 품성과 관련된 선택이라면, 윤리는 주권과 체제에 의해 구축되기 때문이다. 여기서 "주권"은 개인의 자율성을 뜻하는 것이 아니라 나와는 다른 타자라는 사회적, 정치적 공동체적 맥락에서의 국가의 주권을 의미한다. 이는 물론 개인적 품성인 도덕과 사회적 가치인 윤리의 차이이기도 하다. 왜냐하면 윤리의 양가성은 곧 주권(sovereignty)과 연결되고, 주권자만이 판단과 처벌의 가치 기준을 세울 수 있기 때문이다. 이 말은 곧 주권을 갖지 못한 자는 윤리적 행위를 할 수 없으며 설령 한다 하더라도 그것이 윤리적인지 아닌지 판단을 내릴 주권자에게 언제나 이미 종속되어 있기에 이런 문제의식이 수반되지 않은 행위는 결국 현 체제를 공고하게 만들 뿐이라는 뜻이다.

창래 리의 『제스처 라이프』와 『항복한 자』를 함께 읽으며 우리는 아시아계 미국문학 속 냉전 체제의 잔재와 아시아계 미국인의 정체성이 결국 타자와 나의 평화적 공존을 도모하는 윤리의 문제와 어떻게 결부되어 있는지 깨닫게 될 것이다. 그러기 위해 우리는 우선 남성캐릭터들의 윤리적 행위에 대한 욕구가 실상 주권자의 논리를 답습하고자 하는 식민지 주체와 냉전 체제의 미국 예외주의에 의해 시동이 걸린다는 점을 알아볼 것이다. 타자에 대한 책임이라는 윤리적 행위에 대한 강박에 다름 아닌 이 욕구는 인종적, 사회적 타자에게 요구되는 동화(assimilation)와 배제의 정치(exclusionary politics)에 기초한 냉전 봉쇄 정책(Cold War containment policy)에서 지속적 동력을 얻는다. 급기야 이 과정에서 남성캐릭터 또한 하나의 껍데기뿐인, "제스처의 삶"으로 체제 속에서 스스로를 순환시킨다는 점이 밝혀질 것이다. 우리가 살펴볼 창래 리의 두 소설은 아시아계 남성 주체들이 동시에 피해자와 가해자가 되는 이중적 종속을 보여주며 이런 이분법적 논리의 근저에 냉전 논리와 미국 예외주의가 깔려 있음을 강조한다. 이중으로 종속된 여성캐릭터들의 자살이나 다름없는 죽음은 오히려 이런 체제 순응적 윤리 행위의 허위성을 고발하며 폭력의 순환선에서 마침내 풀려나는 전복적 행위라는 점도 조명하려 한다. 바로 이 점에서 두 소설이 단순한 현실반영에 머무르지 않고 비판적 입장을 견지한다고 볼 수 있다.

II.『제스처 라이프』 읽기

『제스처 라이프』에서 종군 위안부 "끝애"(Kkutaeh, 원문 속에서는 주로 K로 지칭됨)와 『항복한 자』의 한국 전쟁 고아 준(June)은 조르조 아감벤(Giorgio Agamben)의 용어를 빌려 말하자면 인간적이고 정치적으로 가치 있는 삶인 "비오스"(bios)는 상실한 채 생물학적 생명인 "조에"(zoé, 벌거벗은 삶)만 남아있는 호모 사케르(Homo Sacer)다. 고대 로마법에서 죄를 짓고 주권에 "배제에 의한 포함"(inclusion by exclusion)으로 존재하는 "성스러운 인간"이란 역설적 뜻의 호모 사케르는 희생물로, 즉 신성한 제물로 바쳐질 수는 없으나 그를 죽여도 아무도 살인죄로 처벌 받지 않기 때문에 신법과 인법 둘 다의 보호를 못 받는 벌거벗은 생명이다. 국민(people)의 개념을 세분화하며 아감벤은 "우리가 현실에서 '사람들'이라고 부르는 건 사실 단일한 주체가 아니라 두 양극 사이의 변증법적 진동이다. 한편으로는 온전한 정치적 몸체로서의 대문자적 국민이 위치해 있고 다른 극에는 이의 하위 분류에 속하는 도움이 필요한 배제된 몸들이 있다"(Homo Sacer, 177)라고 주장한다. 여기서 "사람들"은 물론 "국민"(citizen)으로 지칭될 수 있는 존재들이지 국가 영토 안의 모든 사람의 합이 아니고, 여기서 제외된 벌거벗은 생명은 국가에 속하지 않기에 정치적 참여는 못하지만 여전히 국가의 통제 대상으로 남는다.

창래 리의 『제스처 라이프』에서 2차 대전 중 한국 식민지 주체들은 이와 같은 "배제에 의한 포함"으로 법의 밖에 존재하는 것도 아니고 안에 존재하는 것도 아닌 중간에 끼인 상태(in-betweenness)로 주권에 종속됨을 표시하는 한편 이의 거버넌스로부터는 제외된 형상으로 존재한다. 예를 들어 『제스처 라이프』에서 위안부를 죽인 일본군 병사는 살인죄로 처벌을 받지 않고 재산을 훼손한 이유로 처벌을 받는다. "당직 사관은 엔도가 살인이 아니라 군에 대한 반역 행위로 처벌되는 것이라고 발표했다. 부대의 무기나 식량을 훔치거나 약탈한 파괴 분자와 똑같은 죄를 저질렀다는 이야기였다"(*GL*, 189)[3]. 한국전쟁의 참상을 여주인공 준이 전쟁 고아가 되는 과정을 다큐멘터리적 묘사로 압축하는 『항복한 자』는 전쟁이라는 예외 상황이 야기시키는 호모 사케르의 보편화를 보여준다. 준이 한국전 참전 미군 헥터에게 구출되기 전 불과 몇 쪽 사이에 그녀는 엄마와 언니를 포탄으로 잃고 기차 지붕위에서 졸던 두 동생도 밑으로 떨어져 죽으며 순식간에 홀로 남겨진다. 이때 준은 기차 트랙에 다리를 절단당한 남동생을 딛고 홀로 분연히 다시 기차에 오른다. 이런 상황 묘사 속에서 부상자들의 고통을 경감시키고자 하는 한 사람의 외침은 공허하기 짝이 없다. "그렇지만 우리의 인간성을 그처럼 빨리 포기하는 것은 옳지 않습니다"(*S*, 7)[4]. 그가 부르짖는 "사소한 위안"(*S*, 7)은 인간적 가치가 말살된 호모 사케르에게는 허락되지 않는, 주권과 법질서의 영역에 속하는 것이기 때문이다.

이처럼 가치 있는 삶이 아닌 동물적 생명으로, "누구나 그를 살인죄를 범하지 않고도 죽일 수 있다는 점에서 모든 권리가 벗겨진 벌거벗은 생명"(HS, 183)으로 존재하는 호모 사케르는 그 특성상—"그 자신이 노출되는 상태 속 이중 배제의 특정한 성격"(HS, 53)—한 영역에서 다른 영역으로 넘어가는 경계에 위치한다. 기존의 주권 권력 논의에서 "주권의 문제는 정치적 질서안의 누가 어떤 권력을 부여받았는지의 문제로 환원되어버렸고 또 정치적 질서 자체의 경계선은 논의의 대상이 되지 못했다"(HS, 12)고 지적하며 아감벤은 호모 사케르를 통하여 이 경계선을 드러내 보이려한다. 이런 맥락에서 볼 때 『제스처 라이프』의 위안부 여주인공의 "끝애"라는 한글 이름은 경계선이나 한계라고 해석할 수도 있겠고 막다른 곳에 몰린 호모 사케르의 위태로운 상태를 뜻한다고 할 수도 있겠다. 원문에서 그녀는 주로 "K"로 지칭되는데 이는 마치 카프카의 『심판』속의 요제프 카(K)를 연상시키며 아감벤의 이에 대한 논의와 맞닥뜨려 큰 공명을 울리는 듯하다. 마치 백지수표와 같은, 형식만 갖춘, 특정한 내용이 없는 법의 폭력성에 포획당한 『제스처 라이프』의 K는 요제프 카와 마찬가지로 윤리의 의미를 묻고 자신의 죽음으로써만 그 판단을 비준하는 운명을 맞는다. "카프카의 마을에서 법의 텅 빈 잠재성이 너무 큰 실효를 발휘하여 요제프 K의 몸 자체가 궁극적으로 심판과 하나가 된다. 그들이 심판이 되는 것이다"(HS 53, 원문 강조). 주권의 주된 특징은 이러한 호모 사케르를 양산하는 능력이라고 보는 아감벤은 이 버려진 벌거벗은 생명들과 주권은 사실상 둘 다 법 밖에 존재하면서 법 안에 주권 스스로가 만든 예외상태로 존재한다는 공통점을 가지고 있다고 강조한다(HS, 83). 이처럼 주권과 호모 사케르가 같은 법 바깥과 내부의 경계선에 함께 놓여있기 때문에 이 개념들로 아감벤은 주권의 원천적 공간과 구조를 그릴 수 있다고 본다. 즉 이미 법과 체제에 의해 권리와 의무를 규정받는 일반 국민들이 아닌 호모 사케르가 생산되는 지점이 바로 주권의 발생과 그 작동 형태를 알려주기 때문에 현 체제의 진정한 변화를 모색할 때 호모 사케르의 중요성은 더 커진다는 것이다. 호모 사케르에 대한 논의가 그치지 않는 까닭은 "이보다 더 '정치적인' 삶은 없기 때문이다"(HS, 184). 다시 말해서 호모 사케르는 국가 주권과 법질서로부터 배제된 그 상태 그대로, 역설적이게도 그 국가를 지탱해주는 존재이다.

『제스처 라이프』의 줄거리를 간단하게 요약하자면, 식민지 주체로 일본인을 모방하고 인종적 타자로 미국 사회에 끊임없는 인정과 승인을 구하는 주인공 "하타의 동화 지향 인생"(김미현, 14)과 이의 궁극적 실패가 그가 회상하는 여성캐릭터들 K와 서니의 이야기로 확인되는 과정이라고 말할 수 있겠다. 조선인으로 태어나 일본인 부부에게 입양되어 2차 대전 당시 군의관으로 참전했던 주인공 프랭클린 하타(애칭으로 "Doc Hata")는 자신이 "타인의 승인이나 합의에 지나치게 민감하다"(*GL*, 5)는 사실을 잘 알고 있으며 입양아로서의 자신의 삶에서 이런 성향이 어느 정도 촉발되었다고 보는 듯하다. "혹시 나라는 인간을 내 친족이 사는 비천한 곳으로부터 떼어 내어 양육한 것이 과연 가치 있는 일이었냐고 의심하는 사람에게 그것이 가치 있는 일이었음을 증명"(*GL*, 120)하는 것이 자신이 양부모에게 고마움을 표시하는 것이라고 생각하는 것이다. 이후 하타는 미국으로 이민하여 평화로운 뉴욕 주의 서버브, 베들리런(Bedley Run)에서 의료기기상으로 여생을 보내며, 식민지 주체로 변하는 훈육과정에 이은 인종적 동화(assimilation)도 성공적으로 마친 "모범적 소수자"로서의 삶을 영위한다.

작가 창래 리는 베들리런이라는 전형적 미국 교외의 주거도시를 인종적 타자가 눈에 띄지 않고 완벽하게 동화되어 살아가는 공간으로 설정하고 있다. 얼핏 보기엔 하타의 이민자 성공 이야기의 최적의 배경으로 보이는 공간의 윤리를 하타는 다음과 같이 설명한다. "암묵적 행동계약이 우리를 지배하고 그 계약서에 성의와 예의라는 도장을 찍은 셈이라고 할 수 있다. 이 윤리—이런 것을 윤리라고 부를 수 있다면—에서 가장 나쁜 짓은 이웃을 끌어내 폐를 끼치는 것이다"(*GL*, 44). 베들리런은 하타의 표현대로 그의 인종적 소수자라는 문제를 "희미하게" 만든다. "이 나라에서 내처 살기로 작정하고 나자, 그리고 이곳 베들리런에 터를 잡기로 결정하고 나자, 내 신분에 대한 문제는 희미해졌고 지금은 거의 문제가 없는 셈이 되어 버렸다는 것"(*GL*, 4)이다. 그러나

이 희미함은 양가성을 지니고 있으며 인종적 선명함을 지워내는 추상화를 동반한다. 즉 하타의 적응은 그가 어딘가 표백성을 띤 베들리런의 윤리를 그대로 수용하여 마치 얼룩을 지워내듯 자신의 인종색을 희미하게 만들었기 때문에 가능했던 것이다. 해밀턴 캐롤(Hamilton Carroll)이 지적하듯 하타는 "추상화된 인종적 전형으로서 이 동네에 받아들여졌을 뿐"(Carroll, 613)이지 국가적 주체로 속하는 것이 아니다. 하타의 동일화 추구에 자양분을 제공하는 종속의 공간으로서의 베들리런[5]에서, 윤성호가 적절하게 표현하듯, "역사적 기억 상실증과 사회적 익명성을 향한 주인공의 서버브적 욕망은 봉쇄되지 않고 억압된 그리고 폐기처분한 역사들의 장소로 인도되어 미국 서버브의 복잡한 사회적 지형학을 만든다"(윤성호, 10). 소설은 이런 하타의 이민자 성공 이야기가 사실은 텅 빈 제스처에 불과한 의미 없는 모방뿐임을 다음의 알레고리 같은 이야기로 암시한다. 하타는 자신이 입양한 딸 서니의 교과서(교과서라는 사실이 이미 주류 사회의 동화/동일성 추구 학습을 상징한다)에서 읽은 적이 있는, 제목을 잊어버린 글을[6] 떠올리며 왜 이 글이 인상 깊었는지 자문해본다.

> 서니가 책장 귀퉁이를 접어 표시를 해놓은 이야기의 주인공은 어느 날 갑자기 다른 수영장에서 헤엄을 치기로 결심한다. 남자는 이웃과 시내에 있는 수영장을 차례로 찾아 가는데 남자의 동네가 꼭 베들리런 같았다. 남자는 '헤엄을 치며 카운티를 가로지르기로' 결심한다. 그래서 애를 써서 이웃집으로 걸어 들어가기도 하고, 남의 집 담벼락을 기어오르기도 하고, 혼잡한 파크웨이들을 가로지르기도 하여, 마침내 자신의 집까지 돌아온다. 그러나 그의 집이 텅 빈 채 잠겨 있다는 것을 알고 절망적 혼란에 빠진다. (*GL*, 23)

하타의 추상화된 모습처럼 이름 없는 이 남자는 다른 이들의 공간을 헤매다가, 제스처만 하다가, 정작 돌아온 자신의 공간은 채우지 못한 채 들어갈 수도 없는, 자기가 누군지 잃어버린 하타의 동일성 추구의 삶의 빈곤을 보여준다. "그 남자는 알든 모르든 일종의 탐험 또는 여행을 하게 되었고, 결국 정신적 환멸 속에서 자기 자신을 발견한다고 생각할 수 있다"(*GL*, 23)고 짐짓 객관적으로 말하는 하타에게서 우리는 다시금 자기 자신의 발견 과정도 다른 이의 그것을 모방할 수밖에 없는 체화된 동일시와 동화의 제스처를 보게 되는 것이다.

심지어 그가 양딸인 서니를 입양하는 것도 냉전체제하 미국 예외주의에서 그 동기를 찾는 것처럼 보인다. 아리사 오(Arissa Oh)는 "한국전쟁(1950-1953)의 결과물로 생겨난 수천 명의 집 잃은 한국 어린이들의 운명을 보고 미국인들은 순혈 한국아동들과 미군 사이에서 태어난 혼혈 아동 모두에게 깊은 동정을 느꼈다. 미국 중도 언론들은 이에 미국과 아시아 나라들을 감정적 끈으로 연결하는 것을 부추기기도 했다"고 기록한다(Oh, 35). 크리스티나 클라인(Christina Klein)은 미국인이 한국인들에게 가진 이 감정적 유대를 "미국 예외주의의 감상적 버전"으로 간주하고 이는 미국을 "경제적 통로와 정치적 영향을 위해 군사적 힘을 포기한 비 제국주의 열강으로 […] 친절한 후원자이자 보호자이며 민주주의와 현대화 개혁의 양육자로"(Klein, 30) 상정하였다고 지적한다. 이런 이유로 미국 예외주의는 미국을 냉전 체제 초기에 아시아를 휩쓴 반 서구적인 탈식민지 운동의 유일한 예외로 생각하는 풍조를 조성한다고 볼 수 있다. 냉전 체제의 엄습과 함께 자유 민주주의와 개인의 자유 추구는 국가 내의 상업 문화의 급속한 성장을 합리화할 필요성과 좋은 "우리"로부터 나쁜 "그들"을 어떤 회색지대도 없이 완벽하게 분리해 내어야 한다는 당위성에 직면했고 이는 우리 편 안에 그 어떤 층위와 차이도 허용하지 않는 획일화를 부르는 동일성의 추구로 이어졌다. 따라서 냉전 논리는 이것 아니면 저것이라는 이분법적 논리를 그 특징으로 삼게 된 것이다. 미국을 자선을 베푸는 은인으로 내보이는 봉쇄 정책은 "미국 예외주의의 상징으로, 부정적 타자에 대항하여 정의되고 단언된, 미국의 자아정체성의 애국주의적 내러티브로 나타난다. 미국 예외주의와 봉쇄 정책은 미국을 '"자아를 공고히 만드는 신화' 속에 안전하게 자리잡은 채 다른 나라들이 본받아야할 모방의 대상으로 만들어내는 것이다"(Oh, 36).

각각의 입양 가정 속에서 또 국가적 차원에서 피폐한 한국 꼬마가 사랑받는 미국의 아들 또는 딸이 된다는 서술과 재서술은 청교도적이고 미국적인 냉전 체제의 목표들에 잘 부합하도록 이 행위를 위치시킨 덕분이었다는 점을 『항복한 자』속에서 준을 도와주는 고아원 원장 부인인 실비의 캐릭터에서 발견할 수 있다. 한국전쟁으로 고아가 되는 주인공 여성 준은 미국인 선교사인 태너 목사와 그의 부인 실비가 돌보는 고아원에 가게 되고 여기서 한국전쟁 참전 미군 헥터를 만나게 된다. 『항복한 자』는 준이 실비와 헥터 둘을 동시에 사랑하게 되는 과정과 그 이후 미국으로 건너간 준의 생활과 그녀가 암으로 죽어가는 모습을 추적한다. 실비에게는 만주사변 당시 부모님이 고문당하고 살해되는 장면을 눈앞에서 목격한 트라우마가 있다. 선교사였던 부모님은 미국예외주의의 현현과도 같은 "자비의 천사가 되어라"는 말을 실비에게 남기고, 그녀는 부모님의 뜻을 받들어 전쟁고아인 준을 끝까지 돌보게 된다.

미국 예외주의가 실상 소수 민족들을 지배하는 체제라는 점은 서니가 자신에게 감사하는 것이 아니라 자신에게로 그녀를 인도해준 미국 기관에 고마워할 것이라고 예상하는 하타의 말에도 내포되어 있다.

나는 서니도 똑같을 것이라고 생각했다. 반드시 나한테 그렇게 고마워하거나 큰 은혜를 입었다고 생각할 필요는 없지만, 적어도 그녀를 지저분한 고아원[…]에서 데려와 비슷한 인종에다 충분한 자산까지 갖추고 기대에 부풀어 기다리는 아버지가 있는 가정, 그 애를 환대하는 예의바른 미국 교외의 가정으로 보내 준 기관들의 배려에 대해서는 어느 정도 고마워할 줄 알았다. (*GL*, 73)

맨 처음 서니가 흑인과 한국인 사이에서 태어난 혼혈아임을 알고 실망한 하타는 그러나 이내 다시 자신의 일본인 양부모처럼 그녀의 후원자가 되기로 한다. 물론 자신이 충성을 바치고 있는 현 체제 종속의 원리인 동화와 배제의 논리에 서니를 포섭하면서. 하타는 서니가 자신의 도움을 거절하며 차라리 죽어버리겠다고 하는 모습에서 과거 자신이 사랑한 종군위안부 K의 동일한 절규를 떠올리게 되며(*GL*, 150), K의 죽음에 대한 죄책감과 함께 양딸인 서니는 미국주류사회에 편입되도록 또 다른 혼종성(이 경우는 흑인 남성)으로부터 지켜내겠다고 다짐한다. 그러나 아군과 적군을 가르는 이분법적 냉전 논리를 충실하게 답습하는 하타가 타인종간 입양의 주체가 되는 것 자체가 모순적인 일이다.[7] 하타의 다짐은 서니의 이중 종속을 불러일으킬 뿐이라는 것을 소설은 오노 대위와 하타를 병치시키며 알려준다. K를 통해 생체실험을 계획하는 오노 대위가 위안부 여성들을 "내 딸들"이라고 지칭하며 마치 자애로운 아버지인양 하는 모습은 둘 사이의 공통점을 극명하게 드러낸다(*GL*, 176). 다시 말해서 입양과 종속의 주체는 하타나 오노 대위가 아닌 이들을 대리인으로 삼는 주권 권력이라는 것이다.

하타의 여자 친구인 백인 여성 매리 번즈는 이런 하타의 모순적 행동을 지적하고 서니의 주체성을 잠식하는 그의 양육 방식을 문제시한다(*GL*, 60). 매리는 하타가 서니를 자신의 실패의 시각적 증거로서 곁에 두고 있다고 여긴다. 서니도 이런 점을 눈치 채고 하타가 자신을 대하는 태도가 자신이 피아노를 중도에 포기했다는 것을 알면서 피아노를 방에 내버려 두는 것과 비슷하다고 말한다. "피아노를 옆에 두는 이유가 그게 말해 주는 소리를 듣기 위해서라는 거예요. 나에 대해 말하는 소리 말이에요. 내가 실패했다는 소리"(*GL*, 31). 아직도 더 지워 내야할 인종적 타자성을 끊임없이 지적하는 포함과 배제의 논리는 반대로 왜 피지배자가 계속 종속의 상태로 머물러야하는지의 타당성을 제시하는 것이기도 하다.

패트리시아 추(Patricia Chu)는 같은 아시아계 남성에 의한 아시아계 여성의 전형적 종속은 대부분의 아시아계 미국인 남성작가들 작품 속에서 발견된다고 주장하고 이런 경향을 크리스테바(Kristeva)의 아브젝시옹(abjection) 개념을 차용하여 아시아 여성의 앱젝션(abjection, 영락물(零落物)/비천하게 만들기)이라 일컬으며 이를 "미국 주류 사회에서 인종적 타자로서의 남성들 자신이 겪는 앱젝션에 대한 반응"(Chu, 11)이라고 해석한다. 이 앱젝션은 "개인적 정신 상태를 설명하고자 한 원래 의미에서 확장된, 특정 집단을 아웃사이더로 규정하고 이데올로기적 타자로 만들고 이들과 경계를 보장하는 용도"(Chu, 11)로 쓰이고 있는 것이다. 하타의 말에서도 나타나 있듯이 은혜를 모르는 배은망덕한 여성을 규율하는 처벌로서의 앱젝션은 하타 자신이 주류 사회에서 겪은 상흔을 상쇄시키는 효과를 낳으며 자신의 체제 순응성 또는 성공적 동화를 부각시키기 때문이다. 이렇게 볼 때 아시아계 미국 남성작가 속 여성캐릭터들의 앱젝션은 선행된 앱젝션의 직접적 결과물로서 미국의 인종 차별적 논리로 여성화된 아시아계 미국 남성 주체들을 국가적 구성 논리 안에서 회복시키려는 시도라 하겠다. 창래 리의 소설은 『항복한 자』를 제외하고는 모두 1인칭 남성 화자의 관점으로 서술되기에 이런 여성캐릭터의 포획과 앱젝션이 아시아계 남성성의 재확인과 어떤 연관을 맺고 있는지 살피는 예를 제공하는 것이다.

하타가 펼치는 이런 인종화된 정체성은 우리와 그들이라는 이분법적 논리로 타자와 차이를 통제한다는 점에서 냉전 체제하에서 조지 케넌(George Kennan)이 소련의 팽창주의를 경계하며 명명한 미국의 봉쇄정책(containment policy)을 답습하는 것이다. 문화적 봉쇄는 가장 간단한 형태로는 소수자들이 고정된 정체성에 갇히게 되는 봉쇄의 형태를 띈다. 앨런 네이덜은 냉전 체제의 봉쇄 문화의 목적을 공산주의/비미국적인 것들을 안전하게 "통일하고, 코드화하고 봉쇄하여" 전략적으로 중요한, 대부분 아시아권인 국가들로부터 격리시키는 것이라고 정의한다(Nadel, 4). 서니가 흑인 남성의 아이를 임신했다는 사실을 안 하타는, 마치 봉쇄정책을 펼치듯이, 이미 산달이 가까워오는 그녀에게 무리한 중절수술을 할 것을 종용한다. 그녀를 병원에 데려다주는 길에서 하타는 그들을 태운 차가 농가의 벽으로 돌진해서 그와 서니 둘 다 죽어버리길 바라기도 한다(*GL*, 340). 계속해서 하타는 서니를 혼종성으로부터 봉쇄하지 못했다는 데 "실패를 표시하는 깃발처럼 집 주위에 내걸릴 임박한 수치와 당혹감"(*GL*, 340)을 느끼고 심지어 역겨움마저 느낀다: "그때 나는 서니의 모습을 무척 역겹게 느꼈다. 그것은 가족 문제와 그 밖의 문제에서 나의 패배를 가장 분명하게 보여 주는 그림이었다"(*GL*, 341). 여기서 체제에 항복하는 신호인 듯한 "깃발"의 이미지는 예전에 K를 오노 대위의 명령에 따라 감시할 때 받은 명령 속의 그 "깃발"과 같은 것이다. "내가 명령한 방식으로 그 아이를 유지시켜. 나는 자네에게, 오직 자네만 보라고 그 깃발을 올리는 걸세. 자네는 망설임이나 편견 없이 그 깃발에 따라야 하네"(*GL*, 269). 동일성 추구의 삶 속에서 지배층의 논리를 흉내 낸 하타의 삶이 제스처와 나부끼는 깃발로 남고 만 까닭이 여기에 있는 것이다. "내가 내 삶의 상징적 깃발로 만들어 놓은 것"(*GL*, 285)에 매몰된 의미 없는 삶이기 때문이다. 이에 반해 인종적 소수자가 아닌 백인 남성의 시각을 대표하는 『항복한 자』의 헥터는 고아원의 혼혈아들을 보며 혼종성에 대한 동정과 동류의식을 드러낸다. "그러나 그들의 미모와 혼종적 활기(hybrid vigor)에도 불구하고 헥터는 그들이 어딘가 연약한 존재라는 생각을 떨쳐 버릴 수 없었다. 그들만의, 그들로만 이루어진 종이라는 멸종될 고유성을 지닌 그들에게, 이상하게도 헥터는 언제나 속으로 생각해오던 동류의식을 느꼈다"(*S*, 359). 자신의 인종성을 인종차별적 사회의 가르침에 따라 평가 절하한 하타는 같은 순혈인종에게서는 헥터와 마찬가지로 동류의식을 느낀다. 하타가 조선인이라는 것을 금방 알아챈 K에게서 하타는 강렬한 끌림을 느낀다. "나는 우리가 특별한 조화를 이루는 관계라고 믿고 있었던 것 같다. 존재의 친화성 같은 것"(*GL*, 262). 하타는 처음엔 자신이 조선인이라는 것을 부정한다(*GL*, 234). 그러나 이내 K에게서 자신이 속에만 묻어두려고 한 자신의 옛 모습을 발견하게 된다.

신시아 사울링 왕(Cynthia Sau-ling Wong)은 이 소수자 주체가 자신의 옛 모습을 덜 동화된 다른 아시아계 사람들에게서 발견하는 행위를 "인종적 그림자"(racial shadow)라고 부르며 거의 완벽하게 주류 사회에 동화된 미국에서 태어난 아시아계 미국인들이 자기 배반의 끊임없는 상기물로서 이들을 바라보며 "원치 않는 '아시아성'을 이들에게 덮어씌운 다음, 결코 배제할 수 없는 것을 배제하여 자신으로부터 거리를 두고 결국에는 폐기해 버리려 하는 경향이 있다"(Wong, 78)고 평한다. 그러던 하타는 오노 대위가 K와 자신의 공통점을 지적하며 그녀를 인종적 표본으로 생각하기에 다른 위안부와 구별하여 자신이 관리해왔다는 사실을 밝히자 혼란스러움을 느낀다. “사실 중국인과 조선인 가운데는 특별하고 고귀한 품격을 지닌 사람들이 있지. 가장 순수한 일본인과 똑같은 혈통을 가진 사람들이야. 그 아이와 나 사이에는 공통점이 있어”(*GL*, 268). 오노 대위가 K를 다시 한 번 호모 사케르로 다음과 같이 규정할 때, “나는 저 아이에게는 관심이 없어. 저 아이는 중요할 게 없어. 다만 우리가 가진 진귀한 그릇과 같을 뿐이야”(*GL* 268, 원문 강조), 하타 또한 K를 외부의 혼종성으로부터 지켜야 한다는 일념으로 동일성 추구의 폭력 밑에 놓는다. 하타는 그들의 관계가 전쟁 캠프라는 영역으로부터 벗어났다고 상상하며 K의 육체를 예술작품으로, 흡사 호모 사케르의 원 뜻인 성스러운 인간을 연상시키는 수식어로 이상화 한다. “초월적이고 어딘가 성스러운”(*GL*, 231) 아름다움을 가진 작품으로. “현전하지만 현전하지 않는”(*GL*, 231) 그런 작품으로 여기는 것이다. 계속해서 그는 위안부라는 K의 참혹한 운명을 망각한 채 그저 어떻게 하면 자신이 “그녀를 그대로 보존할지, 다른 용도로부터 그녀를 지켜낼지”(*GL*, 251)만 강박적으로 고민한다. “그녀와 자신”이라는 우리를 “그들”이라는 적으로부터 봉쇄 정책으로 지켜야한다는 냉전 논리와 다를 바가 없는 것이다. 하타 또한 도와 달라고 애원하는 K의 요구를 거절한 까닭이 자살을 차마 도울 수 없기에 내린 윤리적 판단이 아닌, 봉쇄 정책이라는 소유욕에서 기인한 이기적 선택이었음을 인정한다. “다만 내가 그녀를 원했다는 것, 그녀가 다른 남자와 함께 있는 것을 견딜 수 없었다는 것은 말할 수 있다”(*GL*, 261).

그러나 하타는 자신이 K 그리고 서니에게 가하는 종속은 이들을 외부 인종(서니의 경우는 흑인, K의 경우는 일본인)으로부터 봉쇄하려는 욕망에서 비롯된 것이라는 사실을 알지 못하고 이것을 단지 감정적 문제, 실패한 사랑의 결과로 치환시킨다. “사랑 같은 것이 영원히 승리를 거두고, 진정 모두를 정복하는 것일까? 아니면 나처럼 온전하게 주권을 유지하는 사람들, 여전히 정복당하지 않고 사는 사람들도 있는 것일까?”(*GL*, 216). 자신이 주권을 갖고 있다고, 정복당하지 않고 살고 있다는 하타의 착각은 자신의 주권은 서니와 K같은 호모 사케르를 이중적 종속으로 앱젝션할 때 생기는 정치적 의미가 결여된 체제 순응적 폭력이라는 점을 비껴가고 마는 것이다. 하타의 사랑과 그의 제스처에 대한 믿음은 오노 대위가 K를 여자로 보는 하타를 “다른 믿음 없이 결정을 내려야 하고, 또 온 힘을 기울여 그 결정을 집행”하라고 꾸짖으며 “자네는 너그러운 운명과 제스처에 너무 매달려”(*GL*, 266)라고 훈계하는 말에서 비춰지듯이 사실은 체제순응이라는 선분을 그을 수 있는 양 끝 점일 뿐이다. “그 아이가 도착하는 순간을 기점으로 내 삶이 다시 시작되기를”(*GL*, 74) 바라는, 서니의 입양을 앞둔 하타의 고백에서도 여성캐릭터를 앱젝션함으로써 스스로의 앱젝션을 극복하는 하타의 생존 양식을 읽을 수 있다. 밖에서 주어진 체제순응적 논리를 자신만의 사랑으로 착각하는 그는 K의 기억을 내려놓지 않으며 나름의 방식으로 그녀를 계속 보존한다. “나에게 가능한 모든 방법으로 내 마지막 날까지 그녀를 기억 속에 담고 있을 권리가 있다 할 것이다”(*GL*, 261).

소설의 끝 무렵에 하타는 자신과 K 그리고 서니 사이의 운명의 갈래를 반추하며 자신은 응당 벌을 받아야함에도 불구하고 여전히 이 사회의 의미 있는 구성원으로 살아가고 있다는 자기반성적 독백을 한다. 흥미로운 점은 하타는 여전히 “포함-배제”라는 쌍으로 자신과 사회의 관계를 그려내며 “추방”이라는 용어를 사용하여 오히려 그 위협이 언제나 도사리고 있다고 암시한다는 점이다.

> 그러나 그렇게 되지 않았다. 나는 천한 오명 속에 살지도 않으며,

정직하게 진리를 추구하거나 구하는 사람들로부터 숨지도 않는다. 나는 내가 매일 하는 일에 가면을 씌우지도, 그것을 가리지도 않는다. 나는 아직 이 땅으로부터 추방당하지 않았다. 내가 가깝게 알았던 거의 모든 사람이 어떤 무시무시한 일이나 심각한 불행에 처했음에도 나는 끈질기게 살고 있으며, 나에게 따라붙는 따뜻함과 특권은 줄지 않았으며, 이곳, 내가 속하게 될 마지막 자리에서 늘 좋은 지위를 확보하고 있다. (*GL*, 345-6)

자신에게 "따라붙는 따뜻함과 특권"은 사실 체제 순응적 논리로 여성캐릭터들을 앱젝션한 대가로 받은 것이라는 부채의식을 은연중 드러내는 하타는 사랑이라는 감정의 영역에 포함과 배제라는 지배 논리가 얼마나 쉽게 스며들 수 있는지를 보여준다.

아감벤의 지적, "서구의 정치적 공간을 재사유 하려는 모든 시도는 더 이상 조에와 비오스, 사적인 삶과 정치적 실존 또 집에서 단순히 살아있는 사람으로서의 존재와 도시 속 정치적 존재 사이에 예전 같은 전통적 경계가 성립하지 않는다는 것을 명확하게 인식하는 것에서 출발해야만 한다"(HS, 187)에서도 우리는 사적 영역과 공적 영역의 경계의 불분명성을 읽을 수 있다. 더 나아가 알랭 바디우의 주장인 "국가는 사회적 매듭의 표현으로 탄생한 것이 아니고 오히려 금지를 행하는 매듭 풀기다" (HS, 90)에 첨언하며 아감벤은 주권 하에서 모든 주체들은 원칙적으로 호모 사케르이며 포함과 배제 사이에 끼어 있다고 생각한다. "인간의 삶은 죽음의 절대적 권력 앞에 내버려질 때만 정치화되는 것이다"(HS, 90). 이런 관점에서 본다면 일견 패배와 체념으로 보여질 수 있는 K와 준, 실비를 비롯한 여성캐릭터들의 자살이나 다름없는 죽음은 이중으로 종속된 호모 사케르로서의 삶을 그 지난한 여정에서 풀어냄으로써 정치화시킨다는 역설을 만들어낸다. 흥미로운 점은 이런 여성들의 죽음을 막으려 하는 남성들의 시도가 오히려 더 끔찍한 결과를 초래한다는 것이다. K는 또 다른 종속의 논리로 자신을 속박하는 하타에게 "진정으로 나를 사랑한다면, 나와 함께 있는 걸 견딜 수 없을 텐데. 이런 내 모습을 쳐다볼 수도 없을 텐데. 내가 살아있다는 생각에 몸서리가 쳐질 텐데"(*GL*, 300)라고 항거했으나 하타는 그녀를 계속 곁에 두고자하는 이기심으로 결국 K가 30여명의 일본군에게 강간당한 후 형체를 알아볼 수 없게 토막난 사체를 수습해야만 한다. 하타의 뒤늦은 에피파니는 이런 작동 기제가 윤리라는 이름의 윤활제를 얻을 때, 즉 호모 사케르가 윤리라는 이름으로 다른 호모 사케르들의 선택에 개입할 때 일어나는 가공할 폭력성을 우리에게 보여준다. "사실 가공할만한 사실은 바로 우리가 이의 중심에 있었다는 것이다. 순진하게도, 순진하지 않게도 더 큰 절차들을 구성하고 있었던 것이다. 우리 자신을, 또 서로 서로를 모든 것을 삼켜버리는 전쟁 기계에 먹이로 내어주면서"(*GL*, 300).

『항복한 자』속의 헥터도 준이 병든 자신을 죽여 달라고 하는 외침을 못들은 척 한 것을 서술하며 "그는 그런 식으로라도 준을 처벌하고 싶었다"(*S*, 468)라고 회상한다. 마치 한국전쟁에 구원자로 참전하는 미국처럼 자비와 박애의 미국예외주의의 표상으로 설정된 헥터는 소설에서 유일한 비장애인으로 그려진다. 헥터를 제외한 준과 실비 등 이 소설의 중요 등장인물은 모두 일종의 장애를 겪고 있다. 준의 손은 그녀가 고아원에 방화하는 도중에 입은 고도 화상으로 신경손상을 입는다. "손바닥과 손끝은 점토처럼 미끈하고 손금과 지문의 흔적만 남아있어 덜 만들어진 것처럼, 흡사 마네킹 손처럼 보였다"(*S*, 34). 진통제를 남용하다 중독 상태에까지 이르게 된 실비를 비롯하여 준의 손을 보고 자신이 콩고내전으로 입은 화상을 기억하는 준의 아파트 관리인이나 교통사고로 불구가 된 준과 헥터의 아들 등 『항복한 자』는 일종의 신체장애나 트라우마에 항복한 인물들로 가득하다. 이런 와중에 헥터만 그의 선천적 손발기형을 가진 아버지가 붙여준 이름이 상징하듯 신체적으로는 너무나 튼튼한, 일종의 "과장된 버전의 온전한 신체의 이성애자 백인 남성"(Hsu, 26)으로 설정된 측면이 있다. 더구나 헥터는 자신이 한국전쟁 도중 입은 부상이 "천운인지 체질인지 알 수 없지만 기이하고 기적적으로"(*S*, 69) 빠른 속도로 치유된다는 것을 발견한다. 창래 리는 이 소설의 유일한 비장애인이자 미군인 헥터를 통해 미국예외주의를 암시하는 듯하다. 왜 헥터만 비현실적으로 온전한 신체를 유지하는지, 준을 비롯한 주위 인물들이 고통을 호소하며 죽어갈 때 그는 그저 무력한 분노와 동정심만 내비칠 뿐인지 읽는 이로 하여금 질문하게 만드는 것이다.

조디 킴은 『제국의 종말들』에서 냉전 체제의 끈질긴 잔재들을 분석하며 이들이 아시아계 미국인뿐만 아니라 아시아인의 정체성마저 규율한다고 주장한다. 냉전은 여전히 아시아계 미국인의 정체성을 "단지 이민자나 인종적 소수자 […] 또는 자유 민주주의 국민-주체로만 보는 것이 아니라 후기제국주의 망명자 또는 난민으로 남아 제국주의적이고 젠더화된 폭력의 산물이며, 증인이고 이를 비판하는 역할까지도 담당한다"고 쓰고 있는 것이다(Kim, 6). 아시아계 미국인의 정체성이 냉전 논리와 아시아 전체를 휩쓴 미국 확장주의의 영향을 받아 구축되었다는 피할 수 없는 사실에도 불구하고, "아시아계 미국인 이민 역사를 관장하는 지배적인 포함-배제라는 한 쌍은 제국주의를 이산과 이주의 촉매제로서 비판적으로 분석하는 것을 피하는 경향이 있다"(Kim, 20)는 조디 킴의 해석은 이 냉전 논리와 호모 사케르를 만드는 주권 권력의 공통적 기제인 "포함-배제"라는 쌍에 다시금 밑줄을 긋게 한다.

이렇듯 모두를 호모 사케르로 만들어버리는 전쟁의 논리에서 주권의 시작점을 추적하는 호모 사케르의 중요성을 감지하기란 어려울지도 모른다. 남성 캐릭터들, 더 나아가 그들에게 동일성 추구와 이분법 논리를 훈육시키는 지배층의 대리인들도 호모 사케르가 아닌가. 그렇다면 그들에게 윤리적 행동을 하라고 촉구할 수 있는 사람은 과연 누구인가. 『제스처 라이프』가 사실주의적 서사방식을 줄곧 고수하다가 갑자기 죽은 K를 하타의 베들리런 집에 유령처럼 소환하는 장면이 이 질문에 대한 대답의 시작이 될 수 있겠다. 현실성 없는 그녀의 등장 앞에 하타의 서술적 권력은 약화되고 K는 하타의 입을 빌리지 않고 독자에게 직접 말하기 시작한다. 크리스토퍼 리가 관찰하듯, "그녀의 귀환은 하타의 서술적 힘을 일시적으로 전복시킨다"(Lee, 102). 또한 이 중요한 예외 상태는 소설의 윤리가 K쪽으로 방향을 선회함을 암시한다. 『항복한 자』속의 헥터도 준이 실비의 유령같은 귀환과 마주하는 장면을 목격한다. "헥터는 침대에 누워 있는 준이 환각 상태에서 누가 자신의 손을 잡고 있다고 생각하고 허깨비와 얘기를 나누는 모습을 머리에 그려보았다. 허깨비는 그녀의 양심과 과거의 기억을 자극했을 것이다"(*S*, 386). 이렇듯 과거의 잔재들이 떠돌며 현실의 비현실성을 야기할 때 우리는 우리가 공고하다고 생각하는 이데올로기와 지배 논리의 환영성을 이와 더불어 깨닫게 된다. 이들이 귀환하면서 알려주는 것은 우리가 민주적 합의와 조정이라고 부르는 입장 차이를 좁히는 동일성 추구의 윤리학이 냉전 체제의 연장을 가져오고 호모 사케르를 양산시키는 배제에 의한 포함이라는 논리의 다른 모습에 불과할지도 모른다는 깨달음이다.

마침내 자신의 서니를 양육하는 방식이 그녀의 주체성을 살리는 것이 아니라 이를 억압하려는 시도였음을 인정하는 하타의 고백이 바로 이런 깨달음일 것이다.

> 내가 한 행동은 일종의 무시였다. 나는 이 애를 서니로서, 까다롭고, 성급하고, 화 잘 내는 서니로서 마주하지 않았다. 그렇게 무시하면서 나는 그것이 합의를 구축하고 은근히 압력을 가하는 전형적인 일 처리 방법이라고, 한 사람의 인생과 그 사람이 소중히 여기는 사람들의 인생을 조화시키는 어려운 일에서 불가피한 측면이라고 합리화했던 것이다. (*GL*, 284)

친절한 후원자의 입장으로 K를 도와주려고 했던 하타는 늦게 서야 자신의 오만을 깨닫는다. K가 원한 것이 자신이 원한 것과 동일한 가치일 것이라고 단 한 번도 의심하지 않았던 그의 "배려와 사랑"은 서니에게 그가 보여준 "무시"였으며 현 체제를 지속시키는 은밀한 기제에 불과했던 것이다. "이상하게 들리겠지만, 지금 나는 내가 늘 갈망했던 것과 똑같은 것을 K가 원했다고 생각한다. 바로 허락된 질서 속에 자기 자리를 가지는 것"(*GL*, 299). 이에 절망하는 K의 말, "당신도 다른 사람들과 조금도 다를 것이 없다"(*GL*, 300)는 동일성 추구의 윤리, 합의를 끌어내는 윤리가 차이와 배제라는 호모 사케르를 생산하는 주권의 논리와 같음을 암시하는 것이다.

III. 평가와 의의

뚜렷한 피해자와 가해자를 이분법적 논리에 따라 상정하는 윤리적 이데올로기가 궁극적으로 수동적이고 연약한 인간상을 상정한다고 주장하는 알랭 바디우의 입장도 이와 같은 시각에서 공감을 자아낸다. 이런 논리가 앞서 살펴본 바와 같이 미국 예외주의와 봉쇄 정책의 토대가 되었기 때문이다. 먼저 악(전체주의, 폭력, 압제)을 지정하고 여기에 대항하는 부정적이고 수동적 방식으로 시작하는 신자유주의 윤리와 이의 타자에 대한 존중을 바디우는 "윤리적 이데올로기"(ethical ideology)라고 정의한다.[8] 공존이라는 미명 하에 체제적인 변화는 전혀 꾀하지 않기 때문에 결국 현 상태 유지의 보수적 기제일 뿐 진정한 의미의 윤리가 아니라는 뜻이다.

"유일한 진리란, 일반적으로 말해, 차이에 무심하다"(Badiou 27, 원문 강조)고 말하며 바디우는 윤리라는 이름으로 가해지는 동일성 추구의 폭력성을 경계한다. 그에 따르면, "진리란 복수로만 존재한다, 아니 더 정확하게 말하자면 유일한 윤리는 진리의 과정들이다, 몇 개의 진리들을 세상으로 가져오는 그런 작업들"(Badiou, 28)인 것이다. 개인적 의미의 윤리의 자유성을 보여주는 창래 리의 작품 속 여성캐릭터들은 바로 이런 "진리의 과정들"을 만들어내는 윤리를 우리에게 촉구한다. 주권 권력이 호모 사케르를 양산시키는 형태로 발휘되는 현 체제를 바꾸는 노력 없이 합의만을 추구하는 윤리는 제스처뿐인 윤리라는 점을 우리에게 상기시키는 것이다. 같은 시각으로 가야트리 스피박은 윤리의 불가능성을 말하며 "대부분의 정치적 움직임이 종국에는 실패하는 까닭은 이런 개인적 참여가 결여되기 때문이고 이는 모든 지도자(서발턴

subaltern이든 아니든)가 일일이 서발턴들과 교류하기가 불가능하기 때문이며 특히 젠더적 분할이 이를 더 어렵게 한다"(Spivak, 270)고 말한다. 이런 의미에서 진리과정들을 "임시 다리"로 상정하는 창래 리 소설의 여성 캐릭터들이 펼쳐 보이는 윤리의 미덕이 있다고 하겠다. "이 시점에서 그녀가 할 수 있는 거라고는 임시 다리를 만드는 것 밖에 없었다. 그들이 원하면 다리 위에 서도록 하는 것이다. 다리의 길이도 확인해 보게 하고 토대를 강화해야 할지 말아야 할지 그들에게 결정토록 하는 것이다"(*S*, 56-7).

이 점에서 여성캐릭터들의 자살이나 마찬가지인 죽음은 윤리의 불가능성을 증언함으로써 오히려 윤리의 잠재성을 드러내는 전복적 행위로 해석될 수 있다. 아리스토텔레스의 "잠재성"(potentiality) 개념을 발전시키는 아감벤은 잠재성을 "스스로 결여가 됨으로써 자신의 결여와 일종의 관계를 맺는 것"이라고 정의한다(Potentialities, 182). 멜빌의 바틀비를 잠재성과 실재성(actuality) 사이의 문턱을 형상화한 대표적 인물로 간주하면서 아감벤은 "자유롭다는 것은, 우리가 지금까지 살펴본 바에 따르면, 스스로의 무잠재성(impotentiality)을, 궁핍(privation)을 감당할 수 있다는 것에 다름 아니다"(P, 183)고 말한다. 하타가 흥미롭게 관찰하는 한 아랍 이민자의 할로윈 용품 점포 정리 과정 속에서 발생한 소년과 소녀의 다툼에서 소녀가 보이는 반응이 이런 무잠재성을 통한 잠재성의 표현이라고 여겨진다. 반복적인 무의미한 물품 정리 작업에 지친 소년이 가지런하게 할로윈용 검정 수건을 접는 소녀를 방해하자 소녀는 처음에는 소년이 던진 수건을 집어 들어 작업을 계속한다. 계속된 소년의 공격에 마침내 소녀는 수건을 스스로의 머리에 씌우고 가만히 앉아있는데 하타는 이에 "나는 소녀의 특이한 행동의 의미를 이해할 것만 같은 기분이 들었다. 소녀는 자신을 어느 정도 사라지게 함으로써 소년의 모욕을 물리치고 마침내 소년도 물리칠 수 있었다는 것을, 마치 스스로 초연해지기 위한 수단을 제공하는 것처럼" (*GL*, 222)이라고 말한다. 자신에 가해진 이중의 종속과 이로 인한 윤리의 불가능성을 고발하는 여성캐릭터의 죽음도 이와 같이 "자신을 사라지게 하는" 방식으로 잠재성을 획득하는 셈이다. 창래 리의 두 소설은 이처럼 과정들로서의 윤리가 최종 결정을 지연하면서 가치를 만들어가는 모습을 호모 사케르적 캐릭터로 보여준다. 윤리의 불가능성과 양가성은 이 과정에서 잠재성의 또 다른 이름이 되는 것이다.

Endnotes

1 본 글에서 윤리는 아리스토텔레스가 『니코마코스 윤리학』에서 행복을 연구하는 정치학이라고 명명한 "ethika"와 같은 의미로 사용된다. 아리스토텔레스는 윤리학과 법의 문제, 정치체제를 같이 탐구하여 사회적으로 어떤 것이 좋은 삶인가에 대한 질문에 답을 만들어가는 과정이 윤리학이라고 폭넓게 정의한다(Aristotle 167-171). 이후 칸트는 윤리학과 식민주의를 함께 논하며 식민주의가 외국에 손님으로 가서 결국 손님으로서의 권리를 넘어서 토착민들을 정복하고 주권을 행사한다는 점에서 환대(hospitality)를 남용한다고 비판한 바 있다. 데리다는 이런 윤리학과 정치적 공동체, 주권과 환대 사이의 경계를 종횡하여 "제한과 모순을 기본 전제로 하는 환대의 윤리학"(Derrida 65)을 노정한다. 윤리를 보는 이 세 관점을 아우르는 것이 아시아계 미국문학의 복잡다단한 정치적 상황과 이의 포섭과 배제라는 동화과정을 겪은 아시아계 미국인 이민자 캐릭터 읽기에 적절하다고 본다. 아감벤의 호모 사케르는 이런 윤리와 타자의 포함/배제, 주권의 의미를 같이 사유할 수 있는 개념이 된다.

2 미국이 다른 국가로부터 뚜렷하게 구별되는 문화와 역사, 성격, 가치 등을 가지고 있다고 보는 미국예외주의라는 용어는 알렉시스 드 토크빌에 의해 처음 쓰여졌다. 17세기 청교도들에 의해 설파된 미국이 "구제를 담당하는 국가"(Redeemer nation)라는 관점은 매리 롤랜드슨과 윌리엄 브래드포드에 의해 더 발전되었다. 미국 예외주의는 이후 19세기의 확장주의와 네이티브 인디언들의 추방에 영향을 미치고 현대 문화 속에서도 서부극과 같은 미국이라는 신화를 구축하는데 나타나고 있다. 전체적 개괄을 위해서는 Deborah Madsen, American

Exceptionalism (Mississippi: University Press of Mississippi, 1998)을 보라. 본 글에서는 냉전체제와 서구세력에 대한 반발을 잠재우는 기제로서의 미국예외주의를 다룬다.

3 이후『제스처 라이프』는 *GL*로 표기함.

4 이후『항복한 자』는 *S*로 표기함.

5 모든 미국 이민자 문학이 동화성 논리에 저항하는 것은 아니며 이들의 정착 공간과 공동체가 혼종 문화를 천편일률적으로 배제하는 것은 아니다. 이에 비해『제스처 라이프』에서 베들리런은 도심과 떨어진 중산층 이상이 모인 서버브라는 특수성으로 인해 동화성 논리의 폭력성을 한층 더 증폭시키는 것이다.

6 하타가 읽은 이 단편은 주로 미국 교외/서버브(Suburb)를 무대로 개인적 자아와 사회적 자아 사이의 괴리를 다룬 존 치버(John Cheever, 1912-82)의 "The Swimmer"이다. 이 단편은 처음 1964년 뉴요커에(The New Yorker) 게재되었으며 이후 같은 해에 출판된 치버의 단편집『준장과 골프 미망인 (The Brigadier and the Golf Widow)』에 수록되었다.

7 마크 저릉(Mark Jerng)은 이 점에 관해 "서술의 구조가 종종 잠정적으로 생물학적 계보를 연속성과 통일성이란 개념으로 이해하는 것에 기반할 때 타인종간 입양의 주체를 어떻게 서술할 수 있을까?"(Jerng 42)라는 적확한 질문을 던진다.

8 바디우가 신자유주의적 합의는 바로 이런 봉쇄에 기초한 오만한 개입이라고 보는 까닭도 여기에 있다. "윤리란 이런 폐쇄성의 이데올로기이며 이렇기 때문에 이는 현 상태의 안주를 추구하는 개입을 강조하는 것이다"(Badiou 33).

인용문헌

김미현.「타자의 지평과 사랑의 윤리: 이창래의『제스처 인생』에 나타난 "어려운 사랑"」.『현대영미소설』18:3 (2011): 5-29.

윤성호.「A Place of Gesture, A Gesture of Place: Inhabiting Suburban Imaginaries, Engaging Transnational Mandates in Chang-Rae Lee's *A Gesture Life*」『미국학논집』44:1 (2012): 5-29.

Agamben, Giorgio. *Homo Sacer: Sovereign Power and Bare Life*. Trans. Daniel Heller-Roazen. Stanford: Stanford UP, 1998.

______. *Potentialities*. Trans. Daniel Heller-Roazen. Stanford: Stanford UP, 1999.

Badiou, Alain. *Ethics: An Essay on the Understanding of Evil*. Trans. Peter Hallward. New York: Verso, 2002.

Carroll, Hamilton. "Traumatic Patriarchy: Reading Gendered Nationalisms in Chang-Rae Lee's *A Gesture Life*." *MFS Modern Fiction Studies* 51.3 (2005): 592-616.

Chu, Patricia. *Assimilating Asians: Gendered Strategies of Authorship in Asian America*. Durham: Duke UP, 2000.

Derrida, Jacques. *Of Hospitality*. Trans. Rachel Bowlby. Stanford: Stanford UP, 2000.

Hsu, Stephanie. "The Ontology of Disability in Chang-rae Lee's *The Surrendered*." *Journal of Literary and Cultural Disability Studies* 7.1 (2013): 19-35.

Jerng, Mark C. "Recognizing the Transracial Adoptee: Adoption Life Stories and Chang-rae Lee's *A Gesture Life*." *Varieties of Ethnic Experience*. Spec. issue of *MELUS* 31.2 (Summer 2006): 41-67.

Kim, Jodi. *Ends of Empire: Asian American Critique and the Cold War*. Minneapolis: U of Minnesota P, 2010.

Klein, Christina. *Cold War Orientalism: Asia in the Middlebrow Imagination, 1945-1961*. Berkeley: U of California P, 2003.

Lee, Chang-rae. *A Gesture Life*. New York: Riverhead Books, 1999.

______. *The Surrendered*. New York: Riverhead, 2010.

Lee, Christopher. "Form-Giving and the Remains of Identity in *A Gesture Life*." *Journal of Asian American Studies* 14.1 (2011): 95-116.

Nadel, Alan. *Containment Culture: American Narratives, Postmodernism, and the Atomic Age*. Durham: Duke UP, 1995.

Oh, Arissa. "From War Waif to Ideal Immigrant: The Cold War Transformation of the Korean Orphan." *Journal of American Ethnic History* 31.4 (Summer 2012): 34-55.

Spivak, Gayatri Chakravorty. "Diasporas Old and New: Women in a Transnational World." *Textual Practices* 10:2 (1996): 245-69.

Wong, Cynthia Sau-ling. *Reading Asian American Literature: From Necessity to Extravagance*. Princeton: Princeton UP, 1993.

출처 : 이 글은 저자의 「호모 사케르의 윤리: 창래 리의 『제스처 라이프』와 『항복한 자』 연구」(『미국소설』 20권 2호 (2013): 31-53)과 「한국전쟁과 장애 서사: 제인 앤 필립스의 『라크와 터마이트』, 토니 모리슨의 『고향』과 창래 리의 『항복한 자』를 중심으로」(『미국소설』 23권 3호 (2016): 63-88)를 수정하고 보완했다.

한국근대영미소설학회
필진 소개

안지현

서울대학교 영어영문학과를 졸업하고 서울대학교 대학원에서 영어영문학 석사학위, University of Chicago 대학원에서 영어영문학 박사학위를 취득하였으며 현재 서울대학교 영어영문학과 교수로 재직 중이다. 한국아메리카학회에서 연구이사 등을 역임했고 미국소설학회에서 기획이사로 활동 중이다. 저서로 <미국 흑인문학의 이해> (공저), 역서로 <강을 건너며>가 있다. 이 외에도 영미 소설에 관한 다수의 논문을 발표했다

최정선

연세대학교 영어영문학과를 졸업하고 연세대학교 대학원에서 영문학 석사학위, 미국 뉴욕주립대학교(State University of New York at Buffalo) 대학원에서 영문학 박사학위를 취득하였으며 현재 한경대학교 영어학과 교수로 재직 중이다. 미국소설학회에서 편집이사, 재무이사, 한국근대영미소설학회에서 연구이사, 편집이사, 한국영미문학교육학회에서 섭외이사, 한국영미문학페미니즘학회에서 정보이사, 한국영어영문학회 이사 등을 역임했고 한국근대영미소설학회에서 총무이사로 활동 중이다, 저서로 『미국소설 명장면 모음집』(공저), 역서로 『미국소설사』(공역)가 있다. 이외에도 영미소설에 관한 다수의 논문을 발표했다.

손정희

서울대학교 영어영문학과를 졸업하고 서울대학교 대학원에서 영문학 석사학위, 미국 State University of New York (Buffalo) 대학원에서 영문학 박사학위를 취득하였으며, 현재 중앙대학교 영어영문학과 교수로 재직 중이다. 19세기영어권문학회 회장, 미국소설학회 회장, 한국영어영문학회 연구이사, 영미문학페미니즘학회 총무이사, 한국아메리카학회 정보이사를 역임했고, 현재 한국영어영문학회에서 상임편집위원으로 활동 중이다, 저서로 Rereading Hawthorne's Romance와 『19세기 미국소설 강의』(공저), 『미국소설 명장면 모음집』(공저), 『미국소설과 서술기법』(공저), 『문학, 치유 그리고 스토리텔링』(편저), 역서로 『미국소설사』(공역) 등이 있다. 그 외 영미소설에 관한 다수의 논문을 발표했다.

고영란

서울대학교 영어과를 졸업하고 서울대학교 대학원에서 영문학 석사학위, 충남대학교 대학원 에서 영문학 박사학위를 취득하였으며 현재 수원대학교 영어영문학과 교수로 재직 중이다. 미국 예일대 영문과에서 방문교수로서 활동했고, 한국 로렌스학회 회장을 역임했으며 현재 근대영미소설학회 회장으로 활동 중이다. 저서로『해설이 있는 영국문학개관』,『하디와 로렌스 다시 읽기』,『영미소설의 서술방법과 구조』,『에밀리 브론테의 <폭풍의 언덕>』,『토마스 하디의 <무명의 주드>』,『영국소설과 서술기법』(공저) ,『미국소설과 서술기법』(공저),『영화로 읽는 영미소설 1: 사랑 이야기』(공저),『영화로 읽는 영미소설 2: 세상 이야기』(공저),『페미니즘 시각에서 영미소설 읽기』(공저),『영미 모더니즘 문학의 전개』(공저) 등이 있고, 역서로『영국소설사』(공역),『미국소설사』(공역)가 있다. 이외에도 영미 소설에 관한 다수의 논문을 발표했다.

최인순

이화여자대학교 영문학과를 졸업하고 Loyola University of Chicago에서 영문학 석사학위, University of Wisconsin에서 영문학 박사학위를 취득하였으며 현재 서경대학교 국제비즈니스 어학부 영어과 교수로 재직 중이다. 한국미국소설학회에서 편집이사, 문학과 종교학회에서 섭외이사, 한국외대 영미연구소에서 편집위원 등을 역임했고, 신영어영문학회에서 정보이사, 문학과 종교학회에서 자문위원 등으로 활동 중이다.

김대중

동국대학교 영어영문학과를 졸업하고 동국대학교 대학원에서 영문학 석사학위, 네브라스카 주립대학 대학원에서 미국문학 박사학위를 취득하였으며 현재 강원대학교 영어교육학과 부교수로 재직 중이다. 한국비평이론학회와 현대영미소설학회에서 편집이사로 활동 중이다. 영미 소설과 비평이론에 관한 다수의 논문을 발표했다.

이정희

숙명여자대학교 영어영문학과를 졸업하고 숙명여자대학교 대학원에서 영미문학 석사학위, 숙명여자대학교 대학원에서 영미문학 박사학위를 취득하였으며 현재 숙명여자대학교 영어영문학과 연구교수로 재직 중이다. 저서로『문학비평의 방법과 실제』(공저),『미국소설 명장면 모음집』(공저),『토머스 핀천』(공저) 등이 있다. 이외에도 포스트모더니즘과 포스트휴머니즘 영미소설에 관한 다수의 논문을 발표했다.

유영종

St. Louis University에서 영문학 학사와 석사, Purdue University에서 영문학 박사학위를 받았다. 현재 인하대학교 영어영문학과 교수로 재직 중이다. 미국문학과 영미아동문학을 주로 연구하고 있으며, 아동문학 번역가로도 활동하고 있다.

김미현

연세대학교 영어영문학과를 졸업하고 뉴욕주립대학교(University at Albany, SUNY) 대학원에서 영문학 박사학위를 취득하였으며 현재 아주대학교 영어영문학과 교수로 재직 중이다. 한국현대영미소설학회에서 총무이사, 한국영미페미니즘문학학회에서 부회장 등을 역임했다, 편저로『토니 모리슨』(공저)이 있다. 이외에도 미국소설에 관한 다수의 논문을 발표했다.

진주영

인디애나 대학교 블루밍턴에서 비교문학 박사 학위를 취득하고 현재 순천향대학교 영미학과 조교수로 재직 중이다. 미국소설학회 총무이사, 한국아메리카학회 편집이사 등을 역임하고 현재 American Quarterly 편집위원으로 활동하고 있다. 미국소설과 현대미국문화에 관한 연구를 CLCWeb: Comparative Literature and Culture와 JNT: Journal of Narrative Theory, 미국소설, 현대영미소설 등 국내외 주요학술지에 발표하였다. 역서로는 자크 데리다의『문학의 행위』(문학과지성사, 공역)와 윌 킴리카의『다문화 오디세이』(소명출판, 공역)가 있다.

20세기 미국소설 강의

초판 1쇄 발행 _ 2019년 12월 30일

저 자 • 한국근대영미소설학회
발 행 인 • 정 현 걸
발 행 • 신 아 사
인 쇄 • 대명프린팅
출판등록 • 1956년 1월 5일 (제9-52호)
주 소 • 서울시 은평구 통일로 59길 4 (2F)
전 화 • 02)382-6411 · 팩스 02)382-6401
홈페이지 • www.shinasa.co.kr
E-MAIL • shinasa@daum.net

ISBN 978-89-8396-374-1 (93840)

정가 15,000원